IMPRIMERIE E. FLAMMARION, 26, RUE RACINE, PARIS.

ŒUVRES COMPLÈTES DE J. MICHELET

HISTOIRE DE FRANCE

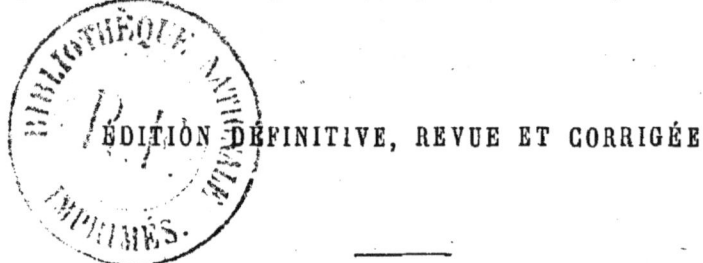

ÉDITION DÉFINITIVE, REVUE ET CORRIGÉE

TOME SEIZIÈME

LOUIS XV ET LOUIS XVI

PARIS

ERNEST FLAMMARION, ÉDITEUR

26, RUE RACINE, PRÈS L'ODÉON

Tous droits réservés.

PRÉFACE

L'Histoire de France est terminée.

J'y mis ma vie. — Je ne regrette rien.

Commencée dès 1830, elle s'achève enfin (1867).

Il est rare que cette courte vie humaine suffise à de pareils labeurs. L'un des grands travailleurs du siècle, M. de Sismondi, eut le chagrin de ne point achever. Plus heureux, j'ai vécu assez pour mener cette histoire jusqu'en 89, jusqu'en 95, traverser ces longs âges, enfin joindre à cette épopée le drame souverain qui l'explique.

Tout mon enseignement et mes travaux divers convergèrent vers ce but. Je déclinai ce qui s'en écartait, le monde et la fortune, les fonctions publiques, estimant que l'histoire est la première de toutes.

Mes livres secondaires, qu'on croyait des excursions, ont été les études, les constructions préalables, parfois même des parties essentielles du grand édifice.

Je ne réclame rien pour le travail pénible que j'eus d'explorer le premier, à chaque âge, les sources alors peu connues (manuscrits, ou imprimés rares). J'ai été trop heureux de les signaler à l'attention. Chacun de mes volumes, attaqué, discuté, n'en fut pas moins l'occasion d'éditer les nouveaux documents que j'avais exploités. Beaucoup sont maintenant publiés, dans les mains de tous.

Le principe moderne, tel que je l'exposai (1846) en tête de ma *Révolution*, trouve au présent volume, en Louis XV et Louis XVI, sa confirmation décisive. La clarté saisissante des documents nouveaux, comme une blanche lumière électrique, perce de part en part le trouble clair-obscur où s'affaissa la monarchie.

Nos pères, par une seconde vue, aperçurent en 92 qu'un complot fort ancien de l'étranger contre la France se tramait en Europe et dans Versailles même. Les preuves étaient insuffisantes et ils ne pouvaient qu'affirmer.

Dans ma *Révolution*, j'en pus dire davantage (sur le procès de Louis XVI). Les royalistes eux-mêmes, leurs aveux triomphants, éclaircissaient au moins 92.

Mais jusqu'où remontaient l'intrigue et les machinations? Récemment dans mon *Louis XV* (ch. XI, p. 141), réunissant des documents irrécusables, j'établis que nos pères n'avaient eu qu'une vue partielle et incomplète en ce qu'ils appelaient le Complot autrichien. Je remontai plus haut. Je donnai un fil sûr pour l'histoire de cinquante années : *la Conspiration de famille.* Je montrai que, non seulement par Marie-Antoinette, Choiseul et les traités de 1756, mais bien avant, et dès Fleury, l'étranger régna à Versailles, — bien plus, que le roi fut constamment l'étranger [1].

C'est là le grand courant de l'histoire, et le fil général. Ceux qui voulaient durer et garder le pouvoir, comme Fleury, Choiseul, savaient parfaitement qu'il fallait se ranger au grand courant, ne pas s'en écarter, se soucier fort peu de la France, être bon Espagnol, bon Autrichien, servir la pensée fixe, l'intérêt de famille.

Louis XV écrivait tous les jours à Madrid, à sa fille l'Infante. La grande affaire de sa vie fut de faire reine cette fille, ou mieux, de faire impératrice la fille de sa fille, qui épouserait Joseph II.

De là vient que le roi, de cœur très espagnol, devient très autrichien, l'Autriche étant la seule maison où celle de Bourbon puisse se marier sans déroger. Joseph II naît à peine qu'il est le mari projeté, désiré, de Versailles et Madrid. Prise énorme pour Vienne. La catholique Autriche, par un ministre philosophe, Choiseul, met la France en chemise, amuse l'opinion, mystifie Versailles et Ferney.

1. Est-ce à un étranger qu'on doit remettre l'épée, l'armée et le salut? grosse question. — Un livre spécial là-dessus, un livre fort, est parti de Zurich, livre amer, mais salubre et sain (chose aujourd'hui si rare), plein de réveil et plein de vie, dont plus d'un dormeur vibrera. (Marc Dufraisse, *Histoire du droit de guerre et de paix*, de 1789 à 1815. Paris, édit. Lechevalier.)

Voilà, je le répète, le grand courant qui domine l'histoire : l'intérêt de famille. Y eut-il *un contre-courant ?* une politique française qui balançât un peu cet ascendant de l'étranger ? On voudrait bien le croire, et quelques-uns l'ont soutenu. On eût trouvé piquant de découvrir que Louis XV, ce roi sournois, haïssant ses ministres et trahissant la trahison, fut en dessous un patriote. L'excellente et curieuse publication de M. Boutaric (1866) a montré ce qu'on en doit croire. On y voit que Conti et Broglie firent tout pour l'éclairer, lui trouvèrent des observateurs habiles et de premier mérite, des Vergennes et des Dumouriez, et qu'ils ne réussirent à rien. Dans ses petits billets furtifs, il ne veut et ne cherche qu'un certain plaisir de police. C'est la jouissance peureuse du mauvais écolier qui croit faire un tour à ses maîtres. Nulle part il n'est plus misérable. Il s'égare en ses propres fils, veut tromper ses agents, ment à ceux qui mentent pour lui, il perd la tête et convient qu'il « s'embrouille ». Là son tyran Choiseul le pince et l'humilie. Il se renfonce dans l'obscur, dans la vie souterraine d'un rat sous le parquet. Mais on le tient : Versailles tout entier est sa souricière.

L'affaire d'Éon — (et la confirmation que M. Boutaric donne au récit de M. Gaillardet, tiré des papiers d'Éon même), cette affaire illumine le rat dans ses plus misérables trous. Choiseul y est cruel, impitoyable pour son maître. On ne s'étonne pas de la haine fidèle que lui garda un homme qui haïssait peu (Louis XVI).

Sur Choiseul j'ai été très ferme, contre Voltaire et autres dupes. Croira-t-on que Flassan ose impudemment dire que Choiseul n'est pas Autrichien? (T. XI, 151.)

Que nous en coûta-t-il? rien que le monde. Enfermée désormais, perdant à la fois ses deux Indes, bannie d'Amérique et d'Asie, la France vit l'Anglais occuper à son aise les cinq parties du globe.

Cela apparemment nous brouille avec l'Autriche? Nullement. Remarquable progrès de cette invasion intérieure. Vienne nous a menés quatorze ans par le fil peu sûr d'une maîtresse usée, la Pompadour, et d'un petit roué, Choiseul. Elle prend à Versailles un solide établissement par une jeune reine charmante, toute-puissante par la passion, immuablement Autrichienne, et qui, dans le trône de France, mettra de petits Autrichiens. De même que, par sa Caroline, Marie-Thérèse a repris Naples et l'ascendant sur l'Italie, — par Marie-Antoinette elle pèse sur la France, l'exploite aux moments décisifs.

Il est curieux de voir combien notre diplomatie a été et est autrichienne. M. de Bacourt (*Intr. à La Marck*) n'a pas craint d'avancer que Marie-Antoinette ne se mêla pas des affaires, n'agit pas pour sa mère, son frère, etc.!! Voilà jusqu'où, aux derniers temps, on osait nier l'histoire, démentir la tradition, tous les témoignages contemporains, la concordance des mémoires, l'aveu des royalistes eux-mêmes.

Ce n'était plus un parti, c'était la grande masse

des *honnêtes gens* et des gens *bien pensants* qui laissait là l'histoire, préférait le roman. Sur cette pente, la fantaisie s'enhardissait et avançait, mêlait ses jeux à des ombres si sérieuses. La légende allait son chemin. Des esprits inventifs, des plumes adroites, habiles, avaient des bonheurs singuliers, des trouvailles imprévues, charmantes. Ces nouveautés étonnaient quelques-uns; mais, dans peu, devenant anciennes, elles auraient fini par être respectées, prendre l'autorité du temps.

Un matin, qui l'eût cru? des archives de Vienne, d'un dépôt si discret, si peu intéressé à éclaircir l'histoire, arrive à la légende le plus accablant démenti!

Et de qui, s'il vous plaît? de la reine elle-même, de sa mère, de ses frères.

Par qui? par la voie la plus sûre, l'honorable archiviste de la maison d'Autriche, M. Arneth, qui donne ces lettres textuelles, et sans changement que l'orthographe (qu'il a eu le tort de rectifier).

Le fameux complot autrichien, tant nié, n'est que trop réel. Qui le dit? C'est Marie-Thérèse. Rien de plus violent que l'action de la mère sur la fille, de celle-ci sur le roi.

Les projets de démembrement que formait la Coalition, furent-ils connus du roi et de la reine, quand ils appelaient l'étranger? Savaient-ils qu'il voulait mutiler, déchirer la France? Point fort essentiel qui devait influer sur le jugement définitif que l'histoire porterait sur eux[1].

Les lettres publiées par Arneth montrent qu'ils furent très avertis. Ils surent que le secours demandé coûterait à la France ses meilleures frontières, les barrières qui la gardent, et ne purent pas douter qu'ainsi démantelée et à discrétion, elle ne fût en péril pour l'intérieur, le corps même de la monarchie. L'ambassadeur d'Autriche les avertit expressément « que les puissances ne feraient rien pour rien », se payeraient de l'Alsace, de nos Alpes et de la Navarre (7 mars 91, p. 147-149). Malgré cette communication, la reine réclama de nouveau l'invasion (20 avril). Enfin, la Coalition s'étant armée et complétée, la reine révéla à l'Autriche le plan de Dumouriez et le point que devait attaquer La Fayette : « Voilà, dit-elle, *le résultat du conseil d'hier* », conseil tenu devant le roi et dont elle connut par lui le résultat pour en informer l'ennemi (26 mars 92, *Arneth*, 259).

Tout ce que les Campan et autres amis de la reine, pour excuser ses torts, nous disent de la froideur du roi, est mis à néant par ces lettres. Il la suspectait

---

[1]. L'ignorance où l'on était explique l'indulgence des historiens, de MM. Thiers, Mignet, Droz, Louis Blanc, Lanfrey, Carnot, Ternaux, Quinet. — C'est en juin 1865 que M. Geffroy, le premier en France, fit connaître la publication d'Arneth, apprécia les vraies et les fausses lettres du roi et de la reine avec une ingénieuse et pénétrante critique. — Voir l'appendice de son livre, *Gustave III et la cour de France*, si riche de faits nouveaux sur l'histoire de ce temps.

fort, il est vrai, à son arrivée. Il fut un peu tardif. Mais dès 71, un an après le mariage, quoiqu'ils fussent encore des enfants, elle était maîtresse de lui. Les ministres étrangers le voyaient, en tiraient augure (*Creutz, ap. Geffroy*). Duclos dit à l'avènement (en mots très crus que je traduis) : La femme et le lit régneront. »

Louis XVI n'eut rien de la France, ne la soupçonna même pas. De race et par sa mère, il était un pur Allemand, de la molle Saxe des Augustes, obèse et alourdie de sang, charnelle et souvent colérique. Mais, à la différence des Augustes, son honnêteté naturelle, sa dévotion, le rendirent régulier dans ses mœurs, sa vie domestique. En pleine Cour il était solitaire, ne vivant qu'à la chasse, dans les bois de Versailles, à Compiègne ou à Rambouillet. C'est uniquement pour la chasse, pour conserver ses habitudes, qu'il tint les États généraux à Versailles (si près de Paris !).

S'il n'eût vécu ainsi, il serait devenu énorme, comme les Augustes, un monstre de graisse, comme son père le Dauphin, qui dit lui-même, à dix-sept ans, « ne pouvoir traîner la masse de son corps ». Mais ce violent exercice est comme une sorte d'ivresse. Il lui fit une vie de taureau ou de sanglier. Les jours entiers au bois par tous les temps. Le soir, un gros repas où il tombait de sommeil, non d'ivresse, quoi qu'on ait dit. Il n'était nullement crapuleux comme Louis XV. Mais c'était un barbare, un homme tout de chair et de sang. De là sa dépendance de la reine. On le vit dès son âge de vingt ans, dans la crise indécente de juillet 74. On le vit d'une manière effrayante dans les premières grossesses. Il était hors de lui, pleurait.

Nul roi ne montra mieux une loi de l'histoire qui a bien peu d'exceptions : « Le roi, c'est l'étranger. » Tout fils tient de sa mère. Le roi est fils de l'étrangère, et il en apporte le sang. La succession presque toujours a l'effet d'une invasion. Les preuves en seraient innombrables. Catherine, Marie de Médicis, nous donnèrent de purs Italiens; la Farnèse de même (dans Charles III d'Espagne). Louis XVI fut un vrai Saxon, et plus Allemand que l'Allemagne, dans l'alibi complet, la parfaite ignorance du pays où il a régné.

Étrangers par la race, les rois le sont par la croyance, tous nécessairement attachés à la religion qui veut l'obéissance et la résignation, supprime la patrie, les fiers instincts de liberté. Le chrétien pour patrie a le ciel, le catholique Rome. Tout roi est *très chrétien*. Espagne, Autriche, Portugal, etc., ont un titre analogue. Le schisme n'y fait rien. Papauté de Moscou, papauté de Londres, il n'importe, le trône a pour base l'autel. Notre roi, entre tous, portant jadis la chape, chanoine à Saint-Quentin, abbé de Saint-Martin, fut essentiellement un personnage ecclésiastique. Les deux derniers ont été très fidèles à ce caractère intérieur, essentiel, de la royauté. — Louis XV, au moment décisif de son règne, vers 1750, quand la grande question peut déjà s'entrevoir,

lorsque déjà l'on crie : « Allons brûler Versailles ! »
Louis XV affronte l'avenir, et à tout prix sauve les
biens de l'Église. — Louis XVI, sérieux, excellent
catholique, très opposé à toute nouveauté, non
seulement refusa douze ans l'état civil aux Protestants, non seulement garda et ménagea les biens
d'Église, mais se perdit plutôt que de demander au
clergé un serment purement politique, qui ne
blessait en rien sa foi religieuse.

Telle n'était point la reine. Elle ne fut d'aucun
des deux mondes, ni philosophe ni dévote. Elle
n'eut de religion que la famille. Malgré sa servitude
passionnée de la Polignac qui semblait l'écarter de
Vienne, il suffisait d'un mot de sa mère, de son frère,
pour réveiller en elle le fond du fond, l'intérêt
autrichien.

Les lettres qu'on vient de publier éclairent terriblement la figure de Marie-Thérèse, la part qu'elle a
dans le tragique destin de sa fille. Elle la conseille
bien comme femme et pour la vie privée, mais elle
la corrompt comme reine, exige d'elle tout ce qui
doit la perdre. Par sa lourde, pressante et infatigable insistance, ses prières (qui vont jusqu'aux
larmes), elle en fait, dans les moments graves, ce
que soupçonnait Louis XVI, un funeste agent de
l'Autriche. Parfois elle la trompe, lui ment (ment à
sa fille!). Souvent elle l'exploite et spécule sur ses
grossesses qui lui asserviront le roi. Le détail très
honteux en est très authentique.

On peut le dire, on lui vendit la reine. Il ne l'eut (en juillet 1774) qu'au prix d'une concession déplorable. Il lutta quelque peu, et là, il est intéressant. Aidé de Maurepas, Vergennes, de ses souvenirs surtout, de sa piété filiale, il s'obstina à repousser Choiseul, l'ennemi de son père, le chef du parti autrichien. Mais sa servitude charnelle lui enleva le peu qu'il avait de force et de sens. Il faiblit trois fois pour l'Autriche, et, pour l'intérêt de Joseph, il compromit longtemps la cause américaine.

Les véritables royalistes ne pardonneront pas aux amis de la reine d'avoir avili Louis XVI en le faisant compère des Calonne et des Loménie, de l'avoir employé à couvrir de sa parole, de sa personne aimée et populaire, ces ministres indignes. C'est le moment où il tombe au plus bas, le seul moment où vraiment il m'étonne. Dans quel néant moral le jeta sa matérialité pesante pour qu'il oubliât le vrai Louis XVI, le roi dévot, et subît l'homme de la reine, l'incrédule et le prêtre athée (1787)!

Mais si le roi, entraîné par la reine, eut ce moment d'inconséquence, reconnaissons qu'en tout le reste il fut fidèle à sa tradition. Il ne fut nullement, comme on a dit, incertain et variable, mais toujours le même et très fixe (au moins dans son for intérieur) contre toute nouveauté, contraire à l'Amérique, contraire à Turgot et à Necker, forcé de marcher quelquefois, mais n'avançant qu'à reculons, et en protestant en dessous.

Les réformes que lui arracha la force de l'opinion,

n'eurent aucune portée sérieuse ; on le verra par ce volume. Les fameuses Assemblées provinciales qu'on a fait valoir récemment, ne furent qu'un leurre en 1786. — Le roi, loin de céder en rien au progrès et à la raison, s'aigrit par les concessions, fort légères, qu'il lui fallut faire, les mensonges qu'il lui fallut dire. — Nos pères ne se trompèrent en rien lorsqu'ils sentirent en lui le solide, l'inconvertissable ennemi de la Révolution.

Pour établir cela et le mettre dans tout son jour, j'ai dû m'écarter peu, effleurer, éluder ce qui m'en éloignait. De là plusieurs lacunes[1]. Mainte chose ne sont montrées que de profil, plusieurs même passées tout à fait.

Rien ne me pèse plus que d'omettre sur le chemin tels faits admirables, héroïques, qui sont restés sans récompense, sans mémoire jusqu'ici. L'Histoire doit payer pour la France. Ces dettes me suivent et me poursuivent. Je ne me pardonne pas de n'avoir point parlé de cet obscur Léonidas qui nous a sauvés à Saint-Cast, et dont la vaillance oubliée m'est

---

1. En revanche, j'ai développé certains faits vraiment capitaux, par exemple, la révolution de Grenoble qui fit celle de la France, et pour laquelle M. Gariel m'avait ouvert les sources les plus précieuses. Je regretterais beaucoup plus mes lacunes si mon ami, M. Henri Martin, dans sa judicieuse *Histoire*, si riche en précieux détails, n'y suppléait souvent avec autant d'exactitude que de talent. — L'histoire de l'art est mieux dans les fines et savantes notices de MM. de Goncourt, que je n'aurais pu faire. — Deux sérieux esprits, si nets et si loyaux, MM. Bersot, Barni, ont donné sur nos philosophes d'excellents jugements qui resteront définitifs. Ils corrigent ce que peut avoir peut-être d'excessif ma critique de Rousseau.

révélée à ce moment par mon savant ami, M. le professeur Macé.

Que de dévouements, que d'efforts, de sacrifices et de cruels malheurs, que de vertus punies par la dureté du sort, dans notre histoire maritime et coloniale! Je resterais inconsolable si je n'y revenais un jour.

Il faut dire que la France entière du dix-huitième siècle (tant légère qu'on la croie) a eu un esprit étonnant de générosité, parfois excessif en bonté. — L'élan pour l'Amérique est simplement sublime. — L'attachement bizarre, obstiné, acharné, qu'elle eut pour Louis XVI, fermant les yeux à l'évidence, le croyant toujours un bonhomme, est ridicule, si l'on veut, mais touchant. Aucune faute n'y put rien, non pas même les fusillades de Paris, en 88.

Nul fiel en cette âme de France. Tellement haïe par l'Angleterre, elle ne la hait pas du tout. Et c'est juste au moment où l'Angleterre la ruine, que la France l'admire, s'en engoue, la copie. Et notez que, pour le progrès des idées, la France fait tout, l'*Angleterre rien, pendant soixante-dix ans.* De la mort de Newton à Watt, elle est exactement stérile (loyal aveu de M. Buckle).

Ce cœur exubérant, si facile et si bon, si charmant de la France, il faudrait bien le dire tout au long, ce que je n'ai pu. Ces justices dues à nos pères pour une foule d'héroïsmes obscurs, il faudrait, tôt ou tard, qu'on les rendît enfin. On dit que Camoëns eut aux Indes un emploi, fut l'*administrateur du bien des décédés.* Ce titre, cette charge, sont ceux de l'historien. Je n'en resterai pas indigne, j'acquitterai ces dettes et ne mourrai pas insolvable.

Il me convient d'être mon juge. J'essayerai, si je vis, dans un travail à part, d'apprécier cette œuvre, en ce qu'elle a de bon, d'incomplet, de mauvais. Je ne sais que trop ses défauts. Alors, je pourrais faire ce qu'on ne peut dans une préface : je dirais les méthodes dont j'ai usé selon les temps, la spécialité de nos arts historiques que l'on connaît fort peu.

Mais je voudrais surtout y dire le travail personnel, intime, qui se faisait en moi pendant ce long voyage. Mon œuvre était pour moi (plus qu'un livre) la voie de l'âme. Elle m'a fait et a fait ma vie.

Paris, 1ᵉʳ octobre 1867.

HISTOIRE
DE FRANCE

CHAPITRE PREMIER

Chute de Bernis. — Avènement de Choiseul. (1758.)

La paix ou la banqueroute, telle était la situation en 1758. Et une banqueroute sanglante, des combats dans Paris, peut-être. Le roi avait dit lui-même : « Si l'on ne paye pas la rente, il y aura une révolte. »

Le roi n'allait plus à Paris. Mais si Paris affamé avait été à Versailles? Dans la redoutable émeute de mai 1750, quelqu'un l'avait proposé.

L'attente d'une révolution était telle en ce moment, que plusieurs voulaient partir, émigrer, se mettre à l'abri. Rousseau y songeait, et bien d'autres, comme cet homme du Parlement, qui le consulta là-dessus (*Confessions*).

Bernis aurait tout donné pour ne plus être ministre. Seulement qui eût pris cette place? Il semblait qu'un homme perdu pouvait seul accepter l'héritage de la ruine et du désespoir. Bernis supplia Choiseul, notre ambassadeur à Vienne, de venir, de s'unir à lui, ou plutôt de le remplacer.

La situation avait fort empiré depuis Rosbach. Un Condé (prince de Clermont) battu, reculant jusqu'au Rhin. Les Anglais descendant en France et démolissant Cherbourg, brûlant en sécurité cent vaisseaux devant Saint-Malo. Point d'argent pour en refaire. Cinq cents millions de dépense, trois cents millions de recette. Un déficit annuel de deux cents millions. Le roi vivant, de mois en mois, sur les avances usuraires que lui faisaient les banquiers, les priant, souvent en vain (*Rich.*, IX, 429). Les choses en étaient au point que l'on n'osait plus compter. Une enquête fit connaître, en 1764, que depuis huit ans on n'écrivait plus dans nos ports. Plus de registres de nos armements maritimes (*Deffand*, I, 317).

Le contrôleur des finances, Séchelles, était devenu fou. Bernis était près de l'être. Il bavardait éperdu, proposait des choses vaines, conseillait à la Pompadour d'appeler ses ennemis, Maurepas et Chauvelin! Chauvelin, ennemi né de la cabale autrichienne! Maurepas, l'ennemi des maîtresses, qui, le lendemain peut-être, eût chassé la Pompadour!

Nous n'avons pas assez dit ce qu'était ce pauvre Bernis, monté si haut par hasard. Il n'était pas ambitieux. S'il hasarda, dit Duclos, de faire une grande fortune, c'est qu'il ne put réussir à en faire une petite. Son esprit, ses jolis vers, sa jolie figure poupine, longtemps l'avaient laissé pauvre. Ayant fait un mauvais poème de la *Religion vengée*, il plut au roi, qui le mit auprès de la Pompadour pour la polir, la former, la mettre au niveau de Versailles (1745). Elle le fit ministre à Venise (1752), son agent près de l'Infante dans leur complot autrichien. Il fut l'homme de l'Infante, beaucoup trop lié avec elle, et lancé surtout par elle dans la criminelle affaire qui compromettait la France sur le vain espoir que l'Autriche donnerait à cette folle le trône des Pays-Bas.

Il se vit avec terreur l'automate dont jouait l'Autriche. Cela fut très ridicule pour la convention de Hanovre. Bernis d'abord applaudit. Mais l'Autriche murmurant, Bernis blâma. Puis, sous le coup de Rosbach, la marionnette vira, approuva. Il n'était plus temps.

Il était pourtant un point où cessait son obéissance, l'impuissance de payer le subside promis à Marie-Thérèse. Il exposa sa misère à l'impératrice elle-même, lui fit craindre que s'il y avait ici une explosion, elle ne perdît tout à la fois. Elle-même était fort abattue. En 1758, Frédéric vainqueur, vaincu, resta cependant si fort, que l'Autrichien, plus malade, n'en pouvant plus, recula et se cacha en Autriche.

Bernis, malgré la Pompadour, parla au Conseil pour la paix. Il parla admirablement, avec la naïve éloquence de la peur, et cela gagna. Le roi, encore tout autrichien, partagea l'effroi de Bernis. Avec le Dauphin, le Conseil, il passe au parti de la paix, il autorise à traiter.

Nul homme n'aurait osé, dans une telle extrémité, prendre la responsabilité énorme de s'opposer à la paix. Il y fallait une audace d'ignorance que n'eût eue pas un homme. Ce fut un crime de femme.

Elles osent moins dans la vie commune, vont moins devant les tribunaux. Mais, dans la haute vie d'intrigue, rien ne les fait reculer. Avec un sens, souvent fin et délicat des personnes, elles ont une ignorance terrible des choses, qui fait leur intrépidité là où tous les hommes ont peur.

Ce fut une affaire de théâtre. La Pompadour, qui ne fut jamais qu'une actrice, à quarante ans, ne jouait plus les bergerettes; elle visait aux grands rôles. Faible et molle (au fond), poitrinaire, usée, vide, un vrai néant, elle avait son âme, sa force en son petit conseil secret, trois Lorraines qu'on peut appeler la vraie cabale d'Autriche. Avec des vues personnelles très diverses, elles agissaient à merveille dans le même sens près de la créature régnante. Comme une mauvaise indienne, sans revers, qui n'a rien dessous, salie, usée et fripée, qu'on raidit, qu'on met à l'empois, on lui donnait de l'attitude, une certaine consistance. Elle en reprenait l'apparence, dans ses souvenirs dramatiques. Elle paradait devant la glace, se haranguait. Fausse en tout, elle se trompait elle-même. Elle se refaisait Cornélie, déclamait en long, en large, sur les échasses de Corneille. Les trois spectatrices admiraient, la trouvaient belle de hauteur, d'indomptable obstination.

Lorsque Bernis arrivait avec ses yeux égarés, lui montrait le gouffre béant, lui disait que le danger, la haine et la fureur publique, les regardaient eux deux seuls, qu'on n'accusait qu'elle et lui, elle était sourde et muette, ouvrait de grands yeux, nobles, tristes, le laissait dire, s'agiter. « Je suis le ministre des limbes », disait-il, du monde des rêves, incertain, vague et flottant. Elle, elle ne flottait point. Poussée par ses trois Lorraines, elle travaillait en dessous à se délivrer de Bernis.

Il ne demandait pas mieux. Il brûlait de se sauver, pourvu qu'il fût cardinal, abrité par le chapeau. Il avait un double péril. Sa dangereuse princesse, l'Infante, l'avait fourré dans les fils obscurs d'une intrigue nouvelle qui pouvait mettre contre lui et le roi et le Dauphin, de plus trois rois étrangers. Il croyait voir déjà la foudre, croyait que, sans la robe rouge, il était en grand danger.

L'Infante qui rêvait tous les trônes, et Milan, et les Pays-Bas, et la Pologne, et les Siciles, se jetait à ce moment dans un nouvel imbroglio. En août 1758, la mort de la reine d'Espagne, et la mort prochaine du roi Ferdinand, lui firent faire un plan hardi. Ferdinand, fils d'un premier lit, aimait peu son frère D. Carlos, roi de Naples, qui était pourtant son héritier naturel. Ne pouvait-on le décider à adopter D. Philippe, duc de Parme, mari de l'Infante? Rome et les Jésuites auraient applaudi. Les Jésuites, maîtres de l'Espagne, avaient en horreur D. Carlos, frémissaient de le voir venir. Ce prince, livré aux avocats, aux ardents légistes de Naples, faisait une guerre terrible aux privilèges du Saint-Siège, aux Jésuites, à l'Inquisition. Tout en s'habillant en chanoine et chantant l'office au lutrin, il allait rapidement dans la voie d'émancipation.

Mais pour exclure D. Carlos de l'Espagne, il fallait faire un scandale audacieux, le déclarer illégitime et bâtard adultérin, fils d'un crime, d'une surprise du scélérat Alberoni [1].

Le général des Jésuites, Ricci, travaillait à cela. Il eût cloué Carlos à Naples, donné l'Espagne à notre Infante. Chose très grave qui aurait sauvé les Jésuites et en France et en Espagne, prévenu certainement l'abolition de leur ordre. Dans une lettre

1. L'histoire était romanesque, mais moins invraisemblable qu'on n'a dit, D. Carlos n'avait nul rapport avec son père Philippe V, ennemi des nouveautés, serf (à l'excès) de l'habitude. Par sa facilité extrême à adopter les réformes, sa partialité pour les Italiens, par l'adoption empressée de leurs plans les plus utopiques, Carlos, on ne peut le nier, rappelait fort Alberoni. — Celui-ci avait été maître un moment de la Farnèse. Il l'avait créée, inventée, tirée de son grenier de Parme, mise au trône de l'Espagne et des Indes. Italienne chez les Espagnols, seule et mal voulue, elle n'avait d'appui que cet Italien. Elle fut six mois sans être grosse, ne prenant nulle racine encore contre le fils du premier lit. Son mentor Alberoni put lui rappeler comment Anne d'Autriche, enceinte à tout prix, se moqua de tous et régna. Alberoni était un nain, un gnome aux paroles magiques, diable noir aux yeux de diamant, il fit miroiter devant elle le monde défait, refait par lui, un D. Carlos roi d'Italie, qui plus tard devenant roi d'Espagne, serait un autre Charles-Quint. Elle n'était pas libertine, mais furieusement ambitieuse. Il en serait né D. Carlos. — Elle n'aurait conçu du roi qu'à la chute d'Alberoni. Celui-ci croyait la tenir par le secret; il la raillait. Elle fut obligée de le perdre. Elle espérait le tuer, l'enterrer avec ce secret. Elle envoya des assassins, mais par miracle il échappa. — Voilà le roman, bien lié, et qui eût pu réussir entre les mains de gens habiles autant que l'étaient les Jésuites. Serait-ce la cause réelle qui irrita tellement D. Carlos contre eux, le poussa plus qu'à l'expulsion de l'ordre, mais à des traitements sauvages, qu'on aurait cru de vengeance, qui semblaient avoir pour but la mort même des individus? (Voy. *Al. de Saint-Priest*, etc.)

de Ricci que lut M. de Choiseul, dans les mémoires qui furent saisis en Espagne aux collèges des Jésuites (Voy. *Al. de Saint-Priest*), la bâtardise adultérine de D. Carlos était posée.

L'Infante, pour réussir dans un plan si hasardeux, eût eu besoin que son père fût pour elle en 1758 ce qu'il avait été en 49 et 50. Elle avait vingt ans alors. Mais le temps avait passé. Sa familiarité hardie, italienne, ne pouvait plaire au roi, sec et fermé de plus en plus. Elle n'était pas aimée. Son intrigue de Pologne contre la maison de Saxe indisposait la Dauphine, le Dauphin, Madame Adélaïde.

L'Infante n'avait réellement pour elle que Bernis, son Alberoni. Malheureusement il tombait. Il désirait de tomber, de partir sous le chapeau, que lui-même il appelait « un excellent parapluie ». Il se retira le 10 novembre, en appelant Choiseul, et se réservant seulement de travailler encore pour ce qu'il avait mis en train, la paix avec le Parlement, surtout l'affaire de l'Infante. Ce fut son dernier acte politique. Il finit en galant homme, travaillant encore (14 novembre) à cette adoption de l'Infant par le roi d'Espagne, Ferdinand, qui baissait rapidement (*Coxe*).

Cependant il n'était point dans l'intérêt de l'Autriche, dans les vues de la Pompadour, que Bernis restât là à côté de Choiseul, embarrassant celui-ci dans la trahison hardie qu'on tentait au profit de Vienne. On n'agit pas directement, mais bien plus habilement, en employant la cabale, la petite cour du Dauphin. On prit un moyen brutal, simple et sûr, de les assommer. On prétendit que l'Italienne, étant au lit après souper, aurait appelé Bernis, lui aurait dit : « Mettez-vous là. » Et ce n'était pas Bernis qui entrait; c'était un homme du Dauphin qui redit tout. On fit grand bruit de l'affaire. Et pourtant ce mot jeté ainsi sans précaution, portes ouvertes, pouvait fort bien signifier : « Mettez-vous à cette table, écrivez pour moi ceci. »

Le roi était fort jaloux. Quand la chose lui fut rapportée, il en voulut cruellement à l'Infante et à Bernis. Il ne put se rétracter, il lui donna le chapeau (30 novembre), mais il le jeta plutôt « comme on jette *un os à un chien* » (*Hausset*). Bernis se sentit perdu. Il fut exilé le 13 décembre à Soissons, ne revint jamais, enfin s'établit à Rome.

Mais le roi fut bien plus cruel pour l'Infante. Il lui lança un affront, à la tuer. Il lui écrit qu'il exile Bernis et qu'elle doit être contente de cette *satisfaction* qu'il lui donne (*Barbier*, VII, 110). Mot de risée, s'il voulait dire qu'elle allait être joyeuse, — plus outrageant s'il voulait dire qu'il voulait la venger par là de celui qui l'avilissait.

Cette fille tellement aimée, pour qui le roi a donné le sang de cinq cent mille hommes, reçoit ce cruel coup de fouet! Elle n'y survit qu'un an, ayant la douleur de voir que dans le nouveau traité, en donnant tout à l'Autriche, Choiseul, ni le roi, ni personne, ne se souvient de l'Infante, ni de ce qu'on lui a promis. Personne ne s'occupe plus de son adoption d'Espagne, du plan contre D. Carlos.

Le traité que Choiseul osa, en arrivant au pouvoir, fut l'étonnement du monde. *Conticuit terra.* Nos vieux alliés les Turcs ne purent jamais le comprendre. Il renversait toute l'histoire de France en remontant à Richelieu, Henri IV et François I*er*, la biffait, la démentait. On put croire qu'un cataclysme, comme un désastre de Lisbonne, était arrivé ici, avait bouleversé le pays, du moins les têtes de Versailles.

La France, depuis des siècles, payait des subsides annuels aux faibles contre les forts, à la Suède, par exemple, aux princes du Rhin contre l'Autriche. Il était neuf et piquant de payer cette grosse Autriche pour écraser ces petits princes, nos alliés, nos amis.

Un peu plus de *huit millions* iront chaque année à Vienne, et de plus la France seule (allégeant Marie-Thérèse) payera la Suède et la Saxe pour leur guerre au roi de Prusse.

Bernis promit dix-huit mille hommes. *Choiseul en donne cent mille.*

Nulle paix sans Marie-Thérèse. Seule elle jugera du point où peut s'arrêter la France, éreintée et épuisée.

Traité naïf, autrichien, sans voile ni précaution. Tout ce que la France a pris et tout ce qu'elle prendra, *sera pour la seule Autriche.*

La France aidera à faire Empereur le petit Joseph, futur de notre petite Isabelle.

Nulle mention des Pays-Bas. Ce grand appât qui charma tant à Babiole, on n'y songe plus. L'Infante étant disgraciée, outragée, enfin mourante, qu'a-t-on besoin des Pays-Bas? On n'y prend plus intérêt. S'il y eut un traité secret, Choiseul l'a anéanti[1].

1. Cela acheva l'Infante. Cette belle, comme Henriette sa sœur, quoique beaucoup plus brillante, avait toujours été malsaine, ce que semblait révéler par moment un signe commun, une petite gale au front. Henriette mourut de l'avoir fait rentrer. L'Infante peut-être de même. En décembre, elle fut prise d'une de ces maladies putrides qu'on appelait toutes alors petites véroles. L'éruption se fait mal. En huit jours elle est foudroyée. On avait grande impatience qu'elle mourût, fût emportée, de crainte qu'elle n'infectât tout. Le roi avait son carrosse, ses chevaux hennissaient; il voulait fuir à Marly. Et tous. Ce fut une déroute. L'odeur était insupportable. Deux capucins qui faisaient vœu de se dévouer à ces choses, ne purent aller jusqu'au bout. L'idole, la galante, la belle, maintenant l'horreur de tous, fut sans pompe emportée le soir, et jetée à Saint-Denis. (*Barbier, Hausset*, etc.)

CHAPITRE II

Choiseul. — Son traité autrichien. — Ruine et revers. (1759.)

La France, sous les Choiseul, sous les trois dames importantes qui menaient la Pompadour, fut gouvernée par la Lorraine, à peu près comme au temps des Guises.

La Lorraine, réunie à la France, en fut maîtresse. Ce fut comme une invasion. Elle remplit toutes les places, eut les hautes influences.

Terre pauvre, traversée, ruinée, barbare, elle avait l'ascendant d'énergie, d'intrigue et de ruse. Militaire et corrompue, d'une corruption sauvage, elle a donné tour à tour et les meilleurs et les pires, et les héros et les traîtres.

Elle est double, de France et d'Empire, Janus et souvent Judas. La faute n'est pas à elle, mais à sa situation.

Les mœurs y étaient effroyables. Hénault le courtisan, lui-même, avoue que, venant en Lorraine, « il se crut en pays Turc. » C'est faire tort à la Turquie, si grave. On n'y vit jamais, sous les yeux de deux armées, la scène hardiment priapique qu'y donna un Baufremont. On n'y vit pas les fureurs galantes des nobles chanoinesses, les religieuses d'épée, qui à Remiremont et ailleurs ayant la haute justice, la seigneurie, dépassaient la vie effrénée des seigneurs. Celle de Béthizy fit légende. Furieuse d'amour pour son frère, elle étalait, criait sa honte, et pour plus de scandale encore, ayant failli pour un autre, elle se cassa la tête (5 avril 1742). Cela fut fort admiré en Lorraine et à Versailles, et mit l'inceste à la mode. Le roi avait les quatre sœurs. Madame de Luxembourg avec son frère Villeroy, la duchesse de Marsan avec son cardinal Soubise, Choiseul surtout qu'on va voir, firent ainsi leur cour au roi, qui, enhardi par l'exemple, poussa plus loin le scandale.

Deux familles de Lorraine, illustres et nécessiteuses, dans ce pays de pauvreté, eurent la suite, le sérieux, l'attention à la fortune, qu'avaient rarement les seigneurs. C'étaient les Beauvau, les Choiseul. Le vieux prince de Beauvau-Craon, qui avait vingt-deux enfants, bon mari et très uni pendant trente ans à sa femme, maîtresse du dernier duc, eut encore cet insigne honneur qu'une de ses filles devint maîtresse de Stanislas. L'autre, Mme de Mirepoix, froide et rusée, fut la tête, l'Égérie de la Pompadour. Elle la sauva deux fois dans ses moments désespérés, en lui communiquant son calme, la conseilla dans sa voie nouvelle de l'intrigue autrichienne qui lui donna la royauté.

Plus zélée encore pour l'Autriche fut Madame de Marsan, gouvernante des enfants de France, lorraine par son mariage, sœur de MM. de Soubise (le cardinal, le maréchal). Très passionnée pour ses frères, elle poussa vivement le second, l'immortel héros de Rosbach, le maintint par la Pompadour contre les risées, les chansons. Et elle le grandissait toujours. Elle voulait le faire connétable.

Entre ces sages conseillères, Madame de Pompadour en admettait une autre encore, peu agréable, mais utile, un véritable homme d'affaires, la sœur de Choiseul, Mme de Grammont. Sans l'aimer, elle subissait l'ascendant de sa logique, de sa masculine énergie.

Dans cet intérieur, Mme de Mirepoix, calme, fine et douce, était appelée *le petit chat*. Et Mme de Grammont, ne figurait pas mal le dogue. Sa force et sa solidité, si déplaisante qu'elle fût, soutenait utilement ce chiffon, la Pompadour.

M. de Choiseul, fort léger, avec tous ses dons séduisants, n'aurait jamais pris consistance, s'il n'avait été doublé d'une autre âme, d'un second Choiseul. J'appelle ainsi cette sœur, une âme bien autrement lorraine, épaisse, violente, tenace, mordant fort et ne lâchant pas. Elle le tirait du badinage, elle l'empêchait de s'amuser, comme il eût fait, aux méchancetés galantes, aux perfidies d'alcôve. Elle lui rappelait toujours leurs six mille livres de rentes, leur misère, elle le forçait d'avancer, n'importe comment.

Le meilleur de leur patrimoine avait été la trahison. Les Choiseul rendirent ici un service immense à l'Autriche. C'est l'un d'eux qui, voyant la tête déménagée de Fleury, décida cet imbécile à retenir le secours qui allait sauver notre armée de Prague. De là l'affreuse catastrophe, l'armée gelée (comme à Moscou). Le fils de ce bon conseiller, tout jeune, le célèbre Choiseul est, en récompense, créé colonel. Il fit quelque peu la guerre, mais surtout la chasse aux femmes. C'était un petit doguin, roux et laid, avec une audace cavalière, une impertinence polie, un persiflage habituel, qui le faisait redouter. Il plaisait d'autant plus aux femmes qu'il leur ressemblait davantage. Le grand observateur Quesnay, sous sa surface brillante, le perce à jour. « Il eût été, dit-il, un *ami* d'Henri III. » (*Hausset.*)

La place de *méchant* est vacante : il la prend. Il veut qu'on croie qu'il est le *Méchant* de Gresset. Il veut continuer Maurepas, spécule sur les petites flèches qu'il lance à la Pompadour. Spéculation bien calculée avec une femme fanée, qui a peur du moindre mot. Il l'inquiète, puis tout d'un coup la charme en se donnant à elle, trahissant une Choiseul qui visait au roi. La Pompadour le paye avec un riche mariage. Elle lui fit épouser la petite Crozat-Duchâtel, fort riche. Mais on ne lui mit pas cette fortune dans les mains. Il n'en eut que la jouissance. Si sa femme (enfant de douze ans) mourait, ou si les parents la reprenaient, il était pauvre.

C'était en 1750, à l'avènement de Mesdames Henriette et Adélaïde. Choiseul crut ne pas déplaire en faisant venir de Lorraine, en établissant chez lui sa sœur, qui était chanoinesse. Elle avait vingt ans, lui trente. C'était une grande forte personne, d'une voix désagréable, d'un visage fort coloré, percé de petits trous ardents. L'enfant de douze ans, l'épouse nominale, ne les gêna guère. Choiseul à côté mit sa sœur, et vécut avec elle fort publiquement. (*Lauzun*, p. 9, éd. 1858; *Dumouriez*, I, 159.)

Le roi n'en était pas fâché, en riait. Après un sermon, il lui dit : « Le Père, ce me semble, a jeté des pierres dans votre jardin... — Mais, Sire, n'en est-il pas tombé au parc de Votre Majesté ? — Vous serez damné, Choiseul (dit le roi en souriant). — Mais vous, Sire ? — Oh ! c'est différent... Moi, je suis l'Oint du Seigneur. » (*Mss. Choiseul, Al. de S.-Priest.*)

L'inceste étant moins à la mode en 1759, Choiseul maria sa sœur, mais il ne lui donna qu'un mari nominal, M. de Grammont, un interdit. Elle resta constamment avec son frère, au désespoir de la pauvre petite Mme de Choiseul, qui alors avait dix-sept ans. Il ne faisait rien sans sa sœur. Et je doute fort que, sans elle, il eût pris la responsabilité de se poser contre la paix, au moment où Louis XV désirait négocier, au moment où Marie-Thérèse était lasse, ne recevant plus notre argent, mais des coups terribles de Prusse qui même après un succès la mirent en pleine retraite. Ce n'est pas seulement Duclos qui nous le dit ; c'est le bon sens : oui, chacun désirait la paix.

Bernis à Marie-Thérèse montrait la France agonisante. Qu'à ce moment quelqu'un soit plus autrichien que l'Autriche, la raffermisse dans la guerre, lui dise que Bernis s'est trompé, que la France a encore du sang !... C'est chose énorme, au delà du caractère de Choiseul. Sans sa sœur et ses Lorraines qui le poussaient par derrière, et poussaient la Pompadour, je ne crois pas qu'il eût lui-même franchi ce sanglant Rubicon.

L'audace de présenter l'impudent traité au roi implique que Louis XV était encore plus absent de lui-même, plus étranger aux affaires, en décembre 1758, qu'il ne l'était l'autre année en septembre 1757 au traité de Babiole.

Il eut cette année le mal que Richelieu venait d'avoir, des dartres par tout le corps.

Il vivait d'une cuisine excitante et irritante, pour faire face à l'exigence non moins irritante et malsaine du Parc-aux-Cerfs. De là un cerveau flottant, faible, plein de noires visions. Damiens y rôdait toujours, et la mort, et le successeur, les théories régicides des Jésuites, amis de son fils. Choiseul tirait cette ficelle, l'excitait contre le Dauphin.

Choiseul, qui ne croyait à rien, profitait des lueurs dévotes qu'avait le roi dans ses heures d'épuisement. Quelle expiation meilleure que d'accabler Frédéric ? Quoi de plus agréable à Dieu que d'écraser le Luthérien ? l'impie, le moqueur outrageant qui se riait des rois même, qui regardait impudemment dans les Cabinets de Versailles. Frédéric nommait ses levrettes ses marquises de Pompadour.

Le roi ne restait lucide que pour ses petits trafics,

ses petites spéculations. Un jour, il adressa ce mot prudent à son homme d'affaires : « Ne placez pas *sur le roi :* on dit que ce n'est pas sûr. »

La seule ressource qu'apportât Choiseul, c'était la banqueroute.

Banqueroute d'un homme d'esprit, d'abord sur ceux qu'on haïssait, traitants et Fermiers généraux. Cela ne déplaisait pas. On aimait assez qu'à la turque, le règne fût inauguré en étranglant quelques pachas.

Ne pouvant pas les payer, il restait un expédient, c'était de les assassiner.

Cent millions mangés d'avance étaient dus aux receveurs généraux. Pour payement on les écrasa. Une compagnie de banquiers fut autorisée à tirer sur eux, s'engageant à fournir au roi trois ou quatre millions par mois pour un armement maritime, un grand coup qu'on méditait.

Et les Fermiers généraux payés en même monnaie, éreintés. On leur devait cent cinquante millions. On frappa sur eux soixante-douze mille actions de mille francs, qui réduisirent de moitié leurs bénéfices.

Ce ne fut pas fait sans adresse. Choiseul flattant l'opinion, caressant Voltaire, les salons, le parti philosophique, fit ce tour par un philosophe. Il prit un homme de lettres, un simple maître des requêtes, le fit contrôleur général. Homme d'esprit, homme d'affaires, Silhouette avait lu, voyagé, vécu à Londres, travaillé à la Compagnie des Indes. Il avait, près des philosophes, le mérite d'avoir traduit quelque chose des libres penseurs. Pope, Warburton et Bolingbroke. C'était un parleur agréable, dit Grimm, d'équivoque mine, l'air double, coupable et faux. Il n'avait nul expédient que ceux où Machault avait échoué, — impôt sur tous (rejeté), — pensions réduites (impossible). Tout cela facile à prévoir. Nul résultat à attendre qu'une tempête de sifflets.

L'heureuse idée de Choiseul pour gazer son crime d'Autriche, c'était de faire que la France tournât le dos au levant, ne regardât qu'à l'ouest vers le grand spectacle qu'il lui préparait. Idée neuve. C'était celle qui a toujours échoué, la vieille, éternelle Armada de 1585, qu'on remet toujours à flot. Sans doute, un coup de surprise n'est pas impossible. Jeter un Charles XII dans Londres, comme le rêvait Alberoni, c'est hasardeux, mais non absurde. Les plans les plus insensés sont ceux d'un Philippe II, qui, par de longs préparatifs, met un grand peuple en éveil, en demeure d'organiser ses puissantes résistances. Que dire de ces constructions étranges de bateaux plats que Choiseul imagina en 1759 pour l'amusement des Anglais ? que Bonaparte imita.

La grande flotte qui devait couvrir le passage des bateaux était préparée au plus loin, à Toulon. Pour rejoindre Brest et rallier l'autre escadre, que de chances elle avait contre elle ! La longue navigation, l'écartement des vaisseaux, les coups violents, capricieux, qu'on a au golfe de Gascogne, la rencontre de l'ennemi qui, dans un pareil voyage, rôdant autour, comme un requin, mordrait de manière ou d'autre, tempêtes de l'Armada, ou défaites de Trafalgar, c'est ce qui ne pouvait manquer.

Au lieu de concentrer l'effort, on le divisait; à la fois, on attaquait les trois royaumes. Le corsaire Thurot, de Dunkerque, devait passer en Irlande. De Brest, Aiguillon menait douze mille hommes en Écosse. Soubise, avec une armée (pas moins de cinquante mille hommes), sur les fameux bateaux plats, devait cingler du Havre à Londres.

A la grandeur d'un tel projet on devait tout sacrifier. Le vieux ministre de la guerre, Bellisle, annonça dès janvier qu'on n'enverrait aucun secours aux colonies. La flotte anglaise, avant avril, nous prit déjà la Guadeloupe. Au Canada, l'intrépide Montcalm de Nîmes, sans renfort et sans espoir, lutta jusqu'au mois de septembre; il fut tué, le pays perdu. Dans l'Hindoustan, notre Irlandais Lally, un fou furieux, qui n'avait que de la bravoure, avait remplacé Dupleix. Il avait neutralisé l'homme capable, gendre de Dupleix, l'excellent général Bussy. Il avait par ses barbaries, ses emportements, son mépris pour les croyances indigènes, mis l'Inde entière contre nous. Il échoua devant Madras en février 1759, et de plus en plus déclina devant l'ascendant de lord Clive.

Ministre à soixante-seize ans, Bellisle épuisait sa vie à faire une chose impossible, la réforme devant l'ennemi. La Cour débordait dans l'armée, la surchargeait honteusement. Nos cent soixante-dix mille soldats avaient quarante mille officiers (c'est un officier pour quatre hommes). Dans les cavaliers, encore pis : un officier pour trois soldats. A Minden, nos deux généraux, Contades et Broglie, plus brouillés entre eux qu'avec l'ennemi, perdent le temps. Broglie est jaloux, et craint le succès de Contades. Tous deux battus, 1er août, et la défaite de l'armée précède, annonce tristement le désastre de la flotte.

La nuit du 16 au 17 août, notre flotte de Toulon a passé devant Gibraltar. Cinq de ses douze vaisseaux se séparent. Réduite à sept, cette flotte voit, de Gibraltar, quatorze vaisseaux anglais qui vont à elle à toutes voiles. Un des nôtres se sacrifie et combat seul contre cinq. Les autres n'en périssent pas moins.

Cela ramena au bon sens. On abandonna la partie du plan la plus chimérique, la grosse armée sur bateaux plats que Soubise devait mener en Tamise. On s'en tint aux expéditions d'Irlande et d'Écosse. Pour la seconde, on n'avait plus l'héroïque prince Édouard qui entraîna les highlands. En revanche, on avait un homme fort considérable à Versailles, au champ de bataille de l'intrigue.

C'était le duc d'Aiguillon, le neveu de Richelieu, un de nos plus beaux courtisans. Deux choses l'ont immortalisé, d'avoir tenu tête au roi même dans le cœur de la Châteauroux, — d'avoir pour le parti jésuite et la plus grande gloire de Dieu mis chez le roi la Du Barry. En ce moment il n'était bruit que du succès que les Bretons, sous d'Aiguillon, avaient eu sur les Anglais à Saint-Cast. Duclos explique très bien la prudence qu'il y déploya, simple spectateur à distance, n'ayant pas même donné d'ordres, les faisant si longtemps attendre, que les volontaires Bretons firent l'exécution d'eux-mêmes, poussèrent les Anglais dans la mer. Pour la Pompadour et les femmes, d'Aiguillon devint un héros.

Cette prudence consommée qu'il avait montrée à Saint-Cast, ne l'abandonna pas ici. Il n'alla pas avec les troupes et les bâtiments de transport rejoindre la flotte à Brest. Il dit qu'un homme comme lui, un gouverneur de Bretagne, général de l'expédition, ne pouvait faire les premiers pas, aller se mettre sous les ordres de l'amiral, de Conflans. Celui-ci dut venir le joindre au Morbihan où il restait, attendait dans sa dignité. L'Anglais, qui guettait Conflans, fondit sur lui près de Bellisle. Forces égales. Mais Conflans, non moins prudent que d'Aiguillon, réfléchit que son affaire n'était pas de livrer bataille, mais de conduire l'armée d'Écosse. Il crut éviter, éluder, se jetant entre les écueils. L'Anglais furieux l'y suivit, perdit deux vaisseaux. Quatre des nôtres périssent; Conflans lui-même brûle le sien. L'avant-garde (sept vaisseaux intacts), va se cacher à Rochefort; sept autres dans la Vilaine, et ils y restent embourbés.

Déplorable catastrophe! la marine, ainsi que l'armée, battue et déshonorée! Notre intrépide Thurot, sans espoir, et pour l'honneur, ayant donné sa parole, partit pourtant de Dunkerque, exécuta sa descente, prit une ville, se fit tuer.

La situation intérieure était au niveau. Deux mois

après la défaite de Minden, le désastre de Bellisle, le 26 octobre, eut lieu la fermeture des caisses publiques, la suspension des payements. Le roi suspend pendant la guerre le payement des lettres de change qu'il a souscrites pour deux ans (1760-1761). Il suspend pendant un an pour deux cents millions de dettes exigibles, jusqu'à ces rescriptions qu'il a données récemment sur les receveurs et fermiers, aux banquiers qui avancèrent les frais de l'armement détruit. Les receveurs et fermiers, anciens créanciers immolés au printemps, avaient fait rire. Voici les nouveaux créanciers, les rieurs, qui pleurent à leur tour, et non seulement eux, mais la foule des petits rentiers misérables qui vivaient d'annuités, qui avaient mis sottement aux royales loteries des dernières années ! Le roi ajourne... leur pain. Ils mangeront après la guerre.

Le roi ne payait plus Versailles ; il devait dix mois à ses gens. Une tentative qu'il fit pour mettre un octroi sur les villes, ne fit que montrer sa faiblesse, la force et la férocité que prenaient les Parlements. Choiseul avait beau les flatter, leur abandonner l'*Encyclopédie* (janvier 1759), cela ne suffisait pas. Le Parlement de Besançon fit pendre un commis qui osait lever l'octroi ordonné par le roi. Le Parlement de Paris fit pendre un huissier qui blâmait son procès de Damiens. Actes violents, brusques, sauvages, et qui menaçaient plus haut.

La moitié du Parlement de Besançon fut exilée ; mais celui de Paris repoussa obstinément tout ce qu'il y avait de bon dans les projets de Silhouette : l'impôt proportionnellement levé sur tous. Désirable égalité, mais qui n'apparaissait ici que comme une lourde surcharge par-dessus les charges antérieures.

Choiseul, battu en finances, battu sur terre et sur mer, peu ménagé du Parlement, arrivé en moins de dix mois, ce semble, au bout de son rouleau, avait à craindre le Dauphin, qui avait prédit ce fruit des traités autrichiens. Le parti dévot l'accablait. Il imagina un moyen étrange, qu'on n'eût compris en nul autre pays du monde. Pour balancer la banqueroute, les revers de terre et de mer, distraire fortement le public, il lui donna le spectacle d'un tour très inattendu. Lui, courtisan de Voltaire, il régale les philosophes d'une volée de coups de bâton.

D'abord Choiseul exécute le financier philosophe Silhouette. Il en rit lui-même. Il se joint gaiement à la meute des siffleurs et des moqueurs. Désormais le portrait d'une ombre est appelé *silhouette*. On s'en amuse partout, Versailles autant que Paris. Les habits *à la silhouette* n'ont ni poche ni gousset.

Ceci n'est qu'un commencement. Très secrètement Choiseul commande au lorrain Palissot une pièce qui plaira en haut lieu, qui fera rire le Dauphin, rire le roi qui ne rit jamais. On y verra les amis de Choiseul, les gens de lettres les plus illustres de l'époque, grotesquement piloriés. On y verra d'Alembert, Diderot volant dans les poches, et Rousseau à quatre pattes « retournant à la nature », et gravement broutant sa laitue.

CHAPITRE III

L'Éclipse de Voltaire. (1759-1761.)

Un des grands moments de Voltaire, solennel et vraiment digne du roi du *siècle de l'esprit,* avait été justement ce triste retour d'Allemagne où, repoussé de tous côtés, pour ainsi dire, il perdit terre, n'ayant plus un seul point du globe où il fût en sûreté (1753-1754). Fuyant de Prusse, il fut rejeté de la France, de la Lorraine même. Il disparut, se tint obscur et si bien caché en Alsace, parfois dans une île du Rhin, qu'à Paris on le crut mort. La *bonne* Mme Du Deffand le croit mort et n'en pleure pas (mars 1754). Pour comble, ses dangereux livres, autant de péchés de jeunesse, surgissaient indiscrètement, s'imprimaient partout, quoi qu'il fît. La Beaumelle héritait déjà, contrefaisait *Louis XIV*, avec des notes terribles. Malgré lui, l'*Essai sur les mœurs* éclate, incomplet (deux volumes). Malgré lui, un faux *Louis XV*. Et, pour comble d'épouvante, par fragments perçait partout la satire choquante, obscène, où, non content d'insulter « le fainéant Charles VII », il met nue d'un coup de griffe « la grisette » impertinente qui s'était si haut montée.

Il eut une de ces peurs extrêmes, qui rendaient cet homme nerveux par moments bien ridicule. Le bon sens eût pu lui dire qu'un homme si aimé du public n'était pas en vrai péril. On pouvait le repousser, l'éloigner, mais le toucher? non. Dans cette panique, il fit une comédie inutile qui l'avilissait seulement : il communia, fit ses pâques.

La première lueur lui vint de celui qu'il haïssait, de Frédéric. Sa charmante sœur, sous prétexte d'un voyage, vint à Colmar embrasser, courtiser le proscrit. Frédéric mit en opéras deux tragédies de Voltaire. Cela fit songer en Europe. On sentit qu'il n'était pas mort, qu'on devait encore compter avec celui qui restait l'ami du plus grand roi du monde. L'armée des encyclopédistes, Diderot et d'Alembert, ne perdaient nulle occasion de proclamer en lui leur glorieux général. Voltaire restait le roi des rois.

On le sentit, lorsqu'en mars 1755 il s'établit aux Délices, près de Genève, et presque en face à Lausanne, et que de ce lieu imposant (dans la vue sublime des Alpes) partit le grand coup d'archet dont frémit toute l'Europe, son *Ode à la liberté*, son remerciement à la libre Suisse où il avait pu respirer. Peu après, il acheva le livre qui reste son titre capital : l'*Essai sur les mœurs des nations*. Il ne fut jamais plus haut.

Deux choses lui faisaient tort.

Malgré sa bonté facile, vaniteux et emporté, voulant se montrer redoutable, prouver qu'il n'était pas léger, comme on le redisait tant, il affectait une haine implacable pour le grand roi qui le comblait, lui écrivait, qui fit pour lui ses beaux vers, l'héroïque adieu de Rosbach. Voltaire, là, fut déplorable. Il fit sa cour à Versailles, aux ennemis de la pensée et de son propre parti, disant : « La chère Marie-Thérèse », proposant contre Frédéric de renouveler les chariots faucheurs des Babyloniens. Idée bizarre, s'il en fut, que le ministre parut prendre au sérieux, exécutant pour Louis XV un joli modèle en petit, un joujou qu'on essaya.

L'autre maladie de Voltaire, qui le vulgarisait fort, c'était Mme Denis. Autant, au château de Cirey, près de sa mathématicienne, dans sa demi-solitude, il avait eu la vie noble, concentrée, tendue, haute, — autant avec celle-ci il l'eut mondaine et lâchée. Fort riche alors, il menait le train d'un Fermier général. De 1756 à 1768, sa maison fut une auberge. Il travaillait dans son coin tout le jour, hors du tapage ; mais il ne haïssait pas cette vie folle de monde et de bruit.

Il avait toujours eu l'imagination sensuelle. Il semble que sa flamme brillante, son inépuisable torrent d'étincelles, tint fort à cette légère électricité du sexe, dont il abusait bien peu. Né si faible et ne mangeant pas, ne vivant guère que de café, il fut pourtant un peu satyre, d'esprit, de velléités. En le suivant patiemment, on voit que, jusqu'au dernier jour, il eut toujours quelque femme. On a noté parfaitement ce que fut pour lui sa nièce (*Nicolardot*). Sa mauvaise humeur à Berlin vint surtout de ce qu'il ne put l'y mener. C'était une veuve d'à peu près quarante ans, qui n'était pas belle; elle louchait, elle était lourde, vulgaire et prétentieuse. Elle croyait faire des vers, fit et défit pendant trente ans une mauvaise pièce, *Alceste*. Elle ravissait Voltaire, comme actrice, par un jeu emphatique, ampoulé, pleureur. Il jouait grotesquement le bonhomme Lusignan ; elle les Zaïre et les Chimène, toujours les jeunes premières. Elle en avait le tendre cœur, brûlait de se remarier. Elle avait l'âme très grande, elle eût dépensé sans compter. Voltaire ne lâcha pas la clé, la limita d'abord un peu, mais une fois établi en Suisse, il ouvrit largement la caisse. C'était chaque jour des tables de quarante, cinquante personnes, des décorations, des costumes somptueux venus de Paris. Dans ses lettres, on voit qu'alors il se figure jouir beaucoup. « Je suis si heureux, dit-il, que j'en ai honte. » Et il ajoute qu'il est heureux surtout par elle. Elle engraisse, elle est charmante. « Sans elle, tout serait un désert. » (19 septembre 1755, 27 mai 1756.)

Il signe *le Suisse* Voltaire. Il avait loué quatre maisons, ici et là, en des pays différents. Il ne pouvait, disait-il, « tomber que sur ses quatre pattes ». Son indépendance était d'être un homme riche et mobile, pouvant vivre un peu partout. Sa nièce contribua à le faire seigneur de village, enraciné dans une terre, et sur la terre serve de France. C'est elle qui le refit Français.

Il n'était pas, il est vrai, bien établi aux Délices près Genève. Il y branlait. Deux partis étaient dans la ville, la Genève de Calvin, et la Genève mondaine qui sans cesse allait voir Voltaire. Mais dans la mondaine elle-même, les pasteurs qui dominaient n'en étaient pas moins chrétiens, anti-encyclopédistes. Dans un pamphlet anonyme, défendant l'*Encyclopédie*, il confond dans la même attaque « les persécuteurs catholiques et les fourbes protestants ». Cela fut fort envenimé par une lettre de Rousseau, comme on le verra tout à l'heure.

Il se croyait fort à Lausanne, car c'est là qu'il offrit asile à l'*Encyclopédie* persécutée (février 1758). Il donnait deux cent mille francs pour qu'on l'imprimât à Lausanne. Il comptait y demeurer, rester Suisse. Cela, dis-je, en février. Mais en mai tout est changé. La Pompadour *le protège* dans son plan d'acheter en France la seigneurie de Ferney (*Corr.*, V, 157, mai 1758).

Il eût acheté, s'il eût pu, en Lorraine, chez Stanislas. Mme Denis eût eu là une cour pour étaler ses grâces, refaire Mme Du Châtelet. Et il y aurait trouvé une demi-indépendance. La Pompadour fit défendre à Stanislas de le recevoir. On le voulait en France même. Toute la cabale autrichienne, Vienne et Versailles, Kaunitz, Choiseul, la Pompadour, l'enveloppaient. Au moindre succès de l'Autriche, Kaunitz disait : « Avertissez-en notre ami. » L'impératrice, si dévote, et qui proscrivait Molière, n'avait pas honte de faire jouer les tragédies philosophiques de Voltaire. On le chantait, on le dansait; au théâtre de la Cour, on mettait ses pièces en ballets. Choiseul lui écrivait sans cesse, encore plus que Frédéric. Il rôdait tout autour de lui avec sa malice de chat.

La Pompadour imprime au Louvre son livre sur l'*Ecclésiaste* avec son portrait en tête. Bref, on lui fera presque croire qu'il est le favori du roi! — Que dis-je? du roi! du pape. Une édition plus belle encore se fait de l'*Ecclésiaste* que le pape approuvera.

Il ne renie plus *la Pucelle*. Il est si haut qu'il n'a plus besoin de ces précautions. Société singulière. Telle est la mode, que les dames estimées l'apprennent par cœur. Tel vers se trouve dans les lettres, sur la petite bouche pudique de Mme de Choiseul.

Il se lâchait à ce moment dans l'ébauche de *Candide*, une orgie d'imagination. Du joli *Voyage de Scarmentado* (1747) et du *Poème de Lisbonne*, il en avait tiré l'idée, mais en la chargeant d'indécences et de grosses nudités, de Cunégondes à la Rubens. Dans ce moment, il est facile de deviner qui influait. On voulait une position. On était las d'aller, venir, d'errer. Ne serait-on chez soi, une vraie dame de maison? Dans tout l'été de 58, on travailla à cela. En octobre, au moment même où Choiseul devenait ministre, on négocia sérieusement pour l'acquisition de Ferney. Triste et pauvre seigneurie qui ne donnait guère que du foin. On fit valoir près de Voltaire les superbes privilèges qu'Henri IV avait attachés à ce méchant bout de frontière. « C'était, dit Voltaire, un royaume. » Il serait un roi d'Yvetot. Idée sotte et ridicule. Ces exemptions fiscales n'empêchaient pas que ce domaine ne fît Voltaire dépendant, regardant toujours quel vent soufflait du côté de Versailles.

Il acheta Ferney pour Mme Denis, s'asservit par là plus encore, s'interdisant de vendre, s'il voulait s'éloigner. Le lieu lui convenait à elle, étant sur la route même du grand monde qui allait en Suisse, en Savoie, en Italie. Il convenait moins à Voltaire, étant froid, humide, sous les vents neigeux. Quand de Lausanne ou des Délices on se rend à Ferney, on a le cœur serré. Le lieu, ennuyeux de lui-même, n'est nullement égayé du château mesquin qu'il y fit.

Il y eut dès l'entrée un sensible coup. Sa nièce gardant l'idée du mariage, il avait cru prudent, à l'égard du mari possible, d'avoir d'elle une contre-lettre où elle eût reconnu qu'il restait maître de Ferney *pour sa vie*, qu'il pouvait y finir en repos ses jours. Elle ne tint pas la promesse de lui donner la contre-lettre. Et Voltaire se trouva loger chez elle et non chez lui.

Parmi le rire éternel, son enseigne et sa grimace, il avait eu un vrai moment de larmes, de nature et de cœur, l'affreux désastre de Lisbonne et le début sanglant de la Guerre de Sept-Ans, ces grands massacres inouïs, des trente mille morts en une fois! Cela troubla l'optimisme qu'il avait professé toujours. Et plus troublé fut-il de voir une femme intéressée, violente, qui se faisait maîtresse chez lui, pouvait le renvoyer. Jusque-là il était *Candide*. Et par un changement subit il fut *Martin*, le pessimiste, ne voyant que mal sur la terre. Miracle de sa Cunégonde!

Voltaire, en 1728, le premier, contre Pascal, avait écrit : « L'homme est heureux. »

Il y reviendra un jour, en 1775. Il se réfutera lui-même et répondra à Candide.

Mais en 1760, le coup n'en fut pas moins grave. La haute autorité du siècle, celui vers qui tous regardaient, que tous suivaient depuis trente ans, — Voltaire, roi, heureux, paisible, — Voltaire semblait briser son œuvre, lançait un livre de doute, la bacchanale effrénée, satirique et priapique de l'ironie désespérée.

D'autre part, le siècle, atteint, bien loin d'avoir envie de rire, laissait échapper des larmes. On avait dédaigné les drames larmoyants de La Chaussée. Mais voici le *Père de famille*, déclamation sentimentale dont Voltaire n'espérait rien (16 novembre 1758), et qui obtient à Paris, à Versailles, le plus grand succès. Les courtisans croyaient plaire en riant; ils voient le roi qui en pleure à chaudes larmes. Spectacle nouveau, étonnant! Le roi surpris, attendri, par un drame de Diderot!

Mais l'essor du sentiment, l'éclat pathétique et vainqueur de la langue émue, orageuse, déclamatoire, de l'amour, c'est la *Nouvelle Héloïse*, qui ne sera imprimée qu'en 61, mais qui circule en manuscrit (lue, dévorée) de femme en femme, et qui va faire dans la vie, tout autant que dans les lettres, une profonde révolution.

En face, le triste Voltaire imprime l'ennuyeux *Pierre-le-Grand*.

Le moment était excellent pour attaquer les philosophes. Leur armée était au point d'une manœuvre toujours périlleuse; elle tournait et changeait de front. De leurs rangs était partie la plus aigre dissonance. Voltaire, par trois fois, donna prise, et trois fois, contre lui, tonna l'âpre et violente voix de Rousseau.

CHAPITRE IV

Rousseau. — *Nouvelle Héloïse.* (1754-1761.)

Rousseau nous apprend lui-même que l'*Émile* eut un succès fort lent, « de grands éloges particuliers, mais peu d'approbation publique ». Le *Contrat social*, imprimé en Hollande, extrêmement prohibé, repoussé à la frontière, entra tard, difficilement, fut lu par une rare élite.

Le grand, l'immense succès, fut celui de l'*Héloïse.*

C'est le plus grand succès, l'unique, qu'offre l'histoire littéraire. Rien de tel avant, rien après.

Ce livre inspira une vive, une ardente curiosité. On s'en arrachait les volumes. On les louait, dit Brizard, à tout prix (douze sous par heure). Qui ne les trouvait pour le jour, les louait au moins pour la nuit.

Ce ne fut pas chose de mode. Les mœurs en restèrent changées. Le mot d'*amour*, dit Walpole, avait été pour ainsi dire rayé par le ridicule, biffé du dictionnaire. On n'osait se dire amoureux. Chacun, après l'*Héloïse*, s'en vante, et tout homme est Saint-Preux. L'impression ne passe pas. Cela dure trente ans, toujours. Jusqu'en plein 93, Julie règne. Les Girondins la trouvent dans Mme Roland.

Comment expliquer un effet, et si vif, et si profond ? C'est qu'avec tous ses défauts, c'est pourtant un livre sorti de l'amour et de la douleur. Malgré toute sa rhétorique, ses déclamations d'écolier, c'est ici le vrai Rousseau, comme dans la *Lettre sur les spectacles*, les *Confessions*, les *Rêveries*.

Ses autres ouvrages sont œuvres artificielles, fort laborieusement arrangées.

Le vrai Rousseau est né des femmes, né de Mme de Warens. Il le dit nettement lui-même. Avant elle, il ne parlait pas, était noué et muet. Hors de sa présence, il n'avait aucune facilité. Devant elle, liberté parfaite, facilité d'élocution, langue abondante et chaleureuse.

Séparé et jeté au loin sur le dur pavé de Paris, il se grima en Romain, en citoyen, en sauvage. Il suivit Mably, Morelly, avec le talent, la force âpre, qu'il est si aisé de prendre. Et avec cela, *noué*. Il ne reconquit sa nature, ne fut de nouveau *dénoué* que par Mme d'Houdetot. La grimace disparut, le Caton, le Genevois. Et, dans la passion vraie, reparut le Savoyard.

Tout le monde va voir les Charmettes ; mais la grande impression fut bien plus à Annecy. Les Charmettes où Rousseau déjà est un homme, un maître de musique, lisant Messieurs de Port-Royal, faisant un peu d'astronomie, sont un lieu plus sérieux. La mollesse inexprimable qui nous fond toujours le cœur en lisant le second livre, le troisième des *Confessions*, est propre à l'air doux, languissant, quelque peu fiévreux d'Annecy. Il y a là de la Maremme. Plus d'un a voulu y mourir (*Eug. Sue*).

En 1865, par un beau mois de septembre, je me trouvai à Annecy, travaillant comme toujours. Mais vers les dix heures, la matinée était si douce, plus moyen de travailler. Nous allâmes nous asseoir au lac, sous un fort beau saule, vieux, qui rappelle que le jardin public était un marécage, en face de l'agréable et marécageux Albigny. Dans une brume légère qui gazait à demi l'horizon, nous regardions la petite île des cygnes, leurs plumes fugitives qui volaient, nageaient sur l'eau. Les coteaux simulaient un peu, tout autour, ceux de la Saône. A droite le petit palais, qui fut de saint François de Sales; derrière, la ville, les églises, les couvents, la Visitation (où rêva Mme Guyon). Il y avait eu des orages, et quelques gouttes de pluie tombaient encore par moments. Un habitant d'Annecy, assis sur le même banc, nous expliqua que le lac s'infiltre assez loin sous la plaine. Il se verse lentement dans un affluent du Rhône. Jadis il était bien plus lent. Ses eaux paresseuses (tout au contraire de celles des lacs suisses, qui montent l'été) baissent alors sensiblement, laissent ici et là des lagunes, des flaques mortes. Il y a, dit-on, peu de fièvres mais quelque chose de doux, de mou qui vous ralentit. Et l'âme aussi ne se sent que trop de ces molles douceurs.

Les nombreux canaux qui font de l'intérieur de la ville comme une petite Venise (sans caractère, sans monuments, de si peu de mouvement), rendent cette langueur plus sensible. Ils ont de petits brouillards vaporeux, jolis d'effet, plus qu'agréables à l'odorat. Ajoutez des rues en arcades, des passages obscurs mal tenus, des fenêtres du seizième siècle, d'autres étroites et antiques, vieux vilains trous ornés de fleurs. Ces fleurs boivent l'impureté des canaux avec délices et n'en sont que plus charmantes.

Rousseau dit se rappeler tout cela avec volupté. L'étroite rue sous l'église (fermée alors en impasse) où logeait Mme de Warens, entre l'évêque, les cordeliers et la maîtrise, où il apprend la musique, c'est au vrai l'ancienne Savoie. Derrière la maison, le canal lourd et d'une eau peu limpide. Mais par-dessus il voyait la campagne, « un peu de vert ». Tous les germes de Rousseau sont là. Il y resta longtemps; mais surtout pendant six mois, il ne fit que les vingt pas qui séparaient les deux maisons, celle de *Maman* et la Maîtrise. Tout lui est resté, dit-il, dans la même vivacité, la température de l'air, les beaux costumes des prêtres, le son des cloches, l'odeur, odeur bien mêlée sans doute et des fleurs et des canaux, des drogues pharmaceutiques que faisait la charmante femme, et qu'elle le forçait de goûter. Là ce cantique entendu la nuit qui le fit tant songer.

Là la rêveuse promenade qu'il fit un jour de dimanche, pendant qu'elle était à vêpres, pensant à elle, avec elle espérant vivre et mourir... Mais moi-même ne rêvai-je pas? Voilà que, sans le vouloir, je vais et je suis ce flot.

Plus de vingt ans passent. En vain. Le flux, le reflux des misères, la vie de l'homme de lettres dans l'agitation de Paris, les avortements, les demi-succès, les amis Encyclopédistes, l'effort vers le paradoxe, la folle attaque aux sciences, l'hymne absurde à la vie sauvage, le travestissement romain, cela passe. Efforts vrais pourtant, sincères. Honnête tentative pour vivre de son travail, accorder la vie réelle avec la vie de pensée.

Ces vingt années passent. En vain. Sous tant de choses voulues, empruntées, artificielles, subsiste le Rousseau d'Annecy. La cloche qu'il entendit là, sonne encore... Pauvre cœur de femme, sous le masque de Caton!... Pauvre, pauvre *citoyen!*

A peine il a fait entendre ce cri si fier, si sauvage (*Discours sur l'inégalité*), la même année il mollit. Il veut se refaire Genevois; mais pour cela il faut faire un premier pas en arrière. Il lui faut *se refaire chrétien* (1754).

Il ne s'agit point du tout d'abjurer son catholicisme qu'il a laissé depuis longtemps. C'est Diderot, l'*Encyclopédie*, réellement qu'il faut abjurer. Il glisse dans les *Confessions* un peu légèrement là-dessus. Mais les pasteurs établissent très bien (*Gaberel, Rousseau,* 62) qu'il ne fut admis *qu'ayant satisfait sur tous les points à la doctrine*, c'est-à-dire en délaissant la foi du dix-huitième siècle, se séparant de ses amis et soumettant sa raison à la divinité de l'Évangile.

Cet écart fut augmenté, élargi habilement par les ministres de Genève. Ils l'opposèrent à Voltaire. M. Vernet, la même année, tira de Rousseau un billet contre lui très outrageant. M. Roustan le décida à écrire à Voltaire sa lettre respectueuse, mais irritante, accablante contre le *Poème de Lisbonne*. Le jeune Vernes obtint de lui, malgré son hésitation et sa répugnance, qu'il écrivît la *Lettre sur les spectacles* contre d'Alembert, Voltaire, les encyclopédistes.

Jamais Rousseau cependant n'eut le cœur moins polémique. Établi à l'Ermitage de Montmorency (9 avril 1756) dans une gentille maisonnette où le logea Mme d'Épinay, il y sentit dès le printemps un attendrissement tout nouveau, se retrouva le Rousseau d'Annecy et des Charmettes. Disposition peu rare alors. La veille des grandes catastrophes (la Guerre de Sept-Ans commençait), il y a de ces attendrissements singuliers de l'âme humaine. De 1755 à 1758, Gessner donne son *Daphnis*, les *Idylles*, la *Mort d'Abel*, qu'on traduit en toutes langues et que Diderot porte aux nues. Voltaire n'exalte pas moins Saint-Lambert et ses *Saisons*, faible imitation de Thompson, que l'auteur lit en manuscrit à Doris et à Chloris, ses admiratrices ardentes (Mmes d'Épinay, d'Houdetot).

Rousseau a quarante-quatre ans en 1756, quand il quitte Paris pour toujours, s'établit à la campagne. En présence de la solitude, à ce moment grave du milieu de la vie, toute la première vie souvent se réveille. Les romans que sa mère lisait, qu'elle laissa et que l'enfant lisait la nuit avec son père « jusqu'à la première hirondelle » (Voy. les *Confessions*), il en revient le vague écho. Son charmant roman personnel chez *Maman*, à Annecy, reparaît dans sa fraîcheur. Une Mme de Warens, mais jeune, touchante demoiselle, envahit, remplit son esprit, avec Clarens et Chillon, l'adorable paysage où elle naît, sans oublier la rive opposée de Savoie, où elle passa fugitive. La voilà créée la Julie, et justement dans la mesure de Mme de Warens, peu Vaudoise, point critique, sans bel esprit, — gracieuse, délicate dans ces dentelles (qu'aime Rousseau), et formée, on le dirait, comme il le dit de *Maman*, « dans le commerce charmant de la noblesse de Savoie » (*Conf.*, liv. III).

Avez-vous entendu parler d'un sauvage qui fit jadis un *Discours sur l'inégalité?* L'auteur ne s'en souvient plus. La trace en reste pourtant dans sa vie pauvre et vulgaire, dans l'habit inélégant, la sèche petite perruque, que Rousseau a adoptés. Elle reste dans l'abandon du signe aristocratique que tous portaient alors, l'épée. Tout cela va au sauvage, au citoyen de Genève, mal à l'auteur de *Julie*. Ne le regrette-t-il pas quand il voit venir chez lui la charmante, l'enjouée, la douce amie de Saint-Lambert, la jeune Mme d'Houdetot?

Ah! philosophe! Le monde que tu fuyais, le voilà donc venu à toi! Et tu t'aperçois de ton âge. Et tu ressens ta pauvreté. Cinq ans de plus que Saint-

Lambert, c'est peu en réalité. Rousseau n'a pas l'air de savoir que, dans ce siècle de l'esprit, le temps ne compte pour rien. Il s'injurie, se méprise, se dit vieux, se dit barbon. Saint-Lambert lui semble jeune. Pourquoi? il est élégant, militaire, porte l'épée.

Le spectacle est lamentable. Il se jette d'autant plus dans cette aveugle fureur, qu'il se dit qu'un *vieux* comme lui ne risque point de réussir, de séduire la jeune maîtresse d'un ami que lui, Rousseau, ne voudrait pour rien trahir. Ses quatre lettres à *Sarah* sont ce qu'on peut voir de plus fou. C'est douleur, c'est frénésie, rage; il se roule dans la honte, dans le désespoir de voir que ce jeune objet est un sage, qu'elle a pitié, qu'elle est bonne, désolée d'avoir fait un fou. Notez que ce nom de *Sarah* lui-même est une maladresse et une insigne sottise. Il est pris de Saint-Lambert, d'un roman où l'auteur nous montre une jeune demoiselle noble qui s'éprend pour son laquais. Rousseau qui a été laquais, dans sa rage, s'abaisse à tout prix.

Pour achever l'infortuné, la nature impitoyable à ce moment met la main sur lui. Il a dès sa naissance apporté une infirmité. Elle se réveillait au moment d'exaltation, d'irritation. C'était une rétention, une maladie de la vessie.

Mme d'Houtetot pleurait, le voyant dans cet état, abîmé à ses genoux.

On fait cercle. Tous ses amis, à leur tour, lui jettent la pierre. C'est le méchant, c'est le traître, c'est le chien, c'est l'ennemi. Franchement, il faut l'avouer, toute apparence est contre lui. Je crois tout à fait ce qu'il dit que le méprisable Grimm n'épargna nul artifice pour lui ôter ses amis. Mais que Rousseau convienne aussi que sa conduite discordante dut le poser comme l'homme double et le Judas du parti. Il est dans l'*Encyclopédie;* il est dehors, il est contre. Ses trois œuvres (en 51, en 54, en 58, *Sciences*, *Inégalité*, *Spectacles*) sont trois attaques violentes contre le parti philosophe dans lequel il compte toujours. En 55, il insère encore des articles dans ce livre qu'il renie. En 58, au moment où l'*Encyclopédie* succombe sous les Parlements, les Jésuites, sous Trévoux et sous Fréron, Rousseau (*Lettre sur les spectacles*) la frappe, et du coup le plus sûr, par un livre sorti du cœur.

Qu'il dise comme Polyeucte : « Je suis chrétien ! » A la bonne heure. « Je me suis refait chrétien en 1754. » Mais alors pourquoi reste-t-il avec les Encyclopédistes ? Pourquoi loge-t-il chez eux, chez Mme d'Épinay ? Pourquoi aime-t-il chez eux ? pourquoi suit-il, entre tant de femmes, la maîtresse de Saint-Lambert ?

Sa conduite avec Voltaire n'était-elle pas singulière ? En avril (1756), quand Voltaire dans son *Préservatif* (pamphlet pour l'*Encyclopédie*) attaque à la fois les prêtres catholiques et protestants, Rousseau écrit à Vernes un billet colérique, où il l'appelle : « Ce beau génie, âme basse, grand par ses talents, vil par leur usage. » Et le billet court partout. Le 18 janvier (même année), en écrivant à Voltaire sa belle lettre contre le *Poème de Lisbonne*, il le comble de témoignages d'admiration et de respect, et ce ménagement habile rend le coup mieux asséné. — Simple lettre pour Voltaire seul, dit-il. On sent que de telles choses, éloquentes, étincelantes, ne pourront rester enfermées. Et en effet, Rousseau lui-même avoue en avoir donné des copies à trois personnes.

Ainsi en tout sa conduite était horriblement louche, tantôt par sa nature même, sa dualité intérieure, tantôt par sa propre faute, la fureur qui était en lui. Pour Mme d'Houtetot, il jure qu'il ne veut rien, qu'il reste pur, « qu'il l'aime trop pour vouloir la posséder ». Mais qui aura cette idée en lisant les lettres éperdues, furieuses, insensées, à Sarah ? Lui-même qu'en savait-il ? Voyait-il clair dans cet orage, dans une si profonde nuit ? Ce qui est sûr, c'est qu'il cherche incessamment le danger, attise follement cette flamme, avec la rage d'un malade qui, de ses ongles acharnés, creuse la cuisante blessure dont il est brûlé, dévoré.

Deux choses très spécialement purent exaspérer ses amis :

L'ostentation de pauvreté. Certes, Rousseau était pauvre; mais Diderot n'est pas plus riche, et il n'en parle jamais. Ce ne sont pas armes courtoises que de faire sans cesse appel à la haine et à l'envie, de se proclamer *le pauvre*.

L'autre chose qui paraît déjà dans la lettre sur le *Poème de Lisbonne*, et qui va paraître mieux dans le *Contrat social*, c'est qu'il veut qu'on ait dans chaque

État un Code moral qui contienne les bonnes maximes que chacun soit tenu d'admettre. Il faut que chacun déclare, confesse, articule sa foi (et sous peine de mort, dans le *Contrat social*).

La discordance de Rousseau avec l'*Encyclopédie* et l'esprit même du siècle, là était tranchée, terrible. Là commence un cours nouveau d'idées qui ira tout droit à la Fête de l'Être suprême. — Puis, la réaction l'exploite, de Robespierre à De Maistre.

Rousseau et par ses tendances et par son combat bizarre (écrivant et pour et contre), enfin par cet amour aveugle, peu loyal, leur apparut un furieux fou, très méchant.

Dans une dernière réunion où ils se trouvèrent en face, où l'on crut les rapprocher, Diderot fut consterné de voir l'état horrible de Rousseau. Et il en défaillit presque. En rentrant chez lui il écrit : « Mon ami, j'ai vu un damné !... Ah! je ne puis m'en remettre. Montrez-moi, pour que je me calme, la face d'un homme de bien » (*Diderot*, XII, 277).

Un damné, c'est cela même. Il portait en ce moment un enfer de discordance; les démons se battaient en lui. Il portait son enfantement (ses trois livres en deux années) l'*Émile*, la *Julie*, le *Contrat*. Il portait la réaction, la planche qu'il allait tendre au naufrage du christianisme.

L'horreur de Diderot est telle, qu'il semble avoir en ce moment comme un pressentiment biblique. On est sûr, en lisant sa lettre, qu'il a vu, par delà Rousseau, quelque chose de sinistre et comme un spectre d'avenir. Diderot-Danton voit déjà la face de Rousseau-Robespierre.

Un homme fort judicieux a dit à nos émigrants qui partent pour l'Amérique, que, pour réussir là-bas, il fallait être un naufragé, — c'est-à-dire être perdu, désespéré, prêt à tout, décidé comme celui qui a vu la mort de près et ne ménage plus rien.

Rousseau eut cet avantage. Il en était là justement lorsque son ennemi Grimm, indigne tyran d'une femme, obligea cette faible femme, Mme d'Épinay, à mettre Rousseau à la porte de l'Ermitage en plein décembre (1756). Service insigne que Grimm lui rend, et qui le délivre, et qui a fait sa grandeur.

Autre avantage, et immense, que seul entre tous il eut : *Il écrit en pleine crise.* C'est dans la crise du cœur, au plus fort de sa tragédie, qu'il fait d'un seul coup ses grands livres.

Montesquieu, Voltaire, Buffon, Diderot, ont produit toute leur vie. La production est chez eux le cours même de la nature. Rousseau est une éruption. La *Julie,* le *Contrat,* l'*Émile,* lui échappent en une fois (1761-1762). On recule d'étonnement.

Grand moment. Tout était prêt. Le monde avait travaillé, et taillé toutes les pierres pour le grand metteur en œuvre. Sidney, Locke, Mably, Morelly, Diderot (dans les discours ardents qui firent aussi Raynal) lui préparaient sa politique. Ajoutez-y nombre d'articles admirables et trop oubliés de l'*Encyclo-*

pédie (art. *Autorité*, etc.) Une demoiselle genevoise, Mlle Huber, la tante des grands naturalistes, dès 1731, écrit un *Vicaire savoyard*[1].

Mais avec tout cela, n'ayant encore que la forte langue, *ferme et serrée* et tendue de nos meilleurs réfugiés (cette langue que Voltaire lui-même estimait dans La Beaumelle), il n'aurait été jamais qu'un habile rhéteur genevois, qui, par de hardis paradoxes, avait surpris l'attention. Il n'eût jamais dépassé le succès du faux sauvage, l'éloquente déclamation du *Discours sur l'inégalité*.

La force, la force magique, c'est que Rousseau tout à coup parle une langue inconnue.

On l'entend pour la première fois dans la *Lettre sur les spectacles* (1758). On est ému et surpris. Pas un mot de déclamation. Peu de nouveau. Il reprend l'idée des auteurs chrétiens (Bossuet, Nicole, etc.), sur les dangers du théâtre. Mais quand il parle de la Suisse, des mœurs antiques, innocentes, il devient attendrissant. Une mélodie inconnue s'entend. Et le cœur échappe à ce chant de Pergolèse : « Je suis au-dessous de moi-même. Une fermentation passagère produisit en moi quelques lueurs de talent. Il s'est

---

1. Toute critique sur Rousseau sera vaine, si l'on ne fait pas d'abord l'examen de ses *précédents*, — j'entends les précédents *de sa langue* (de Refuge, et de Savoie), — les précédents *de ses idées*. Pourquoi ne dit-on jamais que Mably le précéda dès 1749 ? Que Morelly fit un *Émile*, un remarquable *Traité d'éducation* dès 1743, que sa *Basiliade* précéda d'un an le *Discours sur l'inégalité*, qu'elle parut en 1753 ? Rousseau, dans ce *Discours*, part de l'idée de Morelly, puis l'abandonne et recule. Il savait à fond tout cela, tout au moins par Diderot, son brûlant médiateur, qui chauffa le fameux *Discours*.

montré tard, il s'est éteint de bonne heure. En reprenant mon état naturel, je suis rentré dans le néant. Je n'eus qu'un moment, il est passé. J'ai la honte de me survivre. Lecteur, si vous recevez ce dernier ouvrage avec indulgence, vous accueillerez mon ombre ; car pour moi je ne suis plus. »

Qu'est-ce ceci ? quel est ce miracle ? qu'il est changé ! Combien sa langue est tout à fait *dénouée !* Le cœur pour la seconde fois a fondu. Mme d'Houdetot a rouvert la source chaude qu'ouvrit Mme de Warens. C'est comme ces eaux thermales longtemps captives ; un enfant par hasard a frappé le roc : un flot brûlant, écumant, va inonder la vallée.

Il y a dans *Julie* un curieux phénomène qu'on sent bien en Savoie, en Suisse. C'est un vent doux, dissolvant, qui par moments franchit les monts, fond les neiges, énerve les forces. C'est ce qu'ils appellent le *fœhn*. Les cœurs aussi en sont malades, troublés, orageux, alanguis.

On a pu le remarquer. Julie, Saint-Preux, ne citent que les poètes italiens, surtout le Tasse et Métastase. Ils sont enivrés de musique italienne, et nient toute autre. Le seul paysage est suisse ; mais les deux amants rappellent bien plus la Savoie. Leur langue, sauf les moments où elle est forcée, outrée par Rousseau, est celle de cette société dont le commerce charmant fit Mme de Warens. Ce pays, si peu productif littérairement, qui semble en être toujours à saint François de Sales, en revanche a gardé les grâces d'une France qui n'est plus celle-ci. Mi-gauloise, et, bon gré mal gré, mêlée d'un souffle d'Italie, ayant Turin pour capitale, la Savoie eut une influence qu'on n'a pas appréciée. Esprit tout à fait contraire à la Suisse et au Dauphiné. De Turin et de Chambéry nous vinrent ces femmes charmantes, d'apparente naïveté (la grâce du petit Savoyard), comme la duchesse de Bourgogne, la fine comtesse de Verrue, une reine, Mme de Prie, et la Tontine et la Doguine, les deux sœurs sorties d'Annecy, qui conquirent et gardèrent Paris, et furent belles un demi-siècle.

Rousseau n'a pu, quoique rhéteur, et encore empêtré de sa toge romaine, Rousseau, dis-je, n'a pu tout à fait gâter cette jolie langue qui, dans son drame personnel, lui revint invinciblement du cœur, en sortit par torrents. Il garde de son premier rôle des gaucheries singulières, de grotesques réminiscences du Rousseau-Mably, par exemple, quand il appelle sa Julie « une Agrippine » (cinquième partie, lettre 7). Non moins ridiculement, il prit le titre à la mode du grand succès de cette année. En 1758, Colardeau avait éclaté par sa poésie d'*Héloïse*, et on ne parlait d'autre chose. Rousseau appelle sa Julie *Nouvelle Héloïse*. A tort. Autant, dans l'immortelle légende d'Héloïse et d'Abailard on sent l'héroïque élan, l'émancipation de l'esprit nouveau, autant le roman de Rousseau, avec d'apparentes hardiesses, est opposé à cet esprit. Il désespère de la raison. Il inaugure la rêverie, ce narcotisme qui depuis a été toujours croissant.

L'abondance et surabondance d'une passion si prolixe, qui nous fatigue aujourd'hui, fut justement ce qui ravit. Certes, quand on voit la sécheresse de tous nos romans d'alors, on comprend avec quelle surprise on se trouva dans ces eaux immenses et intarissables, une mer! On se figurait que c'était la mer féconde, une mer de jeunesse et de vie.

Au fait l'enfant amoureux parle ainsi, — non, comme on croirait, dans un langage naïf, — mais dans cette rhétorique. Endurons les deux premiers livres. Le vrai sujet ne s'aperçoit qu'au troisième, dans la lettre où Julie dit à Saint-Preux qu'avec un cœur plein de lui, après une lutte cruelle, menée par son père à l'*église* où elle épouse Wolmar, elle sent son cœur changé tout à coup, pacifié, — changé à ce point qu'elle appelle les devoirs du mariage non pas *sublimes* seulement, mais (qui le croirait?) *si doux!*

Pour faire ressortir encore mieux ce merveilleux coup de la Grâce, elle exagère dans une étrange et choquante déclamation l'état honteux où elle était avant d'entrer à l'église. « Les transports effrénés d'une passion rendue furieuse... Des horreurs dont l'idée n'avait jamais souillé mon esprit. Mon cœur était si corrompu, que ma raison ne put résister *aux discours de vos philosophes*, » etc.

Qu'enseignent donc les philosophes? L'adultère, Julie nous l'apprend[1]. Et elle réfute longuement ce qu'ils n'ont enseigné jamais.

---

1. Elle attribue calomnieusement aux philosophes en général un mot léger d'Helvétius. Mot qu'ils n'adoptèrent nullement, et que Voltaire reproche à Helvétius. (*Corresp.*, édit. Beuchot, t. LX, p. 357.)

Mais enfin, de quelque manière qu'elle eût accepté ces doctrines, comment cette pure, cette honnête, cette intéressante Julie, fut-elle alors *si corrompue?* « C'est que j'aimais à réfléchir et me fiais à ma raison. »

Ainsi, la charmante femme à laquelle Rousseau nous a tellement intéressés, celle dont notre âme attendrie, aveugle, suit l'impulsion, la *prêcheuse*, comme il l'appelle, il va faire prêcher par elle ce pitoyable radotage qu'on a tant de fois réfuté. Le mépris de la sagesse, la haine du libre arbitre, le renoncement à l'action, voilà l'enseignement de Julie.

« Quel est le plus heureux dès ce monde, du sage avec sa raison, ou du dévot dans son délire? qu'ai-je besoin de penser, d'imaginer, dans un moment où toutes mes facultés sont aliénées? « L'ivresse a ses plaisirs », disiez-vous. Eh! bien, ce délire en est une. »

Elle recueille le fruit du délire, de l'ivresse, qui est d'oublier, d'ignorer, de se perdre de vue soi-même, d'apaiser sa conscience.

« Mes réflexions ne sont ni amères ni douloureuses. Mes fautes me donnent moins d'effroi que de honte. J'ai des regrets, *et non des remords.* » Pente admirable, rapide. Elle ne se croit pas quiétiste. Elle rit de Mme Guyon. Mais Mme Guyon elle-même a-t-elle dit davantage? On s'enfonce, non sans volupté, au fond de ce demi-sommeil. Le souvenir, s'il n'est pas douloureux, devient très doux, et

Molinos nous apprend qu'on jouit de la honte même.

Le demi-jour de l'ivresse, l'éloignement pour la lumière, pour la raison, met encore Julie sur une autre pente. La lecture, l'examen des Écritures, ces libertés protestantes, ne lui iront pas longtemps. Il lui faut, dit-elle, *un culte grossier*. « Par là, je me dérobe aux fantômes d'une raison qui s'égare. » (liv. V, lettre 5). — Et là Rousseau est curieux. Dans une note équivoque, il loue, blâme les catholiques; au total il les loue plutôt.

Par cette femme adorée, par cette belle bouche de Julie, nous reviennent toutes les sottises que Voltaire a pulvérisées dans ses réponses à Pascal trente années auparavant (1734). Et tout cela nous arrive dans cette forme séduisante qu'on ne peut pas repousser. Aux censeurs, on répondrait : « Laissez donc, ce n'est qu'un roman, c'est la langueur passionnée d'une femme qui se croit guérie et qui meurt encore d'amour. » — Oui, laissez... Et tout à l'heure, ce qui se passa dans l'abandon, l'amour des molles rêveries, la haine des philosophes et de la philosophie, bref, la réaction chrétienne, va revenir formulée!

Il y a un homme haïssable dans le livre, c'est le mari. — Comment ce Wolmar si calme, si sage, a-t-il pu de sang-froid, étant si bien instruit d'avance, immoler Julie à son égoïsme, faire le malheur, le supplice de ces deux infortunés? Toutes les phrases de Rousseau pour faire admirer *ce sage* ne servent guère. On souffre trop à le voir faire sur deux âmes une expérience si longue, avec la curiosité terrible du chirurgien dans ses vivisections.

L'ingénieux, le piquant, c'est de leur faire dire à tous deux qu'ils sont guéris, ne souffrant plus. Ils n'en souffrent que davantage. Situation double, trouble, malsaine, de douleur sensuelle. Il le sait bien, ce Wolmar. Il sait qu'insatiablement ils savourent les souvenirs, les pleurs. De plus en plus il les rapproche, les expose, les enflamme. « Plus que jamais, dit-il lui-même, ils brûlent ardemment l'un pour l'autre. »

Julie s'efforce de sourire; elle est belle, elle prend même, dit-on, un léger embonpoint. Elle dit : « Je suis heureuse. » Et elle se meurt moralement. La prière ne l'en sauve pas, ni ses enfants. Elle avoue, entourée de tout ce qu'elle aime, qu'elle est détachée de la vie.

Il faut que le roman finisse. Cette langueur mène tout droit à la chute ou à la mort. Julie, fort heureusement, se noie et sauve l'auteur.

Oh! qu'on aimerait bien mieux que ce Wolmar se noyât, qu'il eût l'obligeance du Jacques de George Sand, qui se tue à propos pour les amants; mais ce froid Wolmar, l'égoïste, ne donne pas ce plaisir; il survit à sa victime. L'impression reste tout entière. Les voilà, les philosophes, ces âmes de glace et d'airain. De cet excellent livre on garde la haine des raisonneurs et le mépris de la raison.

Ce qui plaît, c'est le supplice qui commence pour Wolmar. Julie a fait autour de lui comme un cercle d'amis zélés qui vont le persécuter doucement, et bon gré mal gré, le changer et le faire chrétien. Rousseau dit expressément dans une lettre (à M. Vernes) que l'impie se convertira. Et l'apôtre principal, pour sauver l'âme de Wolmar, sera l'amant de Julie.

CHAPITRE V

La comédie des *Philosophes* (mai 1760). — Mademoiselle de Romans. (1761).

La *Julie* ne fut imprimée qu'en janvier 1761. Mais en 1759 et en 1760, elle circulait manuscrite. Rousseau en vendait des copies. Il en faisait des lectures d'intérêt brûlant, palpitant, avec une émotion qui souvent touchait jusqu'aux larmes. Les femmes imaginaient toutes qu'il en était le héros. Dans sa préface et ses notes, il se garde bien de dire non.

Sous son extérieur inculte, il allait loin auprès d'elles. Il fut tout à coup à la mode. En décembre 1756, expulsé de l'Ermitage, écrasé dans son monde (philosophe et financier), le voilà deux ans après recherché d'un bien autre monde, M. le prince de Conti, Madame de Luxembourg. Et nul moyen de s'en défendre. Celle-ci, M. de Luxembourg, le prennent, l'enlèvent, le comblent de caresses. Sous le haut château de Montmorency, un pavillon délicieux qui fait penser aux Borromées, solitaire, au milieu des eaux, le reçoit au mois de mai 1759. Du *citoyen* plus de nouvelles. L'ours est muselé, lié, bien plus, séduit, apprivoisé.

Le pauvre M. de Luxembourg, homme doux et très éteint, ami personnel du roi, fort tristement employé aux violences de Rouen, était un étrange ami pour Rousseau. Mais combien plus la fée de ce lieu enchanté, la tragique et sinistre Alcine, Madame de Luxembourg! Avec un esprit délicat, elle avait le cœur le plus noir, une malice perverse et profonde. Longtemps effrénée Messaline, elle avait marqué encore plus comme type du *Méchant* femme. Née Villeroy, et maîtresse effrontée de son frère, elle usa un premier mari (Boufflers). Pour s'en faire un second d'un homme déjà marié, Luxembourg, elle employa une perfidie meurtrière. Elle se fit la tendre amie de Madame de Luxembourg, menant la femme et le mari aux bacchanales priapiques où cette faible créature, avilie devant son mari, grisée, et jouet de tous, devint un objet de dégoût (*Besenval*). Elle se vomit elle-même, mourut, et Luxembourg devint second mari de la Méchante. Ici elle changea de système, fut décente et honorable, fort ménagée. On la craignait. Sa passion était alors de tuer tout doucement la fille que Luxembourg avait eu du premier mariage, la jeune princesse de Robecq. Celle-ci était très faible de poitrine ; sa belle-mère lui parlait de sa mort prochaine, l'en occupait, l'en accablait. Elle disait en entrant chez elle : « On sent ici le cadavre. »

Choiseul, soit pour s'assurer le bonhomme Luxembourg, une des vieilles bêtes du roi, soit pour le piquant de la chose, faisait l'amour à la mourante. Et, plus était malade, plus (c'est le fait des poitrinaires) elle elle était passionnée, possédée d'amour de la vie, de remords, d'effroi, de regret de ne pas pécher davantage. Elle semblait déjà dans l'enfer. Elle n'en servait que mieux les saints. De ce lit de fiévreux plaisir, au nom de son salut risqué et de l'éternité prochaine, elle ordonnait, elle exigeait, se damnait. Mais c'était pour Dieu.

Diderot ne s'y trompa pas. Quand il vit Choiseul, au lieu de soutenir l'*Encyclopédie*, lui retirer le privilège, il n'accusa ni les Jésuites, ni le Parlement, mais *elle*, la damnée, la désespérée, et sa rage impérieuse.

Elle avait deux mois à vivre. Choiseul allait être quitte. Mais en lui obéissant, il marchait à son propre but. Sec et tari, sans ressource, ne pouvant plus faire un pas sans le Parlement, forcé d'y recourir à toute heure, il était sûr de lui plaire par une insulte aux philosophes. D'autre part, elle allait charmer le Dauphin, amuser Paris. Excellente diversion qui distrairait de Silhouette, de la demi-banqueroute, des rentes qu'on ne pouvait payer, du nouvel octroi sur les vivres, de la cherté des denrées.

Seulement Choiseul eût voulu qu'on s'en tînt à un écrit, à une comédie non jouée. Mais l'effet eût été trop lent. Elle n'avait pas le temps d'attendre. Elle dit qu'elle allait mourir, mais qu'elle voulait jouir et se donner une fête, voir les impies au pilori, faisant amende honorable, sinon en Grève, au théâtre.

Le parti philosophique mollissait, miné en-dessous.

On l'avait alangui au cœur, attendri, mortifié (la *Lettre sur les spectacles*). On le détrempait des larmes que faisaient couler les lectures de la *Julie*. La rêverie, l'âme chrétienne, la haine de la raison, revenaient, mais gardant pour les philosophes quelques égards, du *respect*. C'est là ce qu'on voulait frapper. Ceux qu'on ne respecte plus sont bien aisément méprisés, conspués, foulés aux pieds. Telle est la noblesse de l'homme. Un soufflet, un coup de pied amuse toujours la foule, bien ou mal donné... On rit.

Jouer la pièce était chose hardie et non sans péril. Comment Voltaire prendrait-il qu'on mît si publiquement les siens dans la boue? Le public pouvait s'irriter, surtout d'une attaque morale contre ses oracles chéris, des hommes justement honorés. Je crois volontiers que Choiseul demanda grâce, pria. Elle fut inexorable.

Il y a toujours des gens prêts à lancer de la boue. L'ancien Rousseau (Jean-Baptiste), assez froid versificateur, mais satyre ardent, écumant dans ses rages et ses priapées, avait engendré Desfontaines, qui, sentant un peu le roussi, n'en engendra pas moins Fréron.

Fréron, fort lettré, plat et lourd, un grossier Breton de Quimper, en vingt ans expectora deux cent cinquante volumes, nauséabonds (instructifs pourtant), de l'*Année littéraire*, sans compter la pituite immense de je ne sais combien de livres qu'il déposa à côté. Il était lu des amis de Voltaire. Le bon Stanislas lui-même goûtait dans Fréron le plaisir de voir son

Voltaire mis en pièces. Il donna son nom Stanislas au célèbre fils de Fréron. Mais combien plus le pamphlétaire fut passionnément poussé par Madame Adélaïde!

Fréron se lia aisément aux ennemis de Voltaire, à l'âcre et mordant La Beaumelle, au malfaisant Palissot. Celui-ci, enfant prodige, fameux à douze ans, avait soutenu à treize ans une thèse de théologie. Il passa par l'Oratoire. A dix-huit ans, il avait fait une mauvaise tragédie, et il était marié, fixé. Il n'alla guère plus loin.

C'est lui, dit-on, que Diderot a peint, immortalisé, dans son *Neveu de Rameau*. Le gueux vagabond, parasite, pour dîner reçoit cent nasardes. C'est là que la vérité manque. Palissot est moins naïf; ce n'est pas l'insouciant artiste, fainéant et paresseux. De bonne heure il fut avisé. Il y avait une bonne mine à exploiter chez les dévots. Le brillant hâbleur Polignac l'ouvrit par son *Anti-Lucrèce*, et Bernis l'exploita de même par sa *Religion vengée*. Palissot ne fut pas plus sot. Il ne monta pas aussi haut. Mais sa plume intelligente fut payée comptant. A vingt-cinq ans, la première fois qu'il joua les philosophes, à Nancy, il en tira une *recette générale* des tabacs (1755). La seconde fois, le privilège, fort lucratif dans la guerre, *de vendre seul les gazettes étrangères* qu'on achetait avidement.

Palissot, comme Lorrain, était sûr d'aller à Choiseul, mais il y alla bien mieux par Mme de Robecq. Il adressa à la dame ses *Lettres* anti-philosophiques. Puis il fit, pour ainsi dire près de son lit, inspiré d'elle (*furens quid femina possit!*), sa comédie des *Philosophes* qui est bien plus qu'une satire, c'est une dénonciation.

Palissot pesait si peu que peut-être les acteurs eussent refusé sa comédie. Pour leur inspirer terreur, on l'envoya par le Breton, le dogue de l'*Année littéraire*. Ce fut le grand protégé de Madame Adélaïde, Fréron, qui porta la pièce aux acteurs. « Délibérez, si vous voulez, dit-il avec insolence. Elle serait jouée malgré vous. » Ils comprirent que de telles paroles venaient de très haut, se turent. La Clairon était absente. Elle fut indignée au retour, leur dit qu'il était honteux que les acteurs se prêtassent à conspuer les auteurs qui leur faisaient gagner leur vie; qu'elle avait horreur du monde, qu'elle s'en irait comme Rousseau, et vivrait au fond des bois (Collé, *Journal historique*).

La pièce n'a rien de comique que quelques phrases emphatiques prises à la langue nouvelle, surtout aux formes solennelles de Diderot. On note comme ridicules des locutions excellentes, neuves alors, qui sont restées (par exemple : « Il est sous le charme, » un mot du *Fils naturel*).

Sauf cela, Palissot copie servilement Molière. Les philosophes chez lui sont Tartufe et sont Trissotin. Le nœud est le même. On veut s'emparer subtilement d'une fortune et d'une héritière. Pour cela on flatte la mère, auteur comme Philaminte, imbécile autant qu'Orgon. Mais sur qui cela tombe-t-il? On ne le voit pas. Le seul philosophe marié récemment alors est Helvétius, qui noblement était sorti de la Ferme générale, et prit sans dot la fille de Mme de Graffigny.

Dans Palissot, les philosophes sont des filous qui, tout en volant les autres, se volent aussi entre eux. Ils enseignent ou le partage, ou la *communauté des biens*. Le seul écrivain, très obscur, qui hasardait ce paradoxe (Morelly, *Basiliade*, 1753, et *Code de la nature*, 1755), était tout à fait en dehors du parti philosophique. Loin de là, l'*Encyclopédie*, depuis 1756 et les articles de Quesnay, est le champ très spécial des Économistes qui fondent tout sur la propriété. On n'en voit pas moins dans la pièce le philosophe Frontin, qui, pendant que son maître enseigne la communauté des biens, la suit en lui vidant les poches.

Un mot aigre semble lancé par la mourante elle-même, par Mme de Robecq, contre sa belle-mère. Les philosophes ont le cœur si mal placé et si dur qu'ils attendent la mort d'un ami pour la joie de le disséquer.

Trois personnes sont ménagées.

Voltaire est tout à fait absent. On n'eût osé. Choiseul même, craignant qu'il ne soit irrité, lui écrit des lettres câlines.

Duclos (sauf un petit mot) est à part et respecté, comme intime ami de Bernis et bien avec la Pompadour.

L'ami de Duclos, Rousseau, est l'honnête homme de la pièce. Il est l'excellent Crispin qui déjoue la friponnerie de tous les autres philosophes, ramène au bon sens la mère et fait par là que la fille épouse celui qu'elle aime. Crispin-Rousseau s'introduit adroitement par un jeu bouffon, mais d'un ridicule habile et voulu. Il arrive à quatre pattes, broutant sa laitue. C'est exactement la plaisanterie de Voltaire dans sa lettre si connue à Rousseau qu'on savait par cœur : « Je retombe à quatre pattes. Venez brouter avec moi », etc.

L'effet de la pièce fut grand, point gai, lugubre au contraire. On vit le spectre amené par le libelliste lui-même, la pâle Mme de Robecq qui n'avait plus qu'un mois à vivre, qui, avant de recevoir les sacrements, avait fait l'effort de sortir du lit, se faire apporter, pour se repaître les yeux de la honte de ses ennemis, des impies, voir Dieu vengé.

La pièce maniée, remaniée, écourtée, pour l'impression, ne montre guère les traits dévots qui parurent peut-être au théâtre. Un seul a été conservé : « Et souvent la bêtise a fait des incrédules. »

On ne voit pas qu'il y ait eu de protestation bruyante, ni cris, ni sifflets. Mais on resta indigné. C'était une lâche insulte du pouvoir aux plus beaux génies qui honoraient la France. Le Dauphin s'en lava les mains, et dit qu'il n'y était pour rien. Cela mit tout à nu Choiseul, l'exposa devant le public. Il eût bien voulu reculer. Le spectre d'amour le traînait. Dans son unique mois de juin qui lui restait encore à vivre, dans le plaisir enragé, assaisonné de la mort, elle le força de se flétrir et de se salir lui-même, d'avouer Palissot pour son homme en lui faisant sa fortune.

Celui qui eût le plus souffert de la pièce, c'est Rousseau qui (sauf un petit ridicule) y était fort ménagé. Il frémit de ce danger. A l'envoi de la pièce, il dit : « Je n'accepte pas cet *horrible* présent. » Là il montra un grand sens. Avec cette adoption fatale des esprits rétrogrades, avec les tendances mystiques manifestées par la *Julie*, avec telles lettres aux dévotes (à Mme de Créqui) où il leur envie leur bonheur, — il allait se précipiter, presque sans s'en apercevoir, et se réveiller un matin coryphée du parti dévot. Il eût été pour un jour adoré, puis méprisé. Il eût eu le sort de Gilbert. Il s'arrêta court brusquement. Il comprit que le grand succès était dans l'inconséquence, et juste entre les deux partis. De là le caractère propre à l'*Émile*, tout contradictoire, et qui n'en réussit que mieux. Il veut qu'on suive la *Nature*, que l'on revienne à la *Nature*. Mais en même temps il admet l'*Anti*-Nature, le miracle : « La mort de Jésus est d'un Dieu. »

Les deux partis eurent donc de quoi être satisfaits? Point du tout. A droite, à gauche, les prêtres catholiques et protestants le tiraient. Là il est curieux de voir l'innocence des jeunes ministres qui voudraient que décidément il se déclarât protestant. Un sûr moyen de s'enterrer et d'avoir contre soi la France. Il les écarte doucement (Voy. Lettres à M. Vernes). Il reste au milieu bâtard qui convient mieux à la foule, mi-raisonneur, mi-chrétien.

Mais qu'est-il au fond? chrétien. En discutant tels miracles qu'a faits ou n'a pas faits Jésus, *il* garde le grand miracle : *l'évangile envisagé comme morale absolue*, règle unique et loi divine. Contre le vrai credo du siècle (le but de l'homme est l'action, la raison libre et active), il ramène l'ancien credo de rêverie, d'inaction.

Avec tout cet étalage de logique et de syllogismes, malgré ce grand mouvement d'idées suscité par ses livres, ce raisonneur des raisonneurs, que fonde-t-il en réalité, que commence-t-il sérieusement? deux choses qui peu à peu iront énervant le monde : le roman, la rêverie.

Le règne de la rêverie. — Après le Rousseau raisonneur qui argumente et discute, vient le Rousseau non raisonneur, charmant, mais si mou, l'aimable auteur de *Paul et Virginie*. Puis un grotesque Rousseau, barbaro-breton, dans l'effort, l'entorse, qui pourtant par *René* dure et toujours durera. Puis tant d'autres, pleureurs, malades, mélancoliques, égoïstes, qui vont se pleurant eux-mêmes, cherchant l'oubli, descendant la pente du narcotisme.

Cette pente a ses degrés. C'est le roman, c'est le tabac. Plus tard, ce sera l'opium, chemin sûr et abrégé aux rêveries de l'autre rivage.

Jusqu'à Rousseau, point de roman. Du moins, point de roman qui règne. Ni Manon, ni Marianne, ni Paméla, ni Clarisse, ne faisaient de révolution; on admirait, c'était tout. Mais sous la *Nouvelle Héloïse*, on est dompté, entraîné; on copie, on obéit. Dès lors, le roman est roi. Voici son avènement. La patrie est secondaire, la religion secondaire. L'âme individuelle est tout. Chaque maladie de cette âme, finement analysée, regardée au microscope, grossie, admirée, fomentée, deviendra un mal favori que chacun choiera en soi. Tous, à partir de ce moment, nous irons caressant nos plaies pour les irriter davantage.

Il serait dur et injuste pourtant de ne pas reconnaître ce qu'eut de noble et de beau l'apparition de la *Julie*, cette résurrection du cœur, cette réhabilitation de l'amour. L'*Émile*, qui, après la *Julie*, sembla un livre ennuyeux (Madame de Luxembourg même n'en soutenait pas la lecture), l'*Émile* eut une très belle et attendrissante influence dans les pages aux jeunes mères sur leur devoir d'allaitement. Elles furent touchées au cœur, ramenées aux pauvres petits; elles trouvèrent ce devoir non doux seulement, mais gracieux. Quoi de plus charmant qu'une femme qui a au sein un bel enfant? Délicates et poitrinaires, sans lait, elles voulaient allaiter. Ne perdant rien des plaisirs, des soupers, des nuits de fatigue, elles n'allaitaient pas moins. L'infortuné nourrisson, forcé de suivre les bals, tétait en vain la danseuse, rouge, échauffée et tarie.

Une conversion si brusque à la nature, à l'amour, eut plus d'un effet comique. Les femmes devinrent tout à coup extrêmement sensibles. Madame de Luxembourg, qui venait de faire mourir sa belle-fille à petit feu, se trouva désormais si tendre qu'aux persécutions de Rousseau, elle se déclara malade (Voy. *Mme du Deffand*). Tous devenant amoureux, Mme du Deffand, malgré l'âge, ne crut pouvoir en conscience se dispenser de la mode. L'amour, à soixante-dix ans, lui vint pour la première fois. Elle voulait un Anglais comme l'Édouard de Rousseau. Cela lui semblait neuf, piquant. Elle hésitait entre trois, l'un un jeune poitrinaire, l'autre un highlander rêveur. Elle prit enfin (malgré lui) celui qui lui ressemblait, le plus méchant des trois, Walpole.

Mais voici le plus merveilleux! La Police même est amoureuse! Le lieutenant de police Bertin, venant au ministère, lui aussi, cherche sa Julie. Cette Julie facétieuse, une coquine d'esprit amusant, la d'Arnould fait payer ses dettes par le crédule Bertin, et plante là son Saint-Preux (*Bachaumont*).

Versailles ainsi copie Paris. On l'avait vu après *Zaïre*, à ce moment où déjà on fut amoureux de l'amour. Le roi prit alors la Mailly (1732). Aujourd'hui ce pauvre roi, ayant traversé tant de choses, pouvait-on bien tenter encore de le refaire amoureux? La Pompadour, en d'autres temps, en eût eu peur. Mais alors, dans cette guerre où chaque jour apportait d'accablants revers, il lui fallait à tout prix continuer, augmenter l'alibi où vivait le roi. Elle laissa faire ses gens, Bertin, Sartines et la police. On chercha au roi sa Julie.

On la trouva en décembre 1760, au moment où le roman, manuscrit encore, courait partout, faisait fureur, avait le plus grand succès. Le roman paraît en janvier. Et elle est enceinte en mars 1761 [1].

La dame d'une maison de jeu du Palais-Royal, bien avec les gens de police, leur avait dit qu'elle avait leur affaire, sa sœur, une belle personne et la plus belle du monde, fille d'un avocat de Grenoble, neuve et jusque-là bien gardée. Mademoiselle de Romans, accomplie de taille et de formes, d'un vrai visage de reine, n'avait qu'un défaut, d'être gigantesque à ne pas passer les portes, un colosse, comme on voit au Louvre la Pallas ou la Melpomène. Honteuse de cette taille étrange, elle tâchait de se faire petite en aplatissant sur sa tête la masse de ses très longs et admirables cheveux, ne portait que des coiffures basses.

C'était comme une conversion, une purification pour le roi du Parc-aux-Cerfs, d'avoir cette grande innocente, si digne qu'on ne pouvait la croire qu'un objet de passion. On crut que ce serait bien vu, que cela le referait un peu devant le public. On la menait à grand bruit d'Auteuil, où était sa maison, à Versailles, royalement, dans un carrosse à six chevaux. La géante fut à la mode. On adopta ses coiffures basses, et les naines en portaient aussi. Elle accoucha à Versailles. A Versailles, elle nourrit, fidèle à la leçon d'Émile. L'enfant était à son image, d'une extraordinaire beauté. Cela gonflait la jeune mère. Et

---

1. Mme du Hausset ne date pas. Mais Barbier date très bien et nous dirige parfaitement. Il dit en décembre 1761 : « *Depuis un an* environ, on a fait connaître au roi une fille de vingt et un ans, qui a de l'esprit » etc. Cela nous reporte à décembre 1760. Elle accoucha le 12 janvier 1761; donc, fut enceinte en mars 1760, au moment du plus grand éclat de la *Julie* imprimée. (*Barbier*, VII, 426.)

cela aussi la perdit. Nulle autre que la Pompadour n'avait intérêt à la perdre. Ce fut elle certainement (quoi qu'en dise la Hausset) qui fit croire au roi que cette fille le compromettait, le donnait en spectacle. Mais qui avait commencé? Qui avait permis qu'elle vînt à Versailles à six chevaux? Qui aurait osé cela sans l'aveu de la Pompadour?

Le roi était si mort de cœur, si froid, qu'il n'objecta rien, laissa faire ce qu'on voulait. Fin effroyable du roman! Julie ne fut pas noyée, comme dans la *Nouvelle Héloïse*, mais on lui vola son enfant. Ses pleurs, ses rugissements ne servirent. Elle eut beau chercher, se désespérer quinze années. Elle ne le retrouva que bien tard sous Louis XVI. Il s'appelle l'abbé de Bourbon.

CHAPITRE VI

Pacte de famille. — Règne du Parlement. — Jésuites condamnés.
(1761-1762.)

Homme d'esprit, homme de cour, connaissant la France à merveille, Choiseul, à chaque sottise, trouvait un mot noble et fier qui plaisait, le relevait. Mieux que la sotte Pompadour, il sentait tout le péril de rester à découvert dans la trahison d'Autriche. En 1761, le public criait. Choiseul crie aussi, dit que l'Autriche mollit, ne nous appuie pas assez, se plaint, menace, et donne encore une armée à Marie-Thérèse.

En même temps il éblouit et le public et Versailles d'un fait de grande apparence. Avec l'agilité brillante d'un acrobate accompli qui saute d'une corde à l'autre, il se raccroche vivement à celle qui tient au cœur du roi. Louis XV, toute sa vie, avait été Espagnol. Choiseul se fait Espagnol, prépare et publie, en août 1761, le fameux Pacte de famille.

Superbe tour de voltige qui le maintenait au pouvoir. Louis XV était Bourbon, Charles III était

Bourbon. Quoi de plus beau, quoi de plus grand (et digne de Louis XIV) que de lier en un faisceau tous les membres de la famille, de rattacher France, Espagne, Parme, Naples, la Sicile! Louis XV, qui ne sentait rien, sentit cela, le trouva grand. On le trouva tel en Europe.

Pour bien juger ce projet, il faut savoir ce que l'Anglais en pensa... L'Anglais en frémit de joie.

Il comprit parfaitement que Choiseul doublait sa proie. Les âpres chasseurs de mer virent dès ce jour les galions entrer chargés d'or dans Portsmouth. Ils virent les ports et les villes de l'Amérique du Sud payer d'énormes rançons. Ils virent descendre dans la mer la grosse flotte espagnole, cette vaine cérémonie de lourds navires impotents, canonnés, percés, coulés, avant de faire un mouvement.

Pitt, sous son air rechigné, fut si gai qu'il se lâcha par un mot de bassesse atroce : « On n'en mettra pas plus grand pot-au-feu ; mais la soupe sera bien meilleure. »

Ce n'était pas une force qui s'ajoutait à la France, c'était un gros embarras, une caraque de commerce, traînant derrière un vaisseau, et qui ne fait que l'alourdir. Choiseul, depuis ses revers maritimes, que pouvait-il pour défendre cette Espagne? Rien. Le Pacte de famille est déclaré au mois d'août 1761. Et c'est au mois de décembre que Choiseul avise à rendre l'essor à notre marine, qu'il suscite (par l'exemple du premier banquier de la Cour) un mouvement national de dons, de souscriptions. La Ferme donna un vaisseau, Paris souscrit un vaisseau, et bientôt chaque province. Enthousiasme général. Tous ces vaisseaux sur le papier, et tout au plus en argent, combien leur faut-il de temps pour exister réellement, pour cingler, combattre en mer ?

M. Pitt se faisait fort, avant la guerre déclarée, de faire sa razzia immense sur les colonies espagnoles, de donner à ses requins la pâtée la plus épaisse qu'ils aient eue jamais sous la dent. Lord Bute (le favori du roi) s'y opposa en Conseil, se fit vertueux, délicat, et Pitt fièrement se retira. C'était la guerre elle-même qui donnait sa démission. Et lord Bute, c'était la paix. Il fallait la prendre aux cheveux (moment unique, irréparable), savoir perdre, sacrifier, pour ne pas perdre davantage. Lord Bute avertit Choiseul secrètement. Et celui-ci fit le sourd !

Deux choses l'enfonçaient dans la guerre : 1° son crime d'Autriche, son traité. Il eût fallu rendre ce qu'on avait pris en Allemagne pour l'impératrice. Et la cabale autrichienne eût jeté Choiseul à bas. 2° En gagnant l'Espagne et la poussant en avant, ce petit Machiavel comptait bien qu'elle aurait en mer des revers épouvantables, mais croyait aussi que par terre elle prendrait le Portugal, lui procurerait un gage, une conquête à échanger pour le jour terrible des comptes, de la grande liquidation. Ainsi cette aveugle Espagne allait, au signe de Choiseul, en n'y gagnant que des coups, tirer du feu les marrons que l'Autriche finalement devait manger seule.

Le plan était malhonnête, chimérique et étourdi. Il

n'avait qu'un côté certain : il faisait abîmer l'Espagne dans ses flottes et ses colonies. Mais le côté incertain, c'était que cette vieille Espagne pût de ses bras décharnés étreindre le Portugal, défendu par l'Angleterre, défendu par un homme fort, par Pombal, son Richelieu.

Louis XV donna là-dedans, tout comme il avait donné dans le traité de Babiole. Choiseul s'affermit, monta, fut un vrai premier ministre, plus que Colbert, plus que Louvois. On revit un vrai Mazarin. Ministre des Affaires étrangères, il prit la Guerre et la Marine, ou par lui, ou par ses parents. Il emplit tout de Choiseuls, frères, cousins, neveux, grands, petits, et des Stainville, et des Praslin. Il se fit colonel des Suisses (énorme place d'argent). Par Bertin, son petit valet, il avait aussi les finances. « *Choiseul* veut dire *mangerie* », disait plus tard Louis XVI.

Avec ces dépenses et sa guerre, Choiseul était toujours à la merci des Parlements, comme un mendiant à leur porte. Sa mécanique était fort simple. A ces dogues toujours grondants, pour tirer d'eux ce qu'il voulait, il lui suffisait de montrer leur gibier, leur proie, les Jésuites. Le mot plaisant du sauvage dans *Candide* : « Mangeons du jésuite ! » c'était toute la harangue de Choiseul aux Parlements.

Cela allait à merveille avec le Pacte de famille. L'homme du monde qui haïssait le plus les Jésuites, était le roi d'Espagne, Charles III, qui n'était venu en Espagne que malgré eux, malgré leur projet de le faire déclarer fils d'Alberoni et bâtard adultérin. Ils étaient très forts en Espagne. Pas un seul fonctionnaire qui ne fût sorti des Jésuites. Charles n'osait pas encore les frapper. Mais en arrivant, il avait saisi contre eux l'épée de saint Dominique, se faisant le chef de l'Inquisition, ayant pour vicaire général un dominicain, attendant un prétexte, une occasion.

Dès 1754 et 1756, l'Espagne et le Portugal avaient pu voir en Amérique ce qu'étaient au fond les Jésuites. Leurs Indiens du Paraguay, dans un échange de terres que firent alors les deux Couronnes, résistèrent à main armée. On vit à nu, à découvert, cet empire singulier, étrange création de la ruse. Ce qu'ils n'avaient pu au Nord, avec la race énergique des Peaux-Rouges, ils l'avaient fait au Midi, se créant là, dans des pays isolés, un certain paradis à eux. Pour leur pouvoir, pour leur plaisir, ils avaient là des troupeaux de doux imbéciles, menés paternement avec la verge et le fouet. Humboldt, si bon observateur, et nullement hostile aux Jésuites, dit que, partout où ils ont fait ces *Missions*, l'idiotisme a été si bien fondé, si bien mêlé à la race, et le cerveau pour toujours si parfaitement rétréci, que nulle civilisation, nul progrès n'a plus de chance.

Cela fit mieux examiner ce qu'ils étaient en Europe. Leur force était en Espagne, où tout employé sortait de leurs mains; ils étaient devenus l'administration elle-même. En Portugal, ils gouvernaient à l'aide des grandes familles, ils y étaient détestés comme un ordre tout espagnol, anti-portugais, qui aurait espagnolisé le pays. Sous le roi Joseph, ils surent lui donner un premier ministre, Pombal, mais qui avait vu l'Europe, l'Angleterre, et ne put rester l'humble serviteur des Jésuites. Pombal, hardi et violent, les étonna fort en janvier 58. Appuyé des dominicains, il osa lancer contre eux un manifeste terrible. Il bannit du palais les confesseurs Jésuites, mit près du roi leurs ennemis.

Tout cela, je le répète, en janvier 1758, lorsqu'ils faisaient leur grande intrigue pour exclure Charles III de l'Espagne, et rester maîtres en y mettant l'Infante. Ils résolurent de tenir ferme en Portugal à tout prix. Les grands, surtout les Tavora, les Aveiro, leur appartenaient. Le roi Joseph, tous les soirs, allait faire l'amour à la jeune marquise de Tavora; on tira sur lui et on le blessa. Il fut prouvé qu'avant le coup ils avaient consulté les Jésuites, qui, d'après leurs vieilles maximes de Mariana et autres, autorisèrent le régicide. Pombal fit décapiter, rompre, brûler tous ces grands. Il fit par l'Inquisition condamner, comme hérétique, fit étrangler et brûler le vieux Père Malagrida. Rome s'irrita, et brûla un manifeste de Pombal. Celui-ci, sans hésitation, saisit tous les biens des Jésuites; il les embarqua eux-mêmes et les jeta en Italie (1759).

En France, on trouva cela dur. Voltaire avait de l'amitié pour ses maîtres les Jésuites, et les regardait aussi comme le meilleur dissolvant du Christianisme. L'Anglais, d'un machiavélisme plus exquis et plus haineux, en toute société catholique voulait le maintien des Jésuites, comme élément de ruine et germe de corruption. Il regretta l'acte brusque de Pombal. Et à Paris, plus d'une grande dame anglaise travaillait pour les Jésuites avec les gens du Dauphin.

C'était cette pourriture même, reluisant en si beau jour, qui faisait qu'ici le public les prenait peu au sérieux. La question était grave au Parlement, grave à Versailles, mais ridicule à Paris. Un fait trop peu remarqué, curieux, qu'indique Barbier, c'est que huit jours après que les Jésuites furent condamnés, personne n'y pensait plus.

Choiseul ne mit dans l'affaire aucune animosité, et il n'en était pas besoin. Les Jésuites, *in extremis*, étaient au point où le malade est sale, souille tout sous lui. L'ordure de la banqueroute que fit leur Père Lavalette fit dégoût. Et le secours odieux, gauche, qu'on crut leur donner, les acheva par l'horreur. On a vu combien la famille royale était maladroite. Madame, emportée, aveugle, propre à lancer aux amis le pavé de l'ours. On crut faire peur au public. On fit, par le Grand-Conseil, condamner un notaire *suspect* d'avoir fabriqué un arrêt du Conseil contre les Jésuites. *Suspect?* et qui empêchait une vérification de fait, si aisée dans les registres? On aurait bien voulu le pendre. On le condamna aux galères. A quoi il ne consentit pas. Il affirma son innocence, et il se coupa la gorge. C'était la couper aux Jésuites. La Compagnie, à ce moment, salie, flétrie, déclarée solidaire de la banqueroute, resta dans son fumier si bas qu'on ne lui vit plus le nez.

Mais on ne les laissa pas là. Voyons, qui êtes-vous,

bonnes gens? Voyons vos statuts d'Ignace, vos belles *Constitutions?* Le roi a beau se jeter entre, se réserver l'examen. Le Parlement va son chemin, jusqu'à refuser les taxes. Donc, il faut un Lit de Justice. Intimidation ridicule. Cette foudre du Lit de Justice, qui frappe le 21 juillet, fait rire, quand elle arrive après la perte d'une bataille (16 juillet 61). La cérémonie est grotesque quand ce Jupiter tonnant fait son entrée militaire à Paris, avec sa défaite, entre moqué et battu.

A lui d'avoir peur, de trembler. Le Parlement, tout en faisant, malgré le roi, l'examen des *Constitutions* des Jésuites, prépare un bien autre examen. Il veut que le roi indique la somme des *acquits au comptant.* Petit mot et énorme chose. Ce sont ces bons qu'il tirait sans compter sur le trésor, pour combler ses pertes au jeu, payer sa police secrète, et pour se débarrasser de la mendicité dorée. Enfin sa petite Sodome, tous ses malpropres secrets, tenaient à ce mystère obscur des *acquits au comptant.*

L'idée que le Parlement va descendre dans ces égouts, examiner, sonder de près, cela fit pâlir tout Versailles. Le roi montra *un cœur de roi*, défaillit. Que deviendrait-il si ce Parlement sauvage ébruitait tout, publiait? Le Parlement avait pour lui une force, la misère publique, et, par moments, des procédés terriblement expéditifs. On le vit par la pendaison de Besançon et de Paris. Tout se rapprocha de Choiseul, qui démuselait, muselait Cerbère à sa volonté, qui disait au roi : « Eh! sire! laissons-leur les Jésuites. Cela les occupera.

Le roi, ainsi terrorisé, ne fit plus guère attention aux cris de cinquante évêques qui criaient pour les Jésuites. Il laissa le Parlement brûler leurs livres, leur défendre d'enseigner, de confesser. En octobre 61, à la rentrée, peu de gens y renvoyèrent leurs enfants. L'herbe commence à pousser dans les cours de Louis-le-Grand (*J. Quicherat*). Un journal officiel, la *Gazette de France*, donna au public français le jugement de Malagrida. Que pouvait de plus Choiseul? Cela fut si agréable au Parlement de Paris, qu'en décembre 61 il enregistra tout ce qu'on voulut, et l'enregistra purement, simplement, sans restriction.

Heureuse entente. A quel prix? Les Parlements, bride abattue, vont en guerre contre les Jésuites, sans avoir aucun souvenir qu'il y ait un roi en France. Le Parlement de Paris, en octobre 61, à l'énorme majorité de 139 contre 13, déclare que les Jésuites ne furent jamais que tolérés, que leurs statuts sont *abusifs*. Le Parlement de Rouen prend, le 12 février 1762, la grande initiative. Il ordonne qu'au 1er juillet les Jésuites videront les lieux, quitteront leurs maisons, leurs collèges, que tous les biens seront saisis, les meubles vendus; enfin que les villes enverront au procureur général leurs mémoires sur l'éducation qu'on donnerait à la jeunesse.

Rennes et Paris suivirent ces voies, Rennes avec le plus grand éclat. Toute la France lut, admira le réquisitoire, les écrits du procureur général, du Breton La Chalotais.

En mars, la famille royale fit une dernière tentative, obtint que le Grand-Conseil déclarât non avenu ce qu'avaient fait les Parlements, mais le roi n'osa insister. Choiseul lui disait froidement : « Sire, supprimez les Jésuites, ou supprimez les Parlements. » Mot terrible. Cela voulait dire : « Hasardez la Révolution... Courez la chance de revoir l'année qui vous a fait faire le chemin de la Révolte, de revoir la guerre des rues, d'entendre le cri : *Versailles!* et : *Allons brûler Versailles!* »

Le Dauphin et ses meneurs, voyant le roi si muet, si blême et si annulé, proposaient un moyen extrême. C'était d'établir partout des *États provinciaux*, pour primer les Parlements. Ces États, pour la plupart machines aristocratiques, auraient été admirables pour arrêter tout progrès. S'ils agissaient sérieusement, ils déplaçaient la royauté, la remettaient presque partout au clergé et aux seigneurs.

Là, Choiseul parla fort net. Il leva vivement le masque par ces paroles cyniques : « Quelle que soit la forme de ces États provinciaux, ce sera *une assemblée d'hommes...* Que fera le roi s'ils s'unissent!... On n'exile pas son royaume. »

Choiseul aimait mieux jouer de la machine grossière, moins compliquée, des Parlements. Seulement qu'avait fait son jeu? Pendant une année tout entière, on avait vu le roi, traîné toujours en arrière, dire : Non. Et personne n'y avait pris garde. En ce moment, il écrivait à Rome pour qu'en *réformant* les Jésuites on les sauvât. Était-il temps de réformer ceux qui déjà étaient morts, dont les maisons, dont les collèges étaient vides?

Et le roi aussi semblait mort. A quoi tenait sa reculade? A la peur qu'on lui avait faite pour ses *acquits au comptant*, pour ses vilenies coûteuses. Son cœur était au mauvais lieu, voilà tout. Et dans ce moment où il voyait sa foi, son Dieu, ses Jésuites éreintés, il laissait faire.

Un tel avilissement de l'autorité embarrassait assez Choiseul. Qu'était cette autorité alors, si ce n'était lui-même? Lui seul il était le pouvoir, donc, ravalé plus que personne. Mais les Parlements, ses amis, il n'eût su comment les toucher. Il avait pu hasarder de donner une volée à ses amis les philosophes. Ici, la chose était plus grave. Avec ces corps violents, colériques, si habitués à pendre, rouer, brûler, on ne pouvait guère plaisanter. Le fat était embarrassé. Il y fallait un bon hasard. Il aurait donné beaucoup pour que les Parlements eux-mêmes en fournissent occasion, pour qu'ils se déconsidérassent par quelque faute grossière, quelque barbare ânerie. Il l'eût voulu. Mais que faire? Avec toute son assurance, son air hardi, impertinent, il reculait, et, pour rien, il n'eût attaché le grelot.

CHAPITRE VII

Les Calas. — Voltaire a affranchi les protestants. (1761-1764.)

L'éclat contre les Parlements vint du point d'où nul, à coup sûr, n'aurait cru pouvoir l'attendre. Il vint du peuple oublié dont toute la France semblait avoir détourné ses regards, d'un monde obscur qui tâchait de ne plus être aperçu, qui n'occupait plus personne, du triste monde protestant qui vivait dans le Midi à peu près comme en Espagne les restes terrorisés des races Mauresque et Juive.

Y avait-il des protestants? Non, pas un devant la loi, mais des *nouveaux convertis*. Mensonge atroce qui tenait ces populations tremblantes dans le désolant supplice d'avoir deux vies : l'apparente, de demi-hypocrisie; — et la vie secrète et cachée, qui, aux grands moments solennels, baptême, mort et mariage, les replaçait dans le péril, les jetait dans l'aventure, le roman nocturne et furtif des assemblées du Désert. Vieilles carrières, antres, cavernes, les lieux sauvages et désolés, d'horreur biblique, cette poésie ne faisait pas peu pour maintenir ces âmes sombres dans le culte de leurs pères.

Du séminaire de Lausanne, incessamment, en Languedoc, venaient de jeunes ministres pour témoigner de leur foi, prêcher au Désert, mourir. Rien n'irritait davantage les catholiques et le clergé que cette perpétuité de martyrs, qui, aux dépens de leur vie, démentaient si haut le mensonge, disaient : « Vous avez beau faire. Il y a un peuple protestant. »

On en prenait, on en pendait. On ne prenait pas Rabaut, qui, cinquante années, en long, en large, par le Languedoc, et surtout autour de Nîmes, errait librement, prêchait. Le pis, le plus irritant, c'est que les autorités, intendants, etc., reconnaissaient que c'était surtout à lui qu'on devait la tranquillité du pays. Hors le culte, en toute chose il prêchait l'obéissance[1].

Fleury, en 1738, multiplia les amendes et permit même aux curés l'emploi des moyens militaires. En 51, l'intendant Saint-Priest, pour plaire au clergé, fit une chose provocante, infiniment dangereuse, d'exiger que les protestants, rebaptisés, remariés, subissent expressément les sacrements catholiques. La Cour eut peur, l'arrêta.

---

1. Dans ce chapitre je suis partout renseigné, soutenu, par le *Calas* de M. Coquerel fils, un véritable chef-d'œuvre, auquel on ne peut reprocher qu'un excès de modération. Mais que de choses je supprime, et combien je suis privé de ne pas dire ce que je dois à son oncle, l'auteur des *Églises du désert*, à notre savant M. Haag, à notre éloquent Peyrat, à M. Read, au trésor de son *Bulletin historique* du protestantisme!

Mais si l'on employait moins ces persécutions générales, les Parlements, par moments, frappaient des coups de terreur. Aux fermentations du carême, de Pâques, et autres grandes fêtes, parmi les processions où Messieurs défilaient en robe rouge, on dressait les échafauds. Spectacle cher à ces masses qui ont des besoins dramatiques. Mais le grand régal, c'était le relaps non confessé, le suicidé (présumé tel). On le jetait à la rue pour l'amusement du peuple. Traîné dans la honte et la boue, tout nu sur l'infamante claie, écorchant sa face à la terre, montrant ce qu'on cache au ciel, prostitué aux regards, aux rires, aux indignités!

Profonde horreur! Et tout cela n'avait en France aucun écho. La question protestante durait depuis trop lontemps. Elle ennuyait, fatiguait. Au premier mot : « Protestants », on tournait court, on disait : « Parlons plutôt d'autre chose. » Ayant tant, si longtemps souffert, ils avaient usé la pitié. On croyait bien en général qu'on leur faisait des choses indignes. On aimait mieux n'en rien savoir. Ainsi, peu à peu un mur s'était fait entre eux et la France, un mur d'airain. Ce grand peuple vivait comme au fond d'une tour. Les martyres, les exécutions, se faisaient au plein soleil de Toulouse, sous son Capitole. Et on ne les voyait pas! Elles se passaient au Peyrou de Montpellier, au sommet de ces terrasses étagées! à la vue de cent mille hommes. Et on ne le savait pas.

Triste côté de l'âme humaine. Les grosses majorités, qui sont bien sûres de la force, deviennent étonnamment orgueilleuses et colériques. Toute apparition de ministre semblait une audace coupable des protestants, un outrage au grand monde catholique. Le 14 septembre à Caussade (1761), le jeune ministre Rochette est arrêté, se déclare noblement, ne daigne mentir. Trois jeunes gentilshommes verriers, sans armes que leur petite épée, essayent de le dégager. Sur cela, fureur incroyable des populations catholiques. Les paroisses sonnent, resonnent le tocsin. Tous prennent la fourche. Les bouchers courent avec leurs dogues. Chasse atroce! sur quel monstre donc? une hyène du Gévaudan? La hyène est ce peuple fou. Rochette et les trois sont traînés à Toulouse. Triomphe et joie générale. On en jase, on espère bien jouir bientôt du supplice; mais on ne l'eut qu'en février.

Presque au même moment que Rochette, autre capture (13 octobre 1762) : une famille de Toulouse, « qui a étranglé son fils ».

Sachons ce que sont ces gens-là :

Un bon et brave marchand d'indiennes était à Toulouse, établi depuis quarante ans. Calas, ce marchand, avait épousé une demoiselle accomplie, mais noble malheureusement (des Montesquieu de Languedoc). Elle donna à ses enfants une éducation selon sa naissance. Ils furent nobles, dans une boutique.

Les protestants ne pouvaient avoir de servante protestante. Ils en eurent une excellente, mais excellemment catholique. Cette bonne fille, qui vit naître leur second fils, Louis, l'éleva, lui fut attaché, ne manqua pas de vouloir sauver sa jeune âme, le mena probablement aux belles églises de Toulouse, enivrantes d'encens et de fleurs. Le petit allait volontiers chez la voisine d'en face, femme d'un perruquier catholique, et fut presque camarade de leur fils, un petit abbé. Louis un matin se sauve, et la perruquière le cache. Conquête heureuse. L'archevêque est ravi, s'y intéresse. L'enfant converti, dès sept ans, d'après les bonnes ordonnances, peut faire la guerre à ses parents. En effet, il montre les dents. Il exige de l'argent. Le pauvre bonhomme Calas est mandé chez l'archevêque. Il finance. On lui fait payer : 1° les dettes de Louis, six cents livres; puis, quatre cents pour apprentissage chez un catholique, et cent francs annuellement. — Est-ce tout? Non; de l'évêché, on signifie à Calas qu'il ait à établir son fils. Il n'ose pas refuser, ne faisant qu'une objection, qu'il est bien jeune, incapable. Et cependant il se saigne. Il dit qu'il ne peut donner que trois cents francs en argent, et dix mille en marchandises. — Est-ce tout? Non. On fait écrire par ce misérable Louis un placet à l'Intendant pour demander que ses deux sœurs et son petit frère Donat soient enlevés à leur père, à leur mère, et séquestrés.

Ce placet, tombé de sa poche, fut relevé par l'aîné de la famille, Marc-Antoine, qui lui reprocha âprement cet acte infâme.

Marc-Antoine était protestant zélé, d'un caractère sombre. Il avait autorité dans la maison. C'était lui, et non pas le père Calas, qui faisait la prière commune. Il était lettré, distingué. Il étudiait en droit, et s'était fait recevoir bachelier en 59. Il voulait passer la licence. Mais pour cela il fallait un certificat de catholicité. Il avait horreur de le demander. Donc, il était arrêté court. Il voyait ses camarades lancés, briller au barreau. Cela le jeta en grande tristesse. Pour se distraire, il allait aux cafés, devint joueur. Il aurait voulu alors, se rabattant sur le commerce, que son père l'associât. Calas, autant qu'il pouvait, le faisait son *alter ego*. Mais fort raisonnablement, il n'osait s'associer légalement un jeune homme déjà dérangé qui eût ruiné la famille. Nouveau chagrin pour Marc-Antoine. Il voyait tout impossible. Il eut envie de s'en aller à Genève, de se faire ministre, et de revenir se faire pendre. Mais fallait-il aller si loin pour cela? Il lisait fort ceux qui ont parlé du suicide, et le *Caton* de Plutarque, et tel chapitre de Montaigne, et le monologue d'Hamlet, le *Sidney* surtout de Gresset.

Le 13 octobre 61, la sombre boutique reçut une visite, celle d'un gentil jeune homme de vingt ans, nommé Lavaysse, fils d'un avocat protestant, mais élevé par les Jésuites. Lui aussi il avait fait fi du commerce où on le mit. Il avait l'ambition de la marine. A Bordeaux, il étudia l'anglais, un peu de mathématiques. Il voulait être pilotin. Déjà il portait l'épée. Mais, comme tout lui réussissait, il se trouva qu'un de ses oncles l'appelait à Saint-Domingue, sur une riche plantation. C'était une fortune faite. Ce petit favori du sort, avec son épée, sa gaieté, la grâce des gens heureux, invité par ces bonnes gens, attrista encore Marc-Antoine. Sombre et muet, celui-ci soupa, but plusieurs verres de vin. Mais avant que l'on finît, il descendit tout doucement, ôta son habit, le plia proprement avec son gilet de nankin, puis se pendit.

Qu'on juge du désespoir des parents. Mais la vive peur du père, de la mère encore plus, c'était qu'on ne traitât leur fils en suicidé, que, subissant la honteuse exhibition, et traîné tout nu sur la claie, il ne perdît aussi ses frères, ne les déshonorât tous. La férocité populaire gardait ces affreux souvenirs, les lazzi, les rires atroces; elle eût pu dire dans trente ans, dans cinquante, au dernier des fils : « J'ai vu ton frère sur le nez, traîné dans les rues de Toulouse. »

Voilà ces pauvres Calas qui disent qu'il ne s'est pas tué. « Alors, on l'a donc tué?... mais vous l'auriez entendu... » Que dire à cela? Les voisines frémissent, et des furies crient : « Ce sont eux qui l'ont tué! »

La garde arrive, avec elle un certain capitoul, David, homme emporté, empressé, de grand zèle et de grand bruit. Sans procès-verbal, il enlève le cadavre, la famille, et traîne tout dans les rues pleines de monde (un dimanche soir). Chacun aux fenêtres. « Qu'est-ce! » — « Rien que des protestants qui ont étranglé leur fils. »

Dans la procédure d'alors, celle du cruel Moyen-âge, confirmée par Louis XIV en 1670, tout devait partir de l'Église. Le magistrat requérait que l'autorité ecclésiastique fulminât un *Monitoire*, sommation à tous les fidèles de déclarer ce qu'ils savaient. Cela constituait les curés, les prêtres, juges d'instruction. On venait leur dire à l'oreille ce qu'on savait, imaginait. On se concertait avec eux, avant d'aller déposer. Mais le *Monitoire* devait ne parler qu'en général, ne pas nommer les personnes suspectées. Celui des Calas les nommait, énonçait comme déjà certains les faits dont on allait juger. Il disait que Marc-Antoine allait se faire catholique. Il disait qu'en telle maison un conseil avait été tenu pour faire mourir Marc-Antoine. Il disait jusqu'aux plaintes, aux cris, qu'avait poussés la victime. Bref, avec un pareil acte qui tranchait tout, le procès était tout fait, tout jugé.

Par cinq fois, par cinq dimanches, ce cri de mort, de vengeance, partit de toutes les chaires. Le 7 novembre, à l'appui, une grande fête sépulcrale, le service de Marc-Antoine, se fit dans l'église des Pénitents blancs. Ces confrères (blancs, bleus, noirs, gris), c'était à peu près tout le peuple industriel et marchand, cordonniers, tailleurs, boulangers, etc., enrôlés sous les couleurs, les bannières ecclésiastiques. Les confréries s'enviaient ce corps saint de Marc-Antoine. Les curés se le disputaient. Les Pénitents blancs, issus tout droit de saint Dominique, l'emportèrent. L'église entière était tendue de drap blanc. Sur un catafalque énorme planait un squelette (la foule crut voir les os de Marc-Antoine). L'osseuse figure dans la main tenait brandillante une palme qui glorifiait son martyre, demandait vengeance.

Qui pouvait avoir le cœur assez dur pour la refuser? Dieu s'en mêlait. Trois miracles, quatre, qui se firent sur la tombe, touchèrent, exaltèrent les femmes, les jetèrent dans le délire.

L'année redoutable arrivait de l'anniversaire séculaire de 1562, la Saint-Barthélemy toulousaine. On attendait de grandes fêtes, mais les plus chères au cœur du peuple, c'étaient les expiations protestantes qui précéderaient. Cette grande et profonde masse a gardé un levain étrange. Les horribles événements qui ont eu lieu en ce pays lui ont laissé un besoin de tragédies, d'émotions. L'église de Saint-Sernin, née de la fureur du taureau qui traîna jadis le martyr, cette superbe église de sang, sacrée par la première croisade et les massacres de l'Asie, rougie de sang albigeois et des massacres de l'Europe, cette église, des cryptes aux tours, sue la mort. Le peuple, en ses caves, va voir l'affreux bric-à-brac des crânes, des ossements sacrés, se repaît incessamment des curiosités du sépulcre. Pour répondre à de tels besoins, le Parlement de Toulouse, large et grand dans ses justices, ne permit pas de regretter la vigueur de l'Inquisition. En une seule année, dit-on, quatre cents sorciers, hérétiques, juifs et autres, furent expédiés, pêle-mêle, allèrent au bûcher.

Dans ces cités du midi, où l'hiver, presque toujours doux, continue la vie en plein air, à force de parler, plaider, supposer, imaginer, les rêves populaires prennent corps et toute la fixité que peut avoir le réel. De femmes en femmes (malades de tendresse et de fureur, tendresse pour la victime, fureur contre les protestants), la noire ville se trouva grosse d'une épouvantable grossesse, gonflée comme d'un vent de haine, de colère et de venin. Un monstre éclata de ce vent, monstre d'ineptie, de sottise, une légende qui pouvait faire bien plus qu'une exécution, — un massacre général :

« Il est sûr, il est certain que si les protestants s'obstinent, malgré tant de persécutions, à rester toujours protestants, il y a une cause à cela. La cause, c'est la terreur. Ils ont un tribunal secret qui met sur-le-champ à mort ceux qui se convertiraient. »

A quoi les prêtres ajoutaient : « C'est si vrai, que Calvin même leur ordonne expressément de tuer le fils indocile. » (Calvin ne fait en cela que citer, traduire la Bible, comme font les docteurs catholiques. Mais ni les uns ni les autres ne commandent la mort des enfants.)

Les femmes allaient bride abattue dans l'absurde. Ce tribunal, pour exécuter les enfants, a un *sacrificateur* patenté qui porte une épée. Or, dans l'affaire de Calas, il y avait le pilotin Lavaysse et sa petite épée. Voilà le *sacrificateur*. Car, pour étrangler un homme, il faut avoir une épée.

Quoi de plus clair? Qui résiste, est un impie certainement. Il n'a ni la foi ni le cœur. O! cœur dur, qui veut impunie la mort des enfants innocents!... « Des preuves! dis-tu, des preuves! » Misérable! s'il te faut des preuves, c'est que tu n'es pas chrétien.

Voltaire, qui court les surfaces et n'a guère de mots profonds, en a un ici, admirable : « Jugement d'autant plus chrétien qu'il n'y avait aucune preuve. » (*Corr.*, avril 1762; LX, 122.)

C'est là toucher le fond des choses. Dans une religion de l'amour, prouver ou demander preuve, c'est pécher, n'aimer pas assez. L'amour est si fort qu'il croit le contraire de ce qu'il voit. Plus la chose est illogique, folle, absurde (c'est le mot même de Tertullien, d'Augustin), plus elle est matière à la foi, à la croyance d'amour.

Surprise par le mari, l'épouse dit : « Si vous aimiez, vous n'en croiriez pas vos yeux; vous en croiriez votre cœur. Non, vous n'avez pas la foi; vous n'eûtes jamais l'amour. »

Telle fut l'affaire des Calas, un vigoureux acte de foi de la ville de Toulouse. Il y avait des choses évidentes qui rendaient invraisemblable le martyre de Marc-Antoine, mais plus c'était invraisemblable, plus il était beau de le croire, méritant, d'un cœur chrétien.

C'était le charmant éveil du printemps méridional, de la fermentation première. C'était l'ouverture de l'année émouvante et dramatique où devaient se suivre les fêtes, celle de mai en souvenir du massacre protestant, celle de juin, la Fête-Dieu, rouge des roses albigeoises. L'exécution de Rochette avait commencé, et dans un *crescendo* superbe, Calas allait continuer. Les bons capitouls, unis à ce sentiment populaire, accueillirent avec plaisir un torrent de femmes jaseuses qui savaient ou ne savaient pas, venaient parler, soulager leur trop-plein, leur cerveau malade. La dernière racaille eut crédit. Ils reçurent à témoigner une fille qui venait d'être fouettée de la main du bourreau.

Le Parlement qui, sur appel, rejugea le jugement, ne s'associa pas moins aux sensibilités du peuple. Un seul conseiller hésita. Menacé, il n'osa juger, s'abstint. Ce fut une merveille qu'il se trouva un avocat, Sudre; que ce nom intrépide reste dans l'immortalité. C'était un légiste très fort. Il mit les choses en pleine clarté. Comment s'y prit le Parlement pour se faire assez de ténèbres? D'une part, en suivant certains *us* abolis de l'Inquisition. D'autre part en suivant la belle ordonnance de Louis XIV, en jugeant : que plusieurs indices légers font un indice grave, deux graves un indice violent, qu'avec quatre quarts de preuves et huit huitièmes de preuves, on a deux preuves complètes, etc.

Sur treize voix, il y en eut sept contre l'accusé. Ce n'était pas assez; mais le plus vieux des conseillers, d'abord favorable à Calas, ne put résister à l'aspect menaçant de ses collègues, ou à l'entraînement du peuple qui attendait, espérait.

Ce qui trancha tout peut-être, c'est que les protestants, tremblant pour eux-mêmes plus que pour Calas, firent déclarer par leur homme, Rabaut, le héros du Désert, par l'église de Genève, qu'on n'enseignait nullement le meurtre des enfants. Mais cela même augmenta la fureur des catholiques. Quoi ! Rabaut si hardiment vit, se promène autour de Nîmes, il ose se signaler, il parle, écrit, intervient ! Cela fut fatal à Calas.

Comme si on eût voulu piquer le taureau populaire, lui mettre la braise à la queue, ce cri court : « Ils vont échapper ! » La nuit, on place des lanternes sur le toit de la prison. La foule veille autour, inquiète. Si on lui ôtait sa proie !

Mais le voilà... Soyez heureux !... Le voilà sur la charrette entre deux Dominicains. Ce bonhomme de soixante-quatre ans, qui n'avait marqué en rien, le voilà (qui l'eût attendu?) d'une noblesse héroïque. Les deux moines en sont stupéfaits. A son amende honorable, à l'échafaud, sur la roue, il répète : « Je suis innocent. » Il prie Dieu de pardonner sa mort à ses juges.

Il ne cria qu'au premier coup. Rompu, brisé, deux heures encore la face tournée contre le ciel, il eut la même constance d'âme. Le misérable capitoul David était là présent, espérant qu'il avouerait. Il ne put se contenir, s'élança vers le roué, et lui montrant le bûcher : « Dans un moment, tu n'es que cendre... Allons, dis, malheureux, avoue ! » Calas détourna la tête du côté de l'éternité.

L'effet fut violent, terrible. Toulouse à l'instant dégonfla. La masse de poison, de colère, disparut. Les visages blêmes disaient l'énorme avortement qui se faisait tout d'un coup. La folie du jugement crevait les yeux. En ne condamnant que Calas, on supposait que ce vieillard, faible, de jambes chancelantes, avait seul pendu, étranglé, un fort gaillard de vingt-huit ans! On espérait apparemment que, dans l'excès des douleurs, il accuserait les siens pour avoir quelque répit, qu'un mot lui échapperait. On se fût servi de ce mot. La mère, le fils Pierre et l'ami, tous auraient été rompus. Mais sa fermeté les sauva.

Les amis, parents de Lavaysse, craignaient, quand on le fit sortir, que le peuple ne lui fît un mauvais parti. Mais ce fut tout le contraire. La foule l'accueillit, le bénit. Les femmes disaient : « Qu'il est joli! qu'il a l'air doux! » Elles pleuraient encore plus que pour Marc-Antoine.

Un Marseillais qui avait vu l'exécution de Calas, en parla en mars à Voltaire. Il sauta d'indignation. Le petit Donat Calas était à Genève. Il le vit, le fit parler. Puis, il écrivit à la veuve, lui demandant si elle signerait, au nom de Dieu, que Calas était mort innocent. « Elle n'hésita pas, dit-il. Je n'hésitai pas non plus. »

Voilà qui est admirable. Voltaire n'est pas un héros. Et pourtant, à l'imprévu, il fait la terrible entreprise de réhabiliter Calas, c'est-à-dire de déshonorer le Parlement de Toulouse, c'est-à-dire de braver, blesser peut-être tous les Parlements.

Richelieu, quand il lui en parle, demande s'il est devenu fou.

Car, quelle arme a-t-il ? Aucune. D'aucune source officielle il n'obtient de renseignements. Les pièces sont sous la clé du Parlement de Toulouse. Comment les atteindre là ?

Que pensait M. de Choiseul ? Si on eût osé le sonder, eût-il avoué jamais (ayant besoin des Parlements) qu'il verrait avec plaisir ce hardi soufflet donné à leur popularité ?

Choiseul était bien puissant. Eh bien, dans l'ombre plus bas, une puissance quasi-domestique existait qu'il n'osait toucher. C'était la dynastie sournoise des La Vrillière, immuables ministres des Lettres de cachet. Celui d'alors, Saint-Florentin, avait une maladie, la jalousie de ses prisons. Il aimait tant ses prisonniers, que lui en enlever un seul, c'était lui tirer du sang. Le clergé n'eût pu avoir un meilleur geôlier, plus tenace. La Cour le trouvait commode, obligeant. Il enfermait les maris récalcitrants. Lui-même, cet ami du clergé, il s'était par ce procédé donné une femme mariée. Il pouvait se permettre tout. Il avait de fortes racines. Par lui, par cette femme méchante, il exploitait son ministère de terreur pour le plaisir, effrayait, livrait des dames. S'il est vrai, comme on le dit, que le roi nullement cruel, ait été pourtant jusqu'au crime (*Rich.*, IX, 353-355), je ne vois guère dans cette Cour qu'un homme qui ait pu l'y servir. Je ne vois qu'un seul visage sur qui on lise ces choses. C'est l'image convulsive qui vous arrête tout court dans le musée de Versailles. Face atroce, grimaçante, qu'on dirait épileptique. J'y lis ces funèbres plaisirs.

J'y lis les galères protestantes et l'exécution de Calas.

Quand on voit les demandes ignobles de pensions, etc., qu'adressaient ces magistrats à Saint-Florentin, quand on voit qu'il leur écrit ses regrets de ne pas avoir des soldats pour les dragonnades, on ne peut douter que ces juges n'aient cru par un si bel arrêt faire leur cour, n'aient pensé que rien ne pouvait le charmer plus qu'un roué.

Voltaire avait bien de l'audace. Il écrit à ce misérable, fait semblant d'espérer en lui. Il envoie à Saint-Florentin je ne sais combien de personnes. Tout cela, bien entendu, inutile. Mais l'effet est fort. Le jour dans ce lieu maudit a lui ; le soleil d'aplomb arrive au royaume sombre. Le noir coquin voit sur lui l'œil pétillant de Voltaire, et bientôt toute la France va le regarder en face.

« Qu'y faire ? dit-il timidement. C'est l'affaire de la justice. Cela ne me regarde pas. »

Ce n'est pas Voltaire seulement qu'il faut admirer ici, c'est la société française. Les Anglais, si méprisants, doivent ôter leurs chapeaux, et les Allemands, et tous. Ce mouvement électrique n'aurait eu chez nul autre peuple des résultats si rapides. L'étincelle partie de Ferney fait à l'instant un incendie, et point du tout éphémère. Un foyer se crée durable de bonté intelligente, de pitié, d'humanité...

Les salons furent à l'instant des tribunaux d'équité, où le bon sens, l'esprit fin, perçant, mit la chose à clair. Des femmes éloquentes, admirables, parlèrent comme jamais avocat, magistrat n'aurait su dire.

Lorsque Voltaire remit la chose à d'Alembert, il savait qu'il évoquait là un salon, et le plus ardent, un volcan de passions, Mlle de Lespinasse, trois fois plus Rousseau que Rousseau. Sur ses lettres il a passé cent ans : le papier brûle encore.

Que faisait M. de Choiseul ? sa manœuvre est ingénieuse. Il ne se met pas encore dans l'attaque au Parlement. Il agit, mais par derrière, en-dessous, par un coup de griffe qu'il donne à Saint-Florentin. Il y avait à Toulon un admirable forçat, un saint, le fameux jeune Fabre qui se glissa aux galères par surprise pour sauver son père (Coquerel, *Forçats de la foi*). Je ne sais combien de gens priaient le ministre pour Fabre. En vain. Choiseul, en prenant le ministère de la marine, fait ce tour à Saint-Florentin de lui voler son galérien (mai 1762). Il en fut presque malade. Choiseul avait là sous la main une histoire très pathétique. Il en joua parfaitement.

Bon signe pour les Calas. Voltaire commença d'écrire, d'imprimer pour eux à Genève. On n'osait encore à Paris. Le Parlement de Paris laisserait-il circuler ? Voltaire l'obtint par un homme dont le nom ne doit pas périr. L'abbé de Chauvelin, infirme, un petit homme bancroche, et qui ne vivait que de lait, n'en était pas moins l'orateur le plus vif du Parlement, véhément et intrépide. Il avait tâté déjà des cachots de Saint-Michel. Il allait toujours son chemin. Loyola mourut de sa main. Dans cette circonstance critique il ne crut pas que le Parlement de Paris dût, en se déshonorant, défendre l'ânerie de Toulouse.

On ne sait pas bien au juste ce qui roulait sous les perruques du Parlement de Paris. Ses jansénistes encroûtés, en laissant circuler Voltaire, voulaient se dédommager en emprisonnant Rousseau. La mauvaise humeur qu'ils eurent contre tous les philosophes, en voyant l'affaire Calas, et Mme Calas à Paris, dut avoir une grande influence sur leur condamnation d'*Émile*. Ce fut justement le 8 juin qu'ils lancèrent arrêt contre lui. Dans la nuit du 8 au 9, Rousseau s'enfuit, sortit de France.

Voltaire avait voulu à tout prix que la veuve fût à Paris. Elle hésitait, avait peur. Ses deux filles étaient au couvent, et l'on pouvait les maltraiter. Mais on lui dit que c'était son devoir d'aller. Elle alla.

Il était temps. Déjà ceux de Toulouse demandaient à Saint-Florentin son arrestation. Dès qu'elle était à Paris, cela devenait impossible. Tous l'entourent, tous sont pour elle. Cette dame intéressante et si noble dans son deuil... quoi ! c'est là une marchande ? quoi ! c'est une protestante ?... Que de préjugés effacés !

Saint-Florentin lâchement, devant cet effet public, fait son compliment à Voltaire, dit s'intéresser aux Calas. On eût voulu seulement avoir le temps d'arranger contre Voltaire une machine, un petit baril de poudre qu'on aurait mis sous Ferney.

On avait lâché Fréron pour aboyer, occuper. Pendant ce temps, un journal peu lu, un journal français, traduit certain journal anglais qui donne une lettre de Voltaire. Voltaire qui, en ce moment, a tellement besoin du roi, dans cette lettre lance au roi les injures les plus étourdies. Quelle invention heureuse, naturelle et vraisemblable ! Mais Choiseul l'en avertit. Il éclate, il rit de ces sots, marque au fer chaud les faussaires.

Cependant autre machine (exécrable) dans Toulouse. Le Parlement, pour excuser la sentence de Calas, veut faire un second Calas. « Oui, dit-il, les protestants égorgent leurs propres enfants. On va vous en donner la preuve » (octobre 1762).

Deux années auparavant, l'évêque de Castres avait pris une enfant à la famille protestante des Sirven. Cette enfant est si doucement traitée par des religieuses auxquelles elle est confiée, qu'elle est folle, rendue aux parents. Elle se jeta dans un puits. Une petite amie a vu ses parents qui l'y jetaient. Témoin grave qui, plus tard, avoue avoir dit cela pour avoir des confitures. Le Parlement de Toulouse, sans autre témoin, sans preuves, condamne à mort les Sirven. Ces pauvres gens, en décembre, par les neiges des Cévennes, s'enfuient. Une de leurs filles accouche au milieu des glaces. Ils échappent cependant, un matin tombent à Ferney.

Nouvelle secousse d'horreur. Toute l'Europe fut émue, vint voir ces infortunés, les Calas et les Sirven. Voltaire nourrissait tout cela, les abritait, les présentait à la foule des grands seigneurs, des gens influents qui venaient. De l'Angleterre, de la Russie, on souscrit pour les Calas. La France seule tardera-t-elle à se déclarer ? Le Grand-Conseil est parvenu à arracher enfin les pièces au Parlement de Toulouse. Le 1ᵉʳ mars 63, le bureau des cassations déclare la requête admissible. Le 7 mars, la cassation est prononcée. Et le 8, Mᵐᵉ Calas est à Versailles.

Partout bien reçue. Les portes sont ouvertes à deux battants. Bon accueil du chancelier. Force caresses des Choiseul. Le dimanche où l'on est admis à voir dans la galerie le roi qui va à la messe, elle est là avec ses filles. Grand spectacle. Ces trois simples femmes, avec leurs cornettes noires, leur deuil, c'est la Révolution. Qu'en dit là-haut le grand Roi, au plafond de la galerie, qui dans sa main immobile, sur l'hérésie terrassée, balance les foudres de Le Brun? Les pauvres victimes, à Versailles, dans leur modestie muette, n'en sont pas moins la victoire de la Justice éternelle.

On supposa que cette vue serait trop pénible au roi. Quelqu'un eut l'attention de glisser, de se laisser choir, pour que, détournant ses regards, il fût dispensé de voir Mᵐᵉˢ Calas. Mais la reine les fit venir, les reçut avec bonté.

Il fallut du temps encore. Ce ne fut que le 7 mars 1765, trois ans, jour pour jour, après l'arrêt de Calas, qu'il fut déclaré innocent.

La Cour fut très maladroite. Elle défendit quelque temps l'estampe célèbre de la famille, et puis enfin la permit. Une petite gratification leur fut donnée pour les empêcher de poursuivre les juges pécuniairement.

Ce Parlement, chose curieuse, n'obéit pas, n'effaça

pas de ses registres le jugement de Calas. Ce qui exprime à merveille l'orgueil sanguinaire de ce corps et la barbarie du temps, c'est qu'il fallut payer très cher l'huissier qui faisait la signification au Parlement de Toulouse. L'huissier croyait risquer sa vie.

Voltaire ne fut pas d'avis qu'on poussât plus loin les choses. La victoire était énorme, la mieux gagnée qui fût jamais. Les protestants, dès ce jour, ont été sauvés. Ce que la ligue de l'Europe n'a pu, en trente ans de guerre, arracher de Louis XIV, Voltaire l'a fait sous Louis XV avec quelques mains de papier.

L'humanité, la tolérance, sont tout à coup choses à la mode. Choiseul fait jouer la pièce de l'*Honnête criminel*, de Fabre, délivré par lui. Le parti contraire à Choiseul, Richelieu et les Beauvau, par une noble concurrence, appuie aussi les protestants. Le chevaleresque Beauvau, gouverneur du Languedoc, introduit dans ces pays, en attendant la loi meilleure, un régime d'humanité.

Choiseul fut assez habile. Au moment où sa longue guerre et sa misérable paix imposent la honte et la ruine, il prend son appui à Ferney dans cette tardive victoire des idées justes et humaines. Qui l'aurait cru ? il accepte ici un représentant des églises protestantes. Un savant, Court de Gébelin, réside à Paris dès lors, correspond avec les ministres, les magistrats, ambassadeurs, etc. Homme éminemment pacifique, d'érudition visionnaire, crédule, innocent, bien propre à montrer ce que les victimes ont gardé de douceur d'âme.

CHAPITRE VIII

L'Europe. — La paix. (1763.)

Pendant ce drame intérieur, des événements énormes avaient eu lieu en Europe, hors de toute prévoyance, des péripéties rapides qui allaient changer le monde. La Russie apparaissait sous une forme nouvelle, plus barbare et plus menteuse, sous un masque d'Occident.

J'ai vu dans la nature des monstres, les grosses araignées des tropiques, noires, aux longues pattes velues. J'ai vu des poulpes horribles avec leur gluante méduse, les suçoirs et les ventouses qu'ils tendent, agitent vers vous. Mais je n'ai rien vu de tel que l'odieux minotaure russe dont on a l'image à Ferney.

Tout le monde a vu les images si différentes et si fades, que l'on fit de Catherine, sous la couronne de lauriers, un douceâtre César femelle, courtisane en cheveux blancs, banale comme le coin de la rue, bonne fille, si bonne, si bonne, qu'elle attend le premier passant. Que de bonté on y lit ! La tolérance en Pologne ! la peine de mort abolie ! un code philosophique établi chez les Kalmouks! En recevant ces portraits, les crédules, Diderot, Voltaire, voyaient arriver l'âge d'or, et pleuraient à chaudes larmes.

Que dut devenir Voltaire quand, vers 1770, il reçut le vrai portrait ! Œuvre médiocre, il est vrai, mais d'admirable conscience. Un peintre flamand, fidèle, ne peignant que ce qu'il voyait, n'osant mentir, embellir, d'une main pesante, exacte, a donné la réalité. Seulement il l'a grandie à la taille de cet empire, il en a fait un géant.

Elle a le regard si dur, si mornement inhumain, que le portrait de Frédéric qu'on voit dans la même chambre, avec ses yeux bleus terribles (comme d'un chien de faïence) à côté paraît très doux.

Pour arriver à cet état étonnant d'endurcissement, il a fallu bien des choses. La vraie Catherine d'abord, une laborieuse Allemande, était bien loin de cela. La Catherine de trente-trois ans, qui fit étrangler Pierre III, était loin encore de cela. Il a fallu que vingt ans de plus elle entrât dans le mal, régnant avec les meurtriers (neuf ans avec les Orloff, quinze ans avec Potemkin). Il a fallu qu'avec eux elle entrât de plus en plus dans les assassinats en grand, les atroces perfidies, les égorgements en masse de Pologne et de Turquie. Ajoutez la brutalité flétrissante du torrent fangeux d'amours achetés que la vieille incessamment renouvelait.

Elle est terriblement parée. Son roide corset, ou

plutôt sa cuirasse de pierreries, couvre-t-il un être humain ? rien ne le fait présumer. Mais on sent bien que *cela*, quoi qu'il soit, est impitoyable, qu'il y a là un élément et de sauvage exigence. Rouge et de tête carline, le corps épaissi de matière, énorme d'iniquités. Endurcie au plaisir brut, elle fait trembler pour la foule des misérables forcés de passer par cette épreuve, pour l'intrépide armée russe qui, tout entière, eut la chance de faire l'amour à ce monstre.

Est-elle bien Russe elle-même ? oui et non. Elle n'a pas l'expansion généreuse d'un Pierre III, d'un Paul Ier ; c'est une pesante Allemande russifiée, bœuf de travail, un scribe, type de ces Allemands qui écrasent la Russie. On le sent. Deux tyrannies ici se combinent en une. Bureaucratie et police, inquisition plumitive, ajoutant un poids de plomb à la terreur du Kremlin.

Moins lettrée, moins hypocrite, non moins sale, Élisabeth, vraie fille de Pierre-le-Grand, avait, avant Catherine, barbarement exprimé les appétits de la Russie.

Cette Russie semblait un ventre profond, un gouffre, une gueule qui s'ouvrait grande à l'Ouest, disant : « Que me donnerez-vous ? »

Ce monstre avait faim de tout, faim de Turquie, faim de Pologne, mais beaucoup plus, faim de Prusse.

Cela datait de très loin. La Pologne lui importait infiniment moins que la Prusse, le Holstein, le Danemarck, le cercle enfin de la Baltique.

Frédéric, dans sa petitesse, simple mouche, à chaque instant, pouvait être happé, aspiré, englouti dans cette gueule qui bâillait horriblement.

Si petit, il avait pourtant, en 1755, fermé la porte de l'Ouest, s'était fait gardien de l'Europe. Alors on appelait les Russes. Frédéric leur dit : « Arrière! Vous n'entrerez pas dans l'Empire. »

Pierre III arrivant au trône, la Prusse semblait sauvée. C'était un généreux jeune homme, parfois brutal et violent, mais d'un admirable cœur[1]. Il voyait dans Frédéric le seul homme de l'Europe. Il se déclara pour lui. Eh bien, l'aveugle poussée de la Russie vers l'Ouest était si forte et si fatale, que Frédéric eut bientôt un péril dans cet ami. Pierre III, né Holstein-Gottorp, voulait punir le Danemarck des torts faits à sa famille. Il allait traverser la Prusse, la noyer de ses armées. Frédéric n'imagina rien de mieux pour le détourner que de lui montrer la Pologne. Déjà les Russes, il est vrai, y entraient à chaque instant, y venaient camper chaque hiver.

Il fit comme le cerf à la chasse quand il fait lever un cerf, le met à sa place, échappe. A la Prusse, que la Russie eût absorbée tôt ou tard, il substitue la Pologne et propose à son ami Pierre III de la partager.

C'est le crime de son règne. Pour l'instant, il est

---

1. Frédéric, si fort, si grave, si juste dans ses jugements, si sévère pour ses amis, dit cela, et je le crois. — Le pauvre Paul, que l'histoire a de même calomnié, était homme de grand cœur. Il eût voulu réparer, pleura devant Kosciusko.

puni. Au bout de six mois le czar est dépossédé, étranglé.

Pierre III se croyait aimé. Il copiait les Prussiens, mais lui-même était un vrai Russe. Dans une généreuse confiance, il se promenait tout seul, sans gardes ni précautions. Ses vices mêmes ne déplaisaient pas; il buvait comme Pierre-le-Grand. Il eut le tort et l'imprudence de louer trop haut la Prusse, de plier à la discipline les Gardes, un corps orgueilleux. Il voulait payer lui-même le clergé, et prenait ses biens. Tout cela trop brusquement, malgré les sages conseils que lui donnait Frédéric. Il l'écouta, mais en un point qui lui devint très fatal. C'est Frédéric qui avait désigné à la czarine, quand elle maria Pierre III, Catherine, princesse d'Anhalt. Quoi qu'elle ait dit dans ses *Mémoires* (dont on a le premier volume), elle se montra hardiment insolente et désordonnée. Elle prédit la mort de Pierre III, de manière à la provoquer. Il aurait pu l'enfermer. Frédéric l'en détourna. Pierre ne fit rien, périt.

L'histoire honteuse est connue. C'est l'eau-de-vie qui fit tout. Catherine en pleurs dit aux Gardes que Pierre veut les faire luthériens. Dans le manifeste qui suit et qui glorifie le crime, on mêle toute hypocrisie. Pierre III était le tyran; Catherine a été le Brutus qui a sauvé la patrie. Pierre était l'ennemi de l'Église; Catherine a sauvé l'Église, sauvé la religion.

Montée ainsi dans le sang par le secours du popisme, le lendemain, impudemment, elle se dit philosophe. Elle offre tout à d'Alembert pour qu'il élève son fils. Elle prend Voltaire par le cœur, par des dons pour les Calas. Elle a déclaré la Prusse l'*ennemi héréditaire de la Russie*. Mais elle n'ose agir encore; Frédéric a un répit.

Tout s'acheminait vers la paix. L'Angleterre avait atteint le plus haut de sa victoire. Dès septembre 1760, elle eut, avec le Canada, tout le monde américain. En janvier 61, nous perdîmes Pondichéry. Le drapeau français disparut de l'Inde. Et en même temps le drapeau anglais fut planté en France, à Belle-Isle (27 avril). Mais cela ne suffit pas. Pitt voulait surtout outrager. Le point le plus cher à son cœur, c'était Dunkerque, la présence d'une autorité britannique en France même. A tout cela il ajoutait ces fières et amères paroles : « L'Angleterre a l'empire des mers; je n'ai pas peur de Dunkerque, mais le préjugé subsiste. On hasarderait sa tête à ne pas le respecter. Dans la ruine de Dunkerque, le peuple voit *un monument éternel du joug imposé à la France.* »

Deux choses auraient dû pourtant tempérer un peu cet orgueil. Premièrement, l'Angleterre eut des succès trop faciles sur une France désorganisée, qui ne combattait que d'un bras, employant l'autre, et le meilleur, à la vaine guerre d'Allemagne. Deuxièmement, la pose hautaine, l'orgueil imité de Pitt, couvrait dans la majorité immense de l'Angleterre un fonds avide et avare, la convoitise d'argent.

Pitt avait eu beau leur dire : « C'est en Allemagne qu'il faut conquérir l'Amérique. » Cela n'était pas compris, ou cela semblait trop cher. On grondait.

A l'avènement de Georges III, l'Écossais Bute, qui gouvernait, répondit à cette avarice. Il n'envoya plus un sou à celui qui, dans vingt batailles, avait tant servi l'Angleterre. Les Anglais grondèrent contre Bute plus qu'ils n'avaient fait contre Pitt, et ne lui pardonnèrent pas d'avoir fait ce qu'ils voulaient.

Choiseul eut la paix dans les mains. On vit alors à quel point il restait, au fond, autrichien. Toute la difficulté qu'il trouvait à faire la paix, c'est qu'on voulait que la France rendît ses conquêtes d'Allemagne; mais, par le traité, ces conquêtes revenaient à l'impératrice. Son intérêt arrêta tout.

Lord Bute était si avide, si impatient de la paix, que, pour abréger, il entrait sans scrupule dans l'indigne plan des ennemis de Frédéric, qui, pour avoir le secours de la Russie, avaient offert de lui faire cadeau de la Prusse, mettant ainsi les Tartares en Europe et presqu'au Rhin. L'Autriche l'avait offert, et la France n'y répugnait pas. Mais l'énorme, l'incroyable, c'est que l'Angleterre elle-même, si bien servie par les victoires de Frédéric, l'eût livré!

Vienne seule voulait encore la guerre. Choiseul, sur le dos de la France et sur le dos de l'Espagne, en 1762, avait reçu une grêle épouvantable de revers. La pauvre Espagne fut battue en Portugal, rançonnée aux Philippines, éreintée à la Havane. Sa riche, délicieuse Cuba, tomba aux mains des Anglais, et ses millions et ses vaisseaux. Et nul secours de Choiseul. Nos corsaires nombreux, heureux, faisaient mille tours aux Anglais. Mais la flotte était encore en partie sur le papier. Nous ne pouvions qu'assister au naufrage de l'Espagne, compromise si étourdiment. Vienne a beau dire. On n'en peut plus. Un million d'hommes ont péri en Europe. Tous en ont assez.

Qu'est-ce que l'Autriche a gagné? Rien du tout. Frédéric reste le même.

Qu'est-ce que la France a perdu? Le monde, pas davantage.

Pour longtemps elle est désarmée, abattue, humiliée.

Que cette Cour de Versailles, cette monarchie criminelle, cette France légère, étourdie, perde l'Inde, perde l'Amérique, c'est justice. Mais le résultat laisse un problème bien grave dans le destin du genre humain.

Du plus haut lac du Canada jusqu'à la Floride espagnole (qui est livrée à l'Anglais), un superbe empire va se faire, tout européen, admirable de jeunesse et de grandeur. *Qui aura péri? L'Amérique.*

Toutes les races américaines avec nous auraient subsisté. Comment? Les sauvages le disent : « Les Français épousaient nos filles. » Un monde mixte se fût formé, où se serait conservé le génie américain.

Les Anglais ne sauvent point, ne conservent point les races. Ils les remplacent seulement. — Et cela encore ne se voit que dans les rares climats moyens, où l'Anglais peut s'acclimater. (Bertillon, *Acclimatement.*)

Dans l'Inde, qu'est-il advenu? Les Anglais en firent la conquête extérieure. Ils n'y vivent point. Ils n'ont pu y rien créer.

Dupleix, mieux compris, mieux aidé du cabinet de Versailles, aurait égalé, je le crois, la cruelle habileté, les ruses, les succès de lord Clive. Je n'y ai aucun regret. Ce qui me laisse du regret, c'est que la France, répandue, mêlée à l'élément indien, eût duré, fait une race. Le mariage de Dupleix avec une femme indienne, de capacité si grande, dit assez ce que ce mélange eût pu avoir de fécond.

L'Inde dure, fort heureusement. Elle n'est pas effacée, comme l'Amérique du Nord, en ses races primitives. Les Anglais n'y ont rien fait que laisser périr, crever, les admirables réservoirs, qui recevaient les pluies des Gattes, fertilisaient le pays.

Malgré tout l'écrasement du pesant boa anglais, qui ne fait que digérer, les arts exquis de l'Hindoustan sont venus à l'exposition de 1856, et ils ont éclipsé tout. (Voy. les *Reports*, et ma *Bible de l'humanité*.)

On a juré mille fois devant moi que l'Italie ne pourrait renaître jamais. Elle est renée, vit et vivra.

Eh bien! je jure à mon tour que l'Hindoustan revivra; qu'il revivra, et de lui-même, et par des races amies.

Non, certes, par les Anglais, gras, vieux, riches et endormis. Non pas, certes, par les Russes, que l'on connaît depuis deux ans, et qui sont l'horreur du monde.

Les Russes y viendront sans doute. Il faut bien qu'ils engraissent l'Inde de leurs corps, comme ont fait les autres peuples. Ils y fondront plus vite encore, disparaîtront comme neige. Et bien plus que les Anglais, ils laisseront un souvenir exécré de barbarie.

Tout cela est à la surface. L'Inde est comme l'Océan, et rien n'y bouge en dessous. Elle revivra par sa race guerrière dont la discorde seule a créé, et récemment a sauvé l'empire anglais. Si elle s'aide des Européens, ce sera de ceux du Midi, Provençaux, Catalans, Grecs, Siciliens, Maltais, Génois, de ces races sobres qui résistent à tout climat et qui sont aussi durables que l'est peu l'homme d'Angleterre dans la dévorante Asie.

Une telle paix demandait des fêtes. Elles furent fort irritantes. On trouva d'un comique amer qu'une statue triomphale, après Rosbach et tant de hontes, fût érigée à Louis XV. Des épigrammes sanglantes furent affichées au piédestal.

Tout cela en pleine banqueroute. Le roi ne paye rien aux Français; il réduit de moitié la rente; mais il paye les étrangers. L'Autriche, après cette guerre ruineuse que l'on fit pour elle, reçoit jusqu'au dernier sou les subsides arriérés, pas moins de trente-quatre millions.

Nos Autrichiens s'arrondissent. Toute la légion lorraine, les Choiseul, Praslin, Stainville. Choiseul achète Chanteloup, se donne un grand fief en Alsace. Son revenu primitif, de six mille livres de rentes, a profité tellement qu'il a un million de rentes, si nous en croyons Barbier.

On ne supprime qu'un impôt. Mais un autre le remplace. Tout impôt de guerre persiste. Les dons gratuits des villes s'exigeront pendant cinq ans. Le second vingtième de guerre durera encore six ans. Le premier vingtième se classe dans l'impôt perpétuel et reste pour l'éternité.

Le 31 mai 1763, fanfares! Le roi, avec une armée, gardes à pied, gardes à cheval, fait son entrée redoutable, et tient son lit de justice. Il impose au Parlement... quoi? ces édits odieux qu'on n'ose même publier encore. Le secret est commandé aux magistrats. Contraste étrange! grand bruit et grande lâcheté!

Les remontrances, violentes et sur un ton inouï, firent entendre que l'autorité par cet abus de la force se suicidait, qu'en foulant la loi aux pieds, la royauté supprimait la base même qui soutenait la royauté.

Le Parlement de Rouen, non moins hardi, affirma que la propriété est un droit antérieur et supérieur à celui du gouvernement, réclama pour la nation son imprescriptible droit d'accepter librement la loi.

La Cour des Aides alla plus loin. Par l'organe de son président, le jeune et courageux Malesherbes, magistrat de vertu antique et d'admirable candeur, elle prononça le mot solennel et décisif, demanda le grand remède, l'appel des *États généraux*. (23 juillet 1763.)

Les Parlements, peu amis des philosophes, leur empruntent désormais des doctrines, des paroles même. Celui de Rouen a parlé comme eussent fait

Quesnay, Mirabeau (dont l'*Ami des hommes* a paru dès 1755). En 1763, les *Entretiens de Phocion* par Mably, sous forme plus faible, font accepter les idées qui ont étonné naguère dans le *Contrat social* de 1762. Malesherbes, ami des philosophes, qui dans la direction des affaires de la librairie servit si bien Rousseau et tous, donne à la pensée commune une formule forte et simple : l'appel à la nation.

Irait-on jusqu'à l'action? La puissance judiciaire frapperait-elle la royauté? Les Parlements de Grenoble, Besançon, Rouen, Toulouse, citent, appellent en justice l'homme du roi, leur gouverneur de province. Le plus violent fut à Toulouse. Le gouverneur Fitz-James avait mis les magistrats aux arrêts dans leurs maisons. Le Parlement à son tour voulut arrêter Fitz-James.

La question révolutionnaire se posait avec netteté : laquelle des deux autorités avait le droit d'arrêter l'autre?

Si les Parlements s'unissaient sur ce point, si Paris surtout appuyait ici Toulouse, on sautait d'un coup vingt-cinq ans, on passait sans transition à l'année 89, et le cataclysme arrivait.

La Cour ne marchanda pas. Elle se jeta aux genoux du Parlement de Paris. De cette chambre des enquêtes, si bruyante, si redoutée, du foyer de l'opposition, Choiseul tire un simple membre, modeste, estimé, Laverdy, et le met au ministère, au grand ministère des Finances. Plus, le roi prie les Parlements, les Chambres des Comptes, les Aides, de lui envoyer des mémoires, de le conseiller en finances; et pour la répartition, et (ce qui est fort) pour l'*emploi*. Grande, grande révolution.

Cela amortit, détrempa le Parlement de Paris, et il lâcha la proie pour l'ombre.

Sa vraie force aurait été dans l'union des Parlements. Il trahit, délaissa Toulouse.

Fitz-James était pair. Un pair peut-il être ajourné qu'ici? et le Parlement de Paris n'est-ce pas la Cour des pairs? Grosse question de vanité!

Cinquante membres mirent de côté leur privilège et leur orgueil, soutinrent Toulouse et dirent qu'on pouvait pousser le procès; mais quatre-vingt-neuf votèrent pour eux-mêmes, pour leur privilège, en désarmant les Parlements, se bornant aux remontrances, à leurs éternels papiers.

Choiseul, à ce coup d'adresse, gagna sept années de règne. Les Parlements désunis firent du bruit (surtout en Bretagne), mais à son profit plutôt et contre ses ennemis.

CHAPITRE IX

Tyrannie de Choiseul sur le Roi. — Mort de la Pompadour, du Dauphin, de la Dauphine. (1763-1766.)

Louis XVI était dès l'enfance imbu de l'idée que Choiseul avait empoisonné son père. Cela est vrai moralement. Dans son impertinence hardie il avait fort directement humilié, mortifié le Dauphin et le roi même. Il tenait le roi en crainte, sous une espèce de terreur. On avait pu l'entrevoir dans les *Mémoires* que Choiseul lui-même imprima dans l'exil. On le voit parfaitement dans les pièces relatives aux agents secrets du roi, publiées par M. Gaillardet (1834), Boutaric (1866). Ces agents, de grand mérite et qui plus tard ont très bien servi Louis XVI contre la cabale autrichienne, furent persécutés par Choiseul avec une extrême violence, sans le moindre respect du roi, et le roi même assiégé dans son plus intime intérieur.

Choiseul était-il violent? Avec les formes charmantes et légères de l'homme du monde, il était sec et hautain, indiscret, *méchant* de langue, et même dans la galanterie, si l'orgueil était blessé, on le vit parfois cruel. En affaires il était facile et n'eût pas poussé le roi avec une telle insolence, s'il n'avait eu près de lui deux très mauvais conseillers, sa sœur, rude, impétueuse, et son cousin, plus âgé, M. de Praslin, ministre, qui travaillait avec lui, dans son propre appartement (sans séparation qu'une porte) et qui influait sur lui par la pesanteur, l'insistance, un caractère triste et dur.

Dans le récit de Choiseul même (année 1760) on voit comme il effraya le roi par le Parlement. Le Dauphin, assez gauchement, avait remis à son père un Mémoire que La Vauguyon avait fait faire par un Jésuite, et qui, disait le Dauphin, lui était venu par hasard des mains d'un parlementaire. On y montrait comment Choiseul travailla le Parlement en lui immolant les Jésuites. La chose était vraie au fond; il n'y avait d'inexact que les dates et certains détails. La Pompadour fit si bien que Choiseul eut le Mémoire, et le roi trahit son fils. Choiseul le prit de très haut, donna sa démission, et dit qu'il allait porter l'affaire au Parlement même. Le roi fut épouvanté. Il crut voir cinquante Damiens. Il pleura abondamment et obtint grâce en avouant « que son fils avait *menti* » (Choiseul, *Mém.*, I, p. 54).

Choiseul ne s'en tint pas là. Il alla chez le Dauphin et le mit au pied du mur, lui disant (si on l'en croit) : « Monsieur, je pourrai avoir le malheur de devenir votre sujet, mais je ne serai jamais *votre serviteur.* »

Comment un homme en de tels termes avec le

roi et son fils put-il régner douze ans en France?

Il dura comme la tête de la cabale autrichienne, agent des doubles mariages et des pactes bourboniens. Il arriva au pouvoir par le mariage d'Isabelle. Il le quitta en nous donnant Marie-Antoinette, un fléau.

Il dura, après la mort du Dauphin, parce que le roi le croyait capable de tout, empoisonneur de son fils, et parce que le roi voulait vivre.

Enfin (c'est le beau côté) il dura en exerçant une grande force d'opinion. Il eut la chance singulière de se trouver juste au moment du plus admirable réveil de lumière et d'humanité. Ces belles et grandes choses, tardives, qui enfin avaient éclaté, firent honneur à son ministère.

Ici, le bien et le mal s'attribuent toujours au gouvernement. Si l'on a vu de nos jours la création gigantesque des chemins de fer décupler la circulation, et pour tel pays doubler la richesse, c'est la gloire du gouvernement. Il en fut ainsi pour Choiseul. Quand la pourriture des Jésuites fut arrivée au degré de décomposition dernière, quand on purifia l'atmosphère, ce fut la gloire de Choiseul. Et il eut le Parlement. Quand un cri perçant de Voltaire, révélant l'affaire Calas, renversa le mur d'airain qui cachait l'enfer protestant, quand enfin on se souvint de ce monde infortuné, ce fut la gloire de Choiseul. Et il eut les philosophes.

Les Économistes montaient. L'admirable *Ami des hommes* avait dit aux propriétaires, à la noblesse obérée, que pour doubler son revenu il fallait aimer la terre, encourager le paysan, lui faire de bonnes conditions, ou de fermage, ou de vente. Une révolution agricole commençait (Voy. *Doniol*). Elle exigea la circulation des grains, leur libre sortie, qui, en élevant les prix, augmenta la production (1762, 1766). Ce fut l'honneur de Choiseul. Il eut les Économistes, le haut public propriétaire. Et c'était *la société*, le monde, et ce qui parlait.

On a vu combien il craignait les États, les assemblées. Il crut pourtant sans danger d'amuser l'opinion par la petite comédie de réunions de notables que feraient les localités, d'un semblant d'élections qu'on octroya aux communes. Cela n'eut aucun effet; les villes gouvernées en famille n'allèrent pas moins dans la ruine jusqu'à la Révolution.

Il connaissait bien la France. Au moment de la paix terrible de 1763, il dit que le Canada, « ces quelques arpents de neige », n'était rien, que nous aurions mieux, que la *France équinoxiale*, sous un climat puissant, fécond, nous dédommagerait au centuple. Il baptisait de ce beau nom notre funeste Cayenne, le cimetière des Européens. Il attrapa quelques colons, ramassa des vagabonds, et cette misérable masse, d'environ douze mille âmes, sans ressources ni précautions, fut jetée là pour mourir. N'importe, l'effet fut produit.

Il est caractéristique pour ce *siècle de l'esprit* de voir à quel point un homme qui ménageait si peu le roi, ménageait tant les salons, et s'en occupait sans cesse. La grande affaire de l'Europe pour Choiseul (on le dirait), c'est le vieux salon Du Deffand. Salon mixte où l'un des chenets était le président Hénault (c'est la petite cour de la reine), l'autre un frère de d'Argental (c'est le parti de Voltaire). Là venaient les *Méchantes* illustres, Madame de Luxembourg, et Mme de Mirepoix, *petit chat* de la Pompadour, tête froide, très dangereuse, avec qui le roi comptait. La pire est la vieille aveugle qui gourmande Choiseul et Voltaire, courtisans, flatteurs assidus de ce foyer redouté de parlages, de méchancetés.

Choiseul avait là toujours sa jeune et aimable femme, innocente petite sainte. En la voyant, qui pouvait croire à tant de noirceur du mari? Il l'avait eue à douze ans, et elle gardait ses douze ans ; timide, modeste, résignée, avec son extrême mérite, elle osait parler à peine. Elle se sentait des Crozat, de cette famille de banque (d'un laquais devenu caissier), mais fine race du Midi, cultivée, amie des arts. L'exquise et mignonne personne avait, malgré elle, une cour. Walpole, qui ne loue jamais, avoue en être amoureux. Il en fait ce joli portrait : « Oh! c'est la plus gentille, la plus honnête petite créature qui soit jamais sortie d'un œuf enchanté!... Tous l'aiment, excepté son mari, qui préfère sa sœur (détestée). »

Mais laissons les apparences, et regardons le dessous. Quel était le gouvernement, et le contre-gouvernement, la secrète agence du roi qui, il est vrai, n'agissait guère, mais contrôlait, écrivait? Le centre en était Conti, puis Broglie. Le roi remettait ses billets à son factotum Lebel, qui les portait à Tercier, un commis qui envoyait et recevait les réponses.

Deux choses disent les mœurs du temps :

Une femme-homme gouvernait Choiseul, sa sœur, — gouvernée elle-même par un bijou équivoque, sa Julie, femme de chambre? demoiselle? on ne sait trop quoi.

Et l'un des agents principaux du roi était un homme-femme, le fameux chevalier d'Éon, que son visage de fille et ses travestissements faisaient pénétrer chez les reines, en qualité de lectrice, demoiselle de compagnie.

Le règne de ces demoiselles, femmes de chambre, etc., est un trait de cette époque. Les hommes étaient si indiscrets que les dames s'en tenaient souvent aux amitiés féminines, à ces petites amies. Nombre d'elles avaient leur Julie, leur Mademoiselle de Beaumont, c'est le nom féminin d'Éon, que le roi envoie en Russie.

La Russie était le champ que l'intrigue européenne se disputait. Élisabeth, la fille de Pierre-le-Grand, fut mise au trône par l'audace du Français La Chétardie. Mais son chancelier, Bestuchef, domina, la fit anglaise. Pour la rattacher à la France en 1755, on imagina à Versailles de lui donner une jolie demoiselle de compagnie.

La chose n'était pas sans danger. Un Français envoyé déjà avait étrangement péri. Éon n'avait rien à perdre. C'était un jeune Bourguignon, déterminé.

Fils d'avocat, il avait essayé les Lettres, il avait fait deux gros livres. Il avait écrit chez Fréron. Grécourt, le fameux satyre, le présenta à Conti. Il avait alors vingt-six ans, et il avait la figure d'une demoiselle de dix-huit. Conti, dans ses grands projets de Pologne, de Russie même (rêvant d'épouser la czarine), montra à la Pompadour, au roi, ce jeune amphibie, l'original très réel de Chérubin, de Faublas. On l'envoya, on réussit. La bonne dame Élisabeth, au milieu de son sérail d'ours, fut ravie de la surprise. Elle en sut gré à Louis XV. Elle s'unit à la France pour anéantir la Prusse, que d'ailleurs elle détestait. Elle témoigna, sans gêne, combien elle aimait Éon, en le chargeant (chose étonnante) de ce que le plus grand seigneur eût demandé, de porter au roi de France ce traité si important.

Cela fit parler de lui. On commença à débattre s'il était vraiment homme ou femme, ou tous les deux à la fois. En guerre, certes, il était homme ; il brilla, fut capitaine. Il était grand ferrailleur. C'était une tête de feu pour l'épée et pour la plume. Mais tout était dans le cerveau. Les dames disaient qu'il était femme, et pourtant à ce sujet n'en restaient pas moins curieuses, avec un danger réel, au moins pour leur réputation.

Quand il s'agit de faire la paix, Versailles envoya à Londres le plus aimable des Français, le bon duc de Nivernais, et, pour occuper les Anglaises, ce brillant ce douteux Éon. La jeune reine d'Angleterre, une Allemande, Sophie-Charlotte, mariée à son lourd

Georges III, était passionnée pour la France, comme sa belle-mère, autre Allemande, dont l'amant, l'Écossais Bute, gouvernait alors l'Angleterre. Ces dames furent aussi curieuses. Sophie-Charlotte, si jeune, fit l'extraordinaire imprudence de faire venir chez elle Éon.

Versailles, très certainement, avait spéculé là-dessus. On avait compté qu'il plairait, comme il avait fait en Russie. S'il n'eut pas le même succès, il en eut du moins l'apparence. Lord Bute, pour envoyer la ratification du roi, eut ce ménagement singulier de ne pas choisir un lord qui eut triomphé à Versailles. Il envoya un Français, et ce jeune secrétaire, Éon !... Chose si contraire aux usages que le ministre Praslin se refusait à le croire. Nivernais lui dit finement : « Cher ami, vous êtes une bête. Vous ne savez pas à quel point nous sommes aimés ici. » (Lettre de février 1763.)

Il eut la croix de Saint-Louis, et on le renvoya à Londres. L'opposition eût voulu dans le traité ce mot cruel : que la France n'aurait plus que tant de vaisseaux. Elle voulait que réellement on exécutât Dunkerque, qu'on n'y laissât pas une pierre. Chose inutile à l'Angleterre (Pitt lui-même en convenait), simple outrage, insulte amère, que les deux bonnes Allemandes tâchaient de nous épargner. Cinq mois durant on traîna, et nombre de fois Éon alla raffermir le zèle de notre amie, Sophie-Charlotte, sans qui Bute aurait cédé. Ces conférences mystérieuses (dans la crainte de l'opposition) n'étaient pourtant pas trop secrètes;

on a les *billets d'audience* du maître des cérémonies. Ce fut le malheur de la vie de la pauvre petite reine. On inquiéta Georges III, on dit que Sophie-Charlotte avait été en Allemagne déjà connue et surprise par la fausse demoiselle, que Georges IV était son fils (chose impossible par les dates).

Choiseul était si étourdi, ou si faible pour Praslin, qu'il le laissa désigner pour successeur de Nivernais dans cette délicate ambassade, un Guerchy, dont le vrai mérite était la beauté de sa femme. Praslin n'y vit que l'agrément de donner à ce cher ami un traitement de deux cent mille francs.

Éon fut, pendant l'entr'acte, *ministre* plénipotentiaire. Et en même temps (la fortune à ce moment l'accablait) il eut une commission très secrète de Louis XV, pour *observer, reconnaître*, préparer un plan de descente (juin 1763). Versailles, contre l'Angleterre, couvait de sinistres projets, au moment du traité même. En 1764, lord Rochefort donna les détails d'un épouvantable plan que Choiseul aurait approuvé pour brûler Plymouth et Portsmouth (Voy. tout le détail dans *Coxe*). Un tel acte en pleine paix, le lendemain du traité, eût rendu la France exécrable ; de plus, elle l'eût replongée (épuisée et impuissante) dans la guerre la plus terrible.

Mais la grande affaire de Choiseul (j'entends la trinité de Choiseul, de la Grammont et de Praslin) était moins celle d'Angleterre que la sourde guerre qu'ils faisaient à leur maître Louis XV dans son plus intime intérieur.

Ils avaient tout le royaume, guerre, finances, administration, police, affaires étrangères. Le roi n'avait rien à lui que cette agence secrète, cinq ou six hommes en Europe, qui observaient, n'entravaient guère (ils n'auraient jamais osé). Les lettres publiées récemment étonnent par la timidité. Le roi, dit très bien l'éditeur (*Boutaric*, 1866), n'y cherchait « qu'un plaisir inquiet », une petite joie maligne d'écolier à blâmer ses maîtres. Tout son refuge était là, et toute sa royauté, dans ce méchant secrétaire qu'on a mis au Musée du Louvre. Il en portait la clé sur lui. Un matin pourtant, il y trouve ses papiers dérangés, brouillés. Il frémit, se voit découvert. La Pompadour, enhardie par les Choiseul, avait osé lui prendre la clé dans sa poche, et on avait eu le temps d'entrevoir, de fureter.

Cette affaire de détruire l'agence, d'ôter au roi son secret, son dernier retranchement, leur semblait la question de la royauté elle-même. Il fallait un coup d'audace, frapper un agent du roi, et de façon que les autres vissent bien que sa protection ne pouvait couvrir personne. Effrayée, découragée, l'agence ne pouvait manquer de périr.

. Ils surent ou devinèrent qu'en juin le roi avait pris Éon pour agent à Londres. En août, ils lui envoyèrent un espion, un certain Vergy, homme de lettres comme Éon, qui avait aussi fait des livres. Éon le vit de part en part, et il le mit à la porte. Les Choiseul furent furieux, et ils le furent plus encore quand Éon, ayant reçu de son ministre Praslin une lettre dure et méprisante, lui répondit fièrement, avec la verve légère, le mordant, l'emporte-pièce qu'on croirait de Beaumarchais. Une telle lettre, ostensible, semblait un défi de l'agence.

On espérait qu'il viendrait se mettre dans la souricière, qu'on prendrait l'homme et les papiers, qu'encastré dans l'épaisseur des murs profonds de la Bastille on le ferait bien parler. On ne le paye plus. Il reste. Praslin le rappelle, il reste. Ce même jour, le 4 octobre, le roi lui écrit *que le roi a signé* (non de sa main, mais d'une griffe) *son rappel, qu'il doit rester, reprendre ses habits de femme, prendre abri dans la Cité; car il n'est pas en sûreté dans son hôtel, et ici il a de puissants ennemis* (Bout., I, 298).

Cependant, du 4 au 15, le roi reprend un peu courage. Il s'adresse à Laverdy, le contrôleur des finances, il lui fait écrire un billet qui, au nom du roi, invite Éon à continuer son travail. Puis, songeant que ce ministre n'a nul pouvoir sur Éon (qui est employé des Choiseul), par un vrai tour de Scapin, le roi (le 18 octobre) fait une lettre dans le même sens, y *mettant le seing de Choiseul* (par la griffe des bureaux?).

Le vrai Choiseul cependant agissait tout au contraire. Bien loin de reculer devant l'intention du roi (*intention constatée dans la lettre de Laverdy*), par une pression odieuse, Choiseul et Praslin exigent *que le roi signe une demande aux Anglais de livrer Éon*, avec ordre d'envoyer main-forte pour qu'on s'en saisisse. Ordre à notre ambassadeur de s'emparer de ses papiers. Le même jour, 4 novembre, le roi avertit Éon : « Si vous ne pouvez vous sauver, sauvez du moins vos papiers. » (*Bout.*, I, 302.)

Cet ordre contradictoire pouvait faire un combat dans Londres. Éon réunit ses amis, les arme, s'arme jusqu'aux dents. Il calcule qu'il a tant d'épées, de sabres, de fusils turcs, qu'il peut résister longtemps.

L'extradition est refusée. Croyez-vous que l'on s'arrête? point du tout. On persévère dans le plan d'enlèvement. D'abord on essaye d'attirer Éon dans un guet-apens, un duel avec ce Vergy, où on aurait happé l'homme. Mais les Anglais s'y opposent. Notre ambassadeur Guerchy alors se rapproche d'Éon, l'apaise, l'invite à souper, et par son écuyer Chazal met de l'opium dans son vin. Endormi, on eût pu le prendre. Cela manqua. Alors Guerchy fit sauver l'empoisonneur, et, désespéré, pria Vergy d'assassiner Éon (?).

Ce qui est sûr, c'est que *quelqu'un* chez Praslin s'était chargé d'amener Éon « *mort ou vif*. (*Bout.*, I, 321), que Praslin rassurait le roi, disait qu'on ne le tuerait pas.

Guerchy nie. Éon affirme. Il porte la chose au plein jour devant le grand Jury de Londres. Ce Jury déclare l'accusation valable, accepte le témoignage de Vergy, qui se repent, dit lui-même qu'on le subordonnait pour ce crime. Vergy le répéta encore dans une brochure terrible. (*Lettre à M. de Choiseul*. Voy. Bachaumont, t. II, 26 nov. 1764.)

Éon acheta-t-il Vergy? Avec quoi? il mourait de faim. Mais Choiseul, Praslin, Guerchy, avaient tout l'argent de la France et pouvaient richement payer un coup de terreur sur l'agence du roi (et sur le roi même).

Guerchy était ambassadeur. Il décline le tribunal populaire du Jury de Londres. Mais, tout ambassadeur qu'il est, il accepte des juges anglais. Il fait évoquer l'affaire par le Banc du roi, qui l'étouffe et ne blanchit pas Guerchy. Pourquoi celui-ci fait-il disparaître l'homme essentiel, celui qui aurait versé l'opium? Et pourquoi lui-même Guerchy n'ose-t-il rester en Angleterre? quitte-t-il cette belle ambassade? On verra que Louis XV, le Dauphin et Louis XVI se posèrent ces questions, et se firent sur tout cela une idée très arrêtée. Derrière Guerchy ils virent Praslin, et derrière Praslin, Choiseul. Ils ne doutèrent pas que Choiseul n'eût autorisé l'opium, et sur cela le jugèrent (sans doute à tort) empoisonneur.

Ce qui étonne dans un homme d'autant d'esprit que Choiseul, c'est qu'il crut tromper Éon. Le 14 novembre, espérant prévenir ce honteux procès, il lui écrit une douce lettre, et tout entière de sa main, pour lui dire, à *ce cher Éon*, de revenir au plus tôt; il le placera dans l'armée. Éon savait parfaitement que Choiseul, Praslin, c'était le même homme. Le piège était trop grossier. Le cuisinier a beau cacher aux canards le grand couteau et leur dire : « Petits! petits! » Les petits fuient encore plus fort.

Ayant tant besoin des Anglais, devenus leurs juges, les Choiseul laissèrent aller l'affaire de Dunkerque. Ils burent la honte complète. Et ils en eurent une autre encore : c'est que le peuple de Londres, furieux de voir les recors français opérer chez lui comme sur le pavé de Paris, jura que, si on touchait Éon, l'ambassadeur et l'ambassade à l'instant seraient mis en pièces.

Tout retomba sur le roi. Les Choiseul l'avaient déjà réduit à employer Laverdy. Ils le réduisirent au point d'implorer M. de Sartines, le lieutenant de police. Effaré dans ses mensonges opposés, il perdait la tête, ne s'y reconnaissait plus. Dans une lettre, il dit : « Je m'embrouille » (17 janvier 1765). Cela n'était que trop vrai. En arrêtant les messages qu'il envoyait à Éon, ils l'obligèrent de prier Sartines de sauver ces agents.

Enfin, pour lui faire entendre que tout était inutile, ils lui faisaient arriver ses mystérieuses dépêches par la poste *décachetées*. Le *Cabinet noir* s'amusait des secrets de Louis XV. Mais, comme des magisters intraitables, Choiseul, Praslin, n'étaient pas contents encore du châtiment. Ils voulaient que le coupable *avouât*. (*Boutaric*, I, 127.)

Pourquoi l'avilir jusque-là? Était-ce une vaine fureur? Non. On espérait le briser au point que dans son lit même il subît le tyran femelle que lui donneraient les Choiseul.

Le ministère des ministères, c'était certainement le poste de la maîtresse officielle. Ce personnage historique allait disparaître du monde. Usée de tant d'activité, pulmonique, elle traînait. Elle eût voulu, *in extremis*, ramener l'opinion. Ses amis faisaient valoir l'intérêt qu'elle prenait aux Économistes, la comédie qu'elle arrangea d'obtenir que Louis XV donnât des armes à Quesnay, imprimât de ses mains royales quelques feuilles de ses livres.

Mais au milieu de tout cela, elle se sentait cruellement haïe de la nation. Elle avait la Bastille, les prisons d'État. Ses geôliers exploitaient ses peurs de femme; ils jetaient le premier venu qui pouvait l'inquiéter aux cachots d'éternel oubli. Ces spectres sont peu à peu sortis au grand jour vengeur, et Latude, et d'autres encore, ce misérable, par exemple, dont les billets déchirants sont aujourd'hui par hasard aux Archives de Pétersbourg (trouvés par M. de Lamothe en 1865).

Cette vie si bien gardée lui échappait cependant. A Vienne, on savait déjà qu'elle avait peu de mois à vivre. Marie-Thérèse, qui en avait si odieusement abusé, se hâtait de la renier. Elle écrivait à l'électrice de Saxe, dans son baragouin grossier, « qu'elle n'avait jamais usé du canal de cette femme-là, que certes un tel canal ne lui aurait pas convenu », etc., etc. (*Archives de Dresde.*)

Ici sa succession semblait ouverte déjà. Le débat était entre les Lorraines. Tels pensaient à la Mirepoix, qui avec ses cinquante ans, sa fine douce mine de chat, une perfection de convenances, semblait nécessaire au roi, et plus que personne à Choisy était *sa société* (Du Deffand). Mais la Grammont, impétueuse, mais la légion des Choiseul, n'auraient pas permis cela. Elle était antipathique au roi : cela n'arrêta pas.

Elle crut, à trente ans, avoir aisément bon marché de cette Pompadour en ruines, éteinte, qui n'avait plus qu'un œil (*Voltaire*, LX, 235). Elle crut (sachant le froid du roi pour tout ce qui finissait) que ce meuble de rebut, flétri des commodités basses qu'il avait fournies si longtemps, avait besoin d'un coup de pied pour s'en aller décidément. Selon Richelieu, elle aurait essayé de brusquer la chose dans certain souper à quatre que le roi n'osa refuser, ni la Pompadour, quoique déjà mal avec Choiseul. A la fin, l'ivresse arrivant, Choiseul aurait fait le galant auprès de la borgne marquise, et son intrépide sœur se serait emparée du roi sous l'œil de la Pompadour.

Le plus sûr, c'est que celle-ci, voyant l'audace de l'autre, le matin serra le roi, le tira de son mutisme, lui fit avouer qu'il était indigné au fond, navré de subir l'hommasse personne. « Mais, Sire, vous êtes le maître. Pourquoi garder ces Choiseul ? Votre Bernis n'est pas loin. » Voilà ce qu'elle dut dire. Bernis était près Soissons, déjà à Paris peut-être. Il avait précédé Choiseul, et pouvait bien le remplacer. Le roi (selon Richelieu) vit Bernis, et fut si brave qu'il signa l'exil de Choiseul.

Il signa, et puis frémit. Choiseul avait le Parlement ; il semblait capable de tout ; il était ami des amis, des vieux maîtres de Damiens. Le cœur manquait encore au roi ; il hésitait, il ajournait. Cependant la Pompadour est prise de vives douleurs. Elle croit que, la voyant si bas, peu éloignée de son terme, on a voulu abréger, que le poison a aidé. Mais point de bruit. Elle sait, par la mort de la tant aimée (Mme de Vintimille), que le roi ne veut pas de bruit, qu'il ne fera pas de procès. Elle se contente de tout dire à Richelieu. Elle lui lègue ce poignard contre les Choiseul.

Elle meurt (23 avril 1764). L'histoire du poison ne meurt pas. Quoique bien peu vraisemblable, plusieurs s'efforcent d'y croire, d'après le besoin des Choiseul, et leur violente passion. La Grammont crut que, quoique morte, l'autre avait le dernier mot, l'avait coulée pour toujours. Cachée sous une capote, elle alla aux Capucines, pour prier en apparence, réellement pour fouler la bière de la Pompadour. (*Rich.*, IX, 325.)

Beaucoup disaient : « Le roi, à son âge, a moins besoin d'une maîtresse que d'une dame aimable, douce, qui représente bien, tienne agréablement la Cour. » Cette dame était toute trouvée. C'était Madame la Dauphine, qui avait su plaire à la reine, capter Madame Adélaïde, et peu à peu devenait agréable au roi. Elle était cultivée, savait beaucoup de langues, entre autres le latin (et citait son Horace). Elle avait ce don de mémoire qu'eurent ses fils Louis XVI, Monsieur. C'était une forte personne (comme ses père et grand-père les Augustes), blanche et grasse, avec cette richesse de chair et de sang que Louis XVI hérita d'elle. Elle était très Saxonne, passionnée pour un de ses frères qu'elle voulait faire roi de Pologne à la mort d'Auguste III (8 octobre 1763).

Sortie d'une maison la plus corrompue de l'Europe, elle donnait l'exemple de toutes les vertus domestiques, travaillait très activement pour son frère et pour son mari. Le roi, si défiant pour son fils, se confiait bien plus à cette bonne Allemande. Seule à la Cour elle eut le secret de son agence et en tira parti. D'accord avec l'abbé de Broglie, un des agents, elle donna courage à Richelieu, à d'Aiguillon, neveu de Richelieu, pour pousser le parti Choiseul.

D'Aiguillon, qui n'était qu'un fat, s'y prit fort mal. Gouverneur de Bretagne, il crut pouvoir contre le Parlement faire agir les États. Ils se réunirent contre lui pour la vieille constitution de la province. La tête de la résistance était La Chalotais, procureur général, le grand adversaire des Jésuites. Ils voulurent frapper à la tête, perdre La Chalotais. L'homme était très hardi, avait des mots mordants. On supposa qu'il les avait écrits. On forgea de fausses lettres pleines de mépris pour le roi. Tout cela grossier, maladroit. Le Parlement de Paris allait en faire justice, marquer au fer chaud les faussaires. L'affaire était menée par un petit Calonne, un vaurien qui voulait monter. Derrière lui, d'Aiguillon. Mais derrière celui-ci n'allait-on pas trouver les hommes du Dauphin, La Vauguyon, l'évêque de Verdun, le violent Nicolaï? Ignoraient-ils ce faux? Et le Dauphin lui-même n'en sut-il rien, du moins *après?* On peut juger de ses inquiétudes, des tristesses qu'il eut. Déjà il maigrissait ; son grand embonpoint disparut. Pour arracher l'affaire au Parlement, pour donner au roi le courage d'agir malgré Choiseul, il fallait un miracle. Il se fit : on put voir alors que *la bonne Allemande*, qui seule alors influait près du roi, avait aussi certaine audace, certaine force de caractère,

On fit signer au roi un acte qui évoquait la chose à une commission du Grand-Conseil. Les faussaires rassurés allèrent bride abattue. Le dénonciateur Calonne est fait juge, se donne carrière, bâtit un roman, un poème sur la prétendue conspiration universelle des Parlements, une révolution sur le plan du *Contrat social*. Tout cela ridicule, moqué et sifflé du public. On n'en jette pas moins aux cachots La Chalotais, son fils et ses amis (22 novembre 1765).

Le Dauphin se mourait et la Dauphine était malade. Ces deux honnêtes gens, selon toute apparence, souffraient de se trouver mêlés à tout cela. Le Dauphin s'était vu dans le détroit fâcheux où il fut, vers 1750, d'immoler sa conscience d'homme à sa conscience de dévot. Il gouvernait alors ses sœurs, et, *pour sauver l'Église*, il leur laissa subir l'orgie de Louis XV, cette étrange cohabitation qui fit l'étonnement du monde. Et maintenant encore *le salut du parti de Dieu et des honnêtes gens* lui faisait employer une épouse innocente dans une affaire très trouble qui devait fort lui répugner.

L'avènement de la Dauphine apparaissait. A la mort du Dauphin (décembre 1765), elle eut du roi les trois promesses : *d'habiter au plus près de lui*, — *d'élever Louis XVI*, — de garder le droit de son rang, autrement *d'être Régente*, si le roi venait à mourir.

Cependant la Dauphine entrait fortement dans son rôle de mère, de régente possible. Elle avait moins d'esprit que de mémoire, mais du sérieux, du travail, de la patience, une passion incroyable de suivre les idées et les plans du Dauphin. Pour cela rien ne lui coûtait. Elle se mit comme à l'école, apprenant par cœur les cahiers qu'on lui faisait d'après les papiers de son mari, cahiers d'éducation et cahiers de gouvernement. Chaque jour, dans son oratoire, elle répétrait, comme un enfant, sa leçon à son confesseur.

Elle était fort touchante. Le devoir, malgré elle, la faisait reprendre à la vie. Docile aux avis de Tronchin, elle quitta le régime du lait, se nourrit mieux, reprit un aimable embonpoint. Le roi la quittait peu. Au voyage de Compiègne (en juillet, au bout de six mois de veuvage) sa toute-puissance éclata ; elle tint solennellement la Cour, et ce qui étonna beaucoup dans la douce Allemande, c'est qu'elle parla haut, d'une voix forte et d'un ton de maître.

Avec un homme tel que le roi, la grande question était de savoir où elle logerait. Et bravement elle avait demandé de loger au plus près. Le grand appartement du nord (rez-de-chaussée) qu'avaient eu la maman Toulouse et Madame de Pompadour, menait droit chez le roi par l'escalier secret. Choiseul tremblait qu'elle ne l'eût. Il le faisait dire peu solide. On traînait pour le réparer. Cela piqua le roi. Il trancha, dit qu'elle logerait chez lui.

Madame Adélaïde y demeurait déjà. Mais le roi sur sa tête avait un entre-sol, bien mal famé du temps des quatre sœurs. Plus tard, il fut plus sale, étant le logis de Lebel qui y arrangeait des surprises, attrapait des dames au passage. On l'appelait le Trébuchet. La Pompadour s'y cache à ses trois premières nuits. Plus tard, la Du Barry y niche. Étrange colombier, digne de telles colombes, mais, ce semble, impossible pour une telle dame, une telle veuve. La mettre chez Lebel ! le mot seul fait horreur. C'était braver toute pudeur, risquer de reproduire pour la pauvre princesse les bruits qui par deux fois coururent sur Adélaïde elle-même.

La Dauphine n'était pas une enfant. Elle savait assez par son père, son grand-père (publiquement amants de leurs filles) que les rois ne respectent rien. Elle obéit pourtant. Ses meneurs qui, pour la bonne cause, venaient de faire un faux, n'eurent pas plus de scrupule ici. Ils la poussèrent, au nom de Dieu, mais surtout par sa passion, son ardeur d'accomplir ce qu'avait voulu le Dauphin, de le faire (tout mort qu'il était) vaincre, triompher et régner.

Depuis octobre (dixième mois de veuvage) tout semblait arrangé. Elle suivait le roi partout, en voiture, à la chasse, même en janvier, fort rajeunie, brillante. Déjà elle faisait son futur ministère. Elle dit à Nicolaï : « Vous serez grand aumônier et cardinal. Votre frère a les sceaux. » D'Aiguillon remplaçait Choiseul.

La chute de celui-ci semblait certaine. Un coup imprévu changea tout. Le 1er février (à son treizième mois de veuvage), la Dauphine un matin tombe en syncope *et elle a une énorme perte.* L'accident est ainsi précisé dans la note que Richelieu, homme de la Dauphine, dicta lui-même, et qui plus tard fut imprimée par Mirabeau, réimprimée par Soulavie, *Louis XVI*, I, 305-324.

Ce pauvre corps, gros, mou, sanguin, s'affaissa tout à coup. Si longtemps immobile près du Dauphin, si mobile depuis chez le roi, dans les courses, les chasses, les secousses de voitures rapides, elle avait pu être blessée.

Tronchin, qui était avec elle, descendit chez le roi, lui dit que cette crise n'était pas naturelle. Elle venait de boire son chocolat. Madame Adélaïde dit qu'elle était empoisonnée. Elle tira de ses cassettes un contrepoison qu'elle portait partout avec elle. Du 2 au 12 elle fait elle-même le chocolat de la Dauphine, qui meurt pourtant. On l'ouvre. Nul poison apparent. Grande dispute entre médecins. Sénac dit : « *accident* », Tronchin soutient « *poison* ». C'était la version préférée de la Cour, du roi, d'Adélaïde. On disait que certains poisons tuent sans laisser de traces. Tout à coup on ne dit plus rien. Mais ce qui saisit d'étonnement, ce fut de voir cette violente Adélaïde elle-même reculer, se dédire, ou du moins se taire. Elle vit que Choiseul resterait, elle le ménagea, désirant à tout prix avoir l'éducation du petit Louis XVI, tenir l'enfant et l'avenir. On l'amusa ainsi pour lui fermer la bouche. Et puis, on l'attrapa. L'enfant fut donné à la reine. Elle aimait peu sa fille. Choiseul sut faire agir ses Jésuites polonais, les sots meneurs de la vieille malade, qui, du reste, vécut peu de temps.

De plus en plus suspect, haï du roi, Choiseul (chose bizarre) paraissait s'affermir. A la mort du Dauphin, quoiqu'on crût au poison, le roi n'osa souffler. Il s'était enfermé. Choiseul perça à lui. Surpris de son audace, le roi très faiblement dit : « *regretter peu* le Dauphin, mais bien l'opposition qu'il avait faite au Parlement ».

La Dauphine mourant, le roi fut accablé, mais ne fit nulle enquête. Il ordonna seulement aux médecins des études, des recherches sur les poisons.

S'il osait quelque chose, c'était en grand secret. Il fit sous main une pension très forte à son Éon de Londres, qui avait dénoncé les Choiseul comme empoisonneurs. (Voy. *Gaillardet, Boutaric.*)

De plus en plus, il vivait comme un rat, sous terre et se cachant, recherchant les ténèbres. Il prit le Parc-aux-Cerfs en haine. Il voulut quelque temps tromper la police des Choiseul, il essaya des moyens d'Orient, d'avoir dans certain trou (la chambrette près de la chapelle) de ces petits mignons, qui permettent l'absolu secret. Il acheta un enfant de neuf ans, et jusqu'à treize au moins le tint dans ce sépulcre. Il nourrissait, soignait, comme un petit animal domestique, la gentille créature (c'était une fille). Nulle femme de service. Il la servait lui-même. En même temps il lui faisait l'école et lui apprenait ses prières, gâtait, grondait, caressait, corrigeait. Étrange éducation, dévote et libertine. L'enfant s'en irritait, lui disait parfois : « Je te hais. » Par cela même le petit lion en cage l'attacha fort, si on doit en juger par la fortune qu'il lui fit (*Richelieu*).

Mais l'enfance était tout dans ce honteux mystère. Elle grandit et fut femme un matin, enceinte. Il ne voulut plus la garder.

CHAPITRE X

Fin des Choiseul. (1767-1770.)

Si bien assis, si fortement planté, Choiseul, de plus, était ancré ici par deux câbles, Vienne et Madrid.

Marie-Thérèse aimait tellement Louis XV, tellement notre France, que, ne pouvant elle-même les épouser, elle brûlait de leur donner sa fille, toutes ses filles, si elle eût pu. Elle en avait de grandes et de petites, au choix, depuis vingt-cinq ans jusqu'à douze, pour le roi, le Dauphin, et tous nos petits princes. Elle mit sa Caroline à Naples (1768). Si le roi, à cinquante-huit ans, eût voulu une grande personne, il y avait Marie-Élisabeth. S'il aimait plutôt les enfants, il y avait Marie-Antoinette, une blondine à qui on envoya d'ici un précepteur et qu'on élevait expressément pour être reine de France, dans nos goûts, nos futilités.

Choiseul était donc cher, nécessaire à Marie-Thérèse. Mais la haine, autant que l'amour, peut lier, plus encore peut-être. La haine l'unissait à Madrid, la vengeance que Charles III voulait tirer de l'Angleterre. Dès le lendemain de la paix, Choiseul lui envoya des gens pour lui faire des canons. Il était impossible de mieux avertir les Anglais.

Non moins indiscrètement, il eut la fatuité d'endosser le rôle insolent d'ennemi personnel du grand Frédéric. Quelqu'un demandant l'auteur des vers outrageants à ce prince (vers qu'on fit faire à Palissot) : « L'auteur ? dit Choiseul, mais c'est moi ! »

Attitude bien peu politique, mais dont l'impertinence hardie ne déplaisait pas à la France. — A ce point qu'aujourd'hui encore l'histoire traite fort doucement ce fidèle agent de l'Autriche.

Cette tactique, qui lui réussit tellement dans l'opinion, en faisait un scabreux et dangereux ministre, qui, parlant toujours de la guerre, de la descente en Angleterre, de surprendre et brûler Carthage, risquait de nous perdre nous-mêmes.

Grisant incessamment l'Espagne, il pouvait fort bien être pris à son propre piège, être engagé (lui et la France) dans un coup de tête espagnol, — et cela si peu préparé, ruiné, en pleine banqueroute !

Ces vanteries guerrières allaient juste au rebours du mouvement économique qu'il prétendait encourager. Les réformes agricoles, les sociétés d'agriculture (Voy. *Doniol, Bonnemère*, etc.), demandaient de la confiance dans la paix. La pauvre France avait besoin, grand besoin de se reconnaître et de se refaire quelque peu.

Mais quoi que fût Choiseul, il avait l'opinion, la

presse, les salons, Ferney. Cela le rendait impeccable. D'une sécurité étonnante. Choiseul, sa sœur, avaient l'absolution d'avance dans leurs actes les plus risqués. A tout on mettait la sourdine.

Un coup d'État contre une femme, l'emploi de la toute-puissance dans une vengeance d'amour, en tout temps c'est chose odieuse. On la passe à Choiseul. Il poursuivait sa belle-sœur, la jeune femme de son frère Stainville. Repoussé, il la fait prendre (sous prétexte de mauvaises mœurs), en pleine Cour, en plein bal, par les exempts, comme une fille, et enfermer pour toujours au couvent, en correction.

Tout ce qui, plus tard, compromit tellement Marie-Antoinette, fut accepté patiemment de Mme de Grammont. Elle gouvernait son frère, Julie la gouvernait (Voy. *Dumouriez*), Julie fut reine de France.

Les dames, excédées des bavards et des hommes qui n'étaient guère hommes, s'étaient dit : « Plus d'amants, car c'est abdiquer. » (*Lauzun.*) — Elles croyaient rester indépendantes en s'en tenant aux petites amies, ayant dans l'intérieur quelque bijou discret, qui couvrait, cachait leurs faiblesses. Ici, ce fut tout le contraire. Mme de Grammont eut un maître dans la friponne qui impudemment l'affichait.

Mademoiselle Julie, loin d'être, comme les autres, aux petits cabinets, tenait appartement, un entre-sol à elle, et un bureau à tout venant. Dans le bureau trônait son petit chien. Bête adorée, idole, à qui les plus huppés faisaient la révérence. On lui faisait des vers. On s'ingéniait à deviner ce qui plaisait au chien, à la maîtresse. La voyant soucieuse, un Italien trouva que dans ses chiffons elle avait des billets de notre défunt Canada (et pas moins d'un demi-million). Vrais chiffons, papiers de rebut. On offrit de les lui changer pour d'excellents billets de Gênes. Il suffisait qu'elle agît près de Mme de Grammont pour qu'on secourût les Génois contre la Corse révoltée. Le projet plut; la sœur prit feu et enflamma le frère pour deux vilaines choses : tromper Gênes, écraser la Corse. On fit si bien que les Génois épuisés, endettés, furent trop heureux finalement de céder cette Corse, si peu utile et funeste plus tard.

Julie, lancée dans les affaires, en fit plus d'une. Par elle et son crédit, M. de Penthièvre put faire le désiré mariage de sa fille avec Orléans, faire cet entassement de deux fortunes colossales, énorme, dangereux; un roi d'argent auprès de Louis XVI, un centre provisoire, un foyer de révolution.

Mais l'affaire où Julie éclata tristement, ce fut le procès de Lally.

Lally-Tullendally. La France, étourdiment, a souvent employé des fous sauvages ou intrigants, héros écervelés ou fourbes, comme les O'Reilly, Lally, d'Irlande, comme le Stuart (Sobieski), les Ornano de Corse, qui faillirent être rois de France vers 1632. Gens dangereux, brillants, nés pour la gloire et les chutes finales, pour faire miracle et nous casser le cou.

Lally, superbe à Fontenoy, n'en fut pas moins un

homme né tristement et de mauvais augure, marqué du sort d'avance. Par ses vertus et par ses vices, probité, dureté, brutalité et fureurs folles, dès l'arrivée dans l'Inde, il se brouille avec tous, insulte tous, perd tout. Il était prisonnier à Londres quand il sut qu'on le menaçait à Paris. Il se fait renvoyer prisonnier sur parole, apporte ici sa tête. L'intérêt de Choiseul, pour excuser les fautes de sa Guerre de Sept-Ans, était certainement de se rejeter sur Lally, de le perdre. L'ennemi capital de celui-ci avait épousé une Choiseul. Le ministre eût voulu que le procès se fît au Parlement, mais craignait la présence, l'énergie de Lally; il voulait l'éloigner. Mme de Grammont ne le lui permit pas. On disait dans Paris que Lally, revenant de l'Inde, lui avait donné des diamants; cela voulait dire *à Julie*. La dame était fort nette. Elle court chez son frère, s'emporte, exige que Lally soit arrêté. Choiseul en signe l'ordre, en faisant avertir Lally. En vain. Notre Irlandais va droit à la Bastille.

Dès lors il est perdu. Tant de gens ruinés avec la Compagnie des Indes entourent le Parlement. Ces magistrats, si ignorants et des choses militaires, et de l'Inde, et de tout, n'en trouvent pas moins que Lally a trahi les intérêts du roi. Trahi? Est-ce par erreur ou par sottise?

Horrible fut le jugement. Quand on lui lut ce mot, *trahi*, il entra en fureur, prit un couteau, se poignarda. Il ne put se tuer. On l'emmena hurlant; on lui mit un bâillon, on le mit dans un tombereau, on le frappa, on le manqua ; enfin on lui scia la tête (1766).

La tête de Lally était le seul acompte qu'on pût donner à la misère publique, aux enragés de l'Inde et aux désespérés du Canada, aux rentiers faméliques, qui, d'époque en époque, toujours ajournés, se mouraient. Depuis 61 et la petite banqueroute de Silhouette, Choiseul remit tout à la paix (63). A la paix, rien. Il remit tout à l'an 1767. Et alors rien. Il remit tout à 69, où vint Terray, l'exterminateur général. Et Choiseul s'en lava les mains. Il tomba à merveille, populaire, accusant Terray, lequel ne fit pourtant que la banqueroute de Choiseul.

L'honneur pour celui-ci ce fut d'avoir eu l'art de manier le Parlement, de le faire tourner à sa guise. Féroce pour Lally, féroce pour le petit La Barre dont il confirma la sentence, le Parlement, pour Choiseul, fut très doux. Qu'on le consultât en finances et qu'on prît chez lui les ministres (Laverdy, Terray, etc.), cela le calmait fort. Dans les remboursements, si ajournés, si difficiles, on remboursait d'abord le Parlement. Choiseul, en retour, en tira la déclaration si nouvelle : « Qu'en le roi seul était tout le pouvoir législatif. » Le roi (1766), put solennellement proscrire l'union des Parlements, se faire même apporter de tous les Parlements de France leurs registres et biffer les mots prohibés de sa main.

Pour le dehors, Choiseul fut moins habile. Tenu par Vienne, il croyait la tenir. Jamais il ne prévit que Vienne, cette mortelle ennemie de la Prusse, s'arrangerait à son insu avec la Prusse et la Russie dans l'affaire de Pologne. Il dit d'abord avec son ton tranchant : « C'est loin, très loin de nous. Eh! qu'importe à la France! » Puis il dit : « Nul accord possible entre les partageants. » Puis, il s'inquiéta, encouragea les résistances, envoya des secours minimes et dérisoires. (*Boutaric*, I, 145, 155.) Il souleva les Turcs, mais ne put faire bouger l'Autriche.

Où se réfugia la Pologne? Précisément dans le principe catholique qui l'avait perdue. La Confédération de Bar donne beau jeu aux hypocrites envahisseurs qui reprochaient l'intolérance aux Polonais[1]. Menée par des évêques, elle jure le triomphe du Catholicisme, son maintien exclusif contre les protestants (1768). Qu'arrive-t-il? Un tiers sans scrupule viendra prendre sa part. Le jeune empereur Joseph II, sectaire de Frédéric et de nos philosophes, entrera en Pologne. L'Europe protestante, et l'Angleterre en tête, applaudit au partage. L'Angleterre, tout à l'heure, empêche

---

1. Dans l'*Histoire de Pologne* des deux Mickiewicz, pleine de faits nouveaux, d'idées grandes et profondes, je trouve une fort bonne note qui éclaire l'affaire obscure des *dissidents* (p. 433). C'était uniquement les calvinistes et luthériens (et non les grecs, réunis à l'Église romaine). Les *dissidents* n'étaient nullement en servitude, comme le disaient la Russie et la Prusse. Ils avaient deux cents églises et la parfaite liberté du culte. Ils occupaient des grades dans l'armée. Mais on les excluait des charges. *On leur refusait le droit de voter*. Dans un pays où le *veto* d'un seul arrêtait tout, il semblait dangereux de faire voter des gens qu'appuyait l'étranger. (*Mickiewicz*, 1866.) — J'insiste peu sur cette grande affaire. Elle absorberait mon récit. Et je dois avant tout tenir ferme et serré le fil intérieur de la France. — Pour la même raison, j'ai peu parlé de la suppression des Jésuites, m'en rapportant à tant d'écrits qu'on a faits là-dessus, spécialement à celui d'Alexis de Saint-Priest. Pour bien comprendre la scène principale, celle d'Espagne (1766), il faut se rappeler ce que j'ai dit dans une note du premier chapitre (1758), sur leur complot pour notre Infante et pour faire croire Charles III bâtard adultérin et fils d'Alberoni.

à main armée les faibles tentatives de la France pour les Polonais.

Myope vers le Nord, Choiseul vit-il clair au Midi? Il y eut deux succès, deux conquêtes faciles, qui eurent pour sa ruine d'incalculables résultats. Il prit Avignon, prit la Corse.

Clément XIII, irrité du renvoi des Jésuites d'Espagne, de Naples et de Parme, s'en prit au plus faible des trois, à notre Infant de Parme, lança l'excommunication. Choiseul en prit prétexte pour venger les Bourbons. Il saisit le Comtat (juin 1768). Et, presque en même temps, jetant toute une armée en Corse, il s'en empara en trois mois (juin 1769) : méprisables conquêtes. Avignon, saisi pour un jour. La Corse, possession précaire, si peu sûre pour la France toujours secondaire en marine, à qui la mer peut se fermer demain.

Cette petite Corse, méchant « rocher sanglant » (*Notes de Louis XVI*), exaspéra l'Anglais et lui fit faire une énorme sottise. En haine de Choiseul et des Turcs, il seconda, exalta la Russie. Du fond de la Baltique, il prend sa flotte en main, l'accueille dans ses ports. Londres était russe pour ses bas intérêts (les suifs, cuirs et goudrons). L'Europe applaudissait. Les Russes vont délivrer la Grèce. Voltaire crie : « Bravo! Salamine! Victoire! Résurrection d'Athènes! » Remorqué par l'Anglais, le bas coquin Orloff, l'étrangleur de Pierre III, détruit la flotte turque à Tschesmé (juillet 1770). L'Anglais a eu le beau succès d'avoir fait de la Russie une glorieuse puissance maritime.

La nouvelle, à l'instant portée en Allemagne, trouve Frédéric et Joseph II en conférence, en amitié. Deuxième défaite pour Choiseul. Ses Turcs sont écrasés, son Autriche lui tourne le dos.

Sa troisième défaite est en France. Le compte de la Guerre de Sept-Ans, remis à 63, remis à 67, irrémissiblement l'accable en 69. Les banquiers de la Cour n'avancent plus un sou. La catastrophe arrive, la banqueroute, accomplie par Terray. Quelle banqueroute? celle de Choiseul. Impudemment il crie contre Terray, et Terray peut répondre : « Vos quinze cents millions de la Guerre de Sept-Ans (Voy. *Voltaire*), soixante-quinze millions donnés à Vienne, c'est la banqueroute d'aujourd'hui. » Dans cette même année 1769, Choiseul payait encore son tribut à l'Autriche. Il fait avec Terray comme un homme qui, ayant encombré la place d'ordures, crie haro sur le balayeur.

Le pis pour celui qui avait si bien surpris l'opinion, c'est qu'elle risquait fort de lui échapper un matin. Visiblement il n'avait rien prévu, et Vienne s'était moquée de lui. Le moqueur, le *méchant*, drapé en scélérat, allait tout bonnement paraître un innocent.

Sans la guerre il était perdu, c'était sa dernière chance. Il nie qu'il l'ait voulue. Mais ses actes, sa situation, son intérêt visible, pèsent beaucoup plus que ses paroles.

De longue date il préparait la guerre. Il aigrissait l'Anglais. Il payait sans mystère les aboyeurs de Londres et ses faux patriotes. Lord Rochefort, récla-

mant pour la Corse, n'en tire qu'un mot impertinent :
« Qu'il ne ferait pas un seul pas, dans sa chambre
même, pour rassurer l'Angleterre là-dessus. »

Parler ainsi, braver la guerre, quand on est sans
ressources, quand on est arrivé, de délai en délai, à
la dernière culbute, faire en pleine banqueroute le
bravache insolent, cela se comprend-il? Il avait, il
est vrai, fait des vaisseaux, mais nullement refait la
marine. Il avait en espoir la révolte des États-Unis,
mais révolte future, lointaine, éloignée de six ans, et
qui viendrait trop tard. Il était sûr d'avoir du premier
coup des revers effroyables. Il n'en allait pas moins,
poussait, précipitait l'Espagne à se perdre, à nous
perdre, à entraîner la France. Cette fureur s'explique
par l'intrigue intérieure de Versailles, où Choiseul,
la Grammont étaient précipités, s'ils ne mettaient
l'Europe en feu. Mais la paix triompha par un sauveur
étrange. La France fut sauvée de la guerre par la
Du Barry.

CHAPITRE XI

La Du Barry. — Mort de Louis XV. (1770-1774.)

On a vu que la Pompadour, et plus anciennement la De Prie, avaient été de pures spéculations, arrangées et créées par la Banque, la haute finance. Il en fut à peu près de même pour celle-ci. Elle fut inventée, exploitée et soufflée par un escroc gascon, le joueur Du Barry.

Richelieu, son patron, entra d'autant plus en ceci qu'il sentait deux dangers. Choiseul pouvait pousser le roi à se remarier, à prendre un de ces anges blonds (comme en eut tant Marie-Thérèse), qui eût éternisé Choiseul et l'influence de l'Autriche. Le roi pouvait aussi mourir. Et il en prenait le chemin. Après la mort de la Dauphine, il eut comme un accès de peur, crut sentir là la main de Dieu. Mais après il eut un retour de fureur libertine, qui tournait au Tibère. On parle de dames forcées, surprises par des drogues érotiques, de quatre jeunes religieuses, livrées toutes à la fois au caprice impuissant. Si tout cela est vrai, il courait à la mort. Ce fut en Richelieu un vrai coup de génie de couper court, vendre le Parc-aux-Cerfs, de deviner qu'après tant de raffinements, une chose pouvait agir encore, quelle? la vie naturelle, tout simplement monogamique, une bonne fille, le rire et la joie.

La fille n'avait pas moins de vingt-cinq ans, avait tout traversé. Il n'y paraissait pas. Vendue, revendue dès l'enfance, insoucieuse, elle avait l'air d'avoir ignoré tout cela, ou du moins oublié. Elle n'eut pas ces hontes, ces retours, ces aigreurs, qui gâtent la fille de joie, la font triste comme un cimetière. Elle resta sereine, admirablement gaie et bonne[1], pour faire plaisir à tout le monde, aimer tout le genre humain.

Mi-Lorraine et mi-Champenoise, mais amenée très jeune, c'était une enfant de Paris. Cela se sent du premier coup au fameux buste du Louvre. Cette petite crânerie à relever ainsi la tête ne se voit guère qu'ici. Elle est bonne, elle est gaie, jolie (quoique Walpole assure qu'on ne l'aurait pas remarquée). Pour vingt-cinq ans elle est un peu mesquine et de formes peu riches. Si elle était plus femme, sa vie eût

---

[1]. Elle était vraiment bonne. Brissot en conte un trait charmant. En 1778, quand Paris et la France s'étouffaient à la porte de Voltaire, Brissot, alors fort inconnu, un pauvre auteur mal mis, n'avait pu pénétrer, s'en allait tête basse. « A ce moment, dit-il, une jeune personne éblouissante sort, voit ma triste mine, s'émeut, me dit : « Monsieur, que vouliez-vous? — Voir M. de « Voltaire. — Eh bien, dit-elle, je remonte; j'obtiendrai qu'on vous fasse « entrer. »

laissé trace. C'est un gamin plutôt, un gentil petit polisson, bon diable, en train de rire. Sa figure n'est pas libertine ni menteuse, ni impertinente, mais joueuse et espiègle, ayant la malice à coup sûr et tous les menus vices des enfants des rues de Paris. Elle n'a pas besoin, comme nos fausses bacchantes, de singer la folie. Elle sera suffisamment folle, ayant pourtant une petite tête pour être folle à point, délirer à propos.

Elle naquit bien bas. Le nom carnavalesque de sa mère est dans Rabelais, petit nom de guerre abrégé, la Bécu[1]. Quel père? le savait-elle? Tels en font honneur à un moine, tels à un cuisinier. Je tiens pour celui-ci. Elle n'a rien d'obscène, mais la lèvre friande. Elle dut naître en quelque cuisine un jour de Mardi gras. Habillée en garçon, coiffée du blanc bonnet, elle ferait penser à ce charmant Lulli, le petit pâtissier.

C'était à table qu'il fallait la montrer. Là elle avait tout son essor. Richelieu et Lebel la firent souper entre eux. Le roi regardait par un trou. Lui qui ne riait pas, qui voyait si peu rire dans son palais maussade, il fut surpris et stupéfait... C'était la Joie vivante, la libre liberté, et des élans et des éclats... Dans son ravissement, il veut la voir de près. Nul embarras, nulle gêne; rien ne l'étonne; chez lui, elle est chez elle, aussi gaie, aussi folle. Lebel est effrayé lui-même de voir le roi pris à ce point pour une fille. Le roi n'en tient compte. Il la fait dame, la titre, la marie.

La grosse affaire, c'étaient Mesdames, si sévères, si

---

[1]. MM. de Goncourt ont retrouvé ce nom. Tout ceci chez eux est fort curieux, très neuf, fondé sur des pièces précieuses, des mss., etc.

collet-monté. Le roi avait déjà eu des *filles*. Mais celle-ci faisait tant de bruit! Tout Paris la chantait. Choiseul, avec sa sœur, avait organisé une batterie terrible de chansons contre elle et le roi (*La belle Bourbonnaise, la maîtresse de Blaise*, etc.). Honte! scandale! horreur!... On raisonna Mesdames. On leur cita l'Ancien, le Nouveau-Testament, où l'on voit que le ciel prend bien bas ses élus. C'est Raab, c'est Jahel (les Du Barry d'alors), qui sauvèrent le peuple de Dieu. Plus l'instrument est vil, et plus la main d'en haut visiblement éclate. Une chose de plus dut trancher pour Mesdames : c'est que le roi vivrait bien plus, se réduisant à celle-ci.

On attendait, on était en prières pour qu'Esther triomphât d'Aman. Dans un souper de prêtres, l'un dit : « Messieurs, buvons à la Présentation! — Quelle? C'est demain la Chandeleur, où l'on présente au Temple Notre-Seigneur... S'agit-il de cela? — Point. Je dis la présentation de la nouvelle Esther qu'on fait aujourd'hui à Versailles, et qui va nous sauver l'Église » (*Mss. Hardi, Goncourt*, II, 129).

On la trouva non seulement charmante, mais décente et plus modeste que bien des femmes de Cour. A la messe où elle parut, il y eut nombre d'évêques. Chose plus forte, elle fut reçue chez Mesdames, à leur concert spirituel, reçue chez leur élève, leur enfant, le Dauphin, qui donnait un concert aussi.

Choiseul se rabattait du côté du Dauphin, voulait s'en emparer. N'ayant pu marier le roi, il imposa, il exigea que le mariage tant promis eût lieu aussi, que la petite fille élevée tout exprès pour la France ne restât pas à Vienne. On céda. Elle vint. Le fatal mariage de Marie-Antoinette se fit dans une fête tragique du plus sinistre augure. Quel résultat? aucun pour Choiseul. Au contraire. Sa sœur, qui s'échappait en outrages pour la Du Barry, reçut ordre du roi de ne plus paraître à la Cour.

Elle mit son exil à profit, courut les Parlements, hardie solliciteuse. Et contre qui? contre le roi, arrangeant un procès où indirectement il aurait été l'accusé.

Choiseul, contre son maître, avait gardé des armes, pour l'effrayer au moins. Il avait pris doubles précautions, et défensives et offensives :

Défensives. C'était de lui faire signer tout, jusqu'aux mesures hostiles qu'il prenait contre le roi même (on l'a vu dans l'affaire d'Éon). « Le roi n'est pas mineur. Lui seul a tout voulu, tout ordonné, tout fait. » (Choiseul, *Mém.*, I, 93-94.)

Autres précautions très directement *offensives*, Richelieu dit qu'au moment trouble où le roi perdit le Dauphin, Choiseul en profita pour tirer de lui contre lui une pièce accablante, où il se diffamait lui-même. D'Aiguillon et Calonne tenaient La Chalotais; avec de fausses pièces, ils croyaient l'égorger; le bourreau était prêt. Choiseul fit dire au roi, au bas d'un mémoire de Calonne, « qu'il l'avouait, que celui-ci n'avait rien fait *que par ses ordres* ».

Le roi, compromis à ce point par ce mot imprudent, ayant l'air de faire corps avec ces faussaires assassins, resta fort tristement en cause. Lorsque le Parlement fit le procès à d'Aiguillon, lorsque, encouragés par Choiseul, de Bretagne à Paris vinrent dix-huit cents Bretons, pour témoigner et l'accabler, le roi, pour ainsi dire, était coaccusé, lui qui avait couvert Calonne, agent de d'Aiguillon.

Autre affaire plus cruelle, qu'avait en mains Choiseul, vrai poignard dans les reins du roi.

Les mauvaises récoltes qui commencèrent en 67, amenant la cherté, le peuple en accusait l'exportation, l'agiotage sur les blés. Le roi était associé à une compagnie, qui, d'abord honorable, tourna aux plus vilains trafics, aux plus coupables monopoles. Le Parlement de Rouen attaqua les monopoleurs. La Cour arrêta les poursuites. Et le Parlement insistant dit que là on avait encore reconnu le pouvoir. Soufflet hardi, et encore aggravé par l'ironique explication : « A Dieu ne plaise, Sire, que nous ayons pensé à vous! »

Arme terrible pour Choiseul. Versailles en dut pâlir, quand la discussion de Rouen passa à Paris, reprise ici par notre Parlement, sur ce volcan si inflammable, au terrain brûlant des révoltes.

Choiseul, à ce moment, faisait un coup hardi qui tranchait tout, lançait la guerre, et pour longtemps, ce semble, le rivait au pouvoir. Écrivant seul au roi d'Espagne, sans l'intermédiaire des commis, il lui fit sauter le grand pas, tirer l'épée contre l'Anglais, et dès lors entraîner la France.

Stupeur profonde ici. Le roi entre deux peurs, peur de la guerre et peur du Parlement, n'aurait rien fait du tout. On vit là ce que c'est qu'un enfant de Paris. La folle, la rieuse, exploita sa peur même, l'augmenta pour le rendre hardi. Elle avait acheté le *Charles I*[er] de Van Dyck. Le montrant, elle dit : « Vois-tu ce roi? *la France!...* Eh bien! ton Parlement te fera couper la tête aussi. »

Maupeou, Terray, deux têtes fortes, étaient derrière, et la faisaient parler. Ils savaient au plus juste ce qu'on pouvait oser. Le roi ayant imposé le silence sur d'Aiguillon, et le Parlement s'en moquant, le roi, le 3 septembre, vint enlever les pièces. Le 24 décembre, il exila Choiseul. La nuit du 20 janvier il enleva le Parlement.

Heureux Choiseul! il tombe dans la gloire! Il a l'air d'emporter les libertés publiques. Il tombe à point, à temps pour esquiver l'horreur de la ruine publique, la banqueroute qu'il a préparée.

Sa chute est un triomphe. Toute la France va s'écrire chez lui. Tout court à Chanteloup. Les habiles envisagent le roi vieux et usé, et la jeune dauphine autrichienne dont Choiseul (on n'en doute) sera premier ministre.

Le roi, dans son courage de renverser Choiseul, fut très timide encore. Il eut peur de la voix publique, peur des révélations qu'il pouvait faire, et qu'il ne fit que mieux, les livrant à la foule de ses visiteurs innombrables, leur disant à tous à l'oreille ce qu'il voulait faire répéter. Non sans raison, d'Aiguillon se demande si le roi n'eût pas risqué moins à mettre Choiseul en jugement.

Le Parlement était peu regrettable. Dans ses cruels procès des derniers temps, il s'était fort souillé. Doux pour Choiseul qui lui donnait les places, doux pour Terray qui le ménagea seul dans l'universelle ruine, il se soutenait peu dans sa vieille voie d'austérité. Il n'avait pu rien faire, rien empêcher, ni les guerres de ce règne, ni la ruineuse banqueroute, ni l'asservissement à l'Autriche. Il tua les Jésuites, mais tard, et quand ils étaient morts.

On en peut dire une seule chose, assez grave au fond : *Il parlait.* Il prêtait une voix officielle à l'opinion. Parlage utile qui l'avança parfois; mais funeste pourtant, s'il devait à jamais faire qu'on s'en tînt à des paroles, et que jamais la France ne fît sa vraie constitution.

La révolution de Maupeou, louée et saluée de Voltaire, fut approuvée très haut par un sérieux juge, qui eût voulu la maintenir, par l'irréprochable Turgot. Elle rend la justice gratuite. Elle supprime la vénalité des charges, réduit le ressort immense du Parlement de Paris, qui comprenait Arras et Lyon, imposait des voyages immenses et ruineux aux plaideurs, et les faisait attendre des années.

A regarder les choses froidement, on peut dire que la révolution avait été heureuse.

Elle brisait la chaîne qui nous rattachait à l'Autriche. D'Aiguillon, tant haï et méprisé qu'il fût, eût voulu revenir au système français, à la tradition de son grand-oncle, le cardinal de Richelieu.

D'Aiguillon dit de la Pologne : « Qu'y pouvais-je ? C'était trop tard. Il eût fallu agir depuis longtemps. Tout était impossible dans l'état où Choiseul laissa la France, ruinée, épuisée pour l'Autriche. » (Voy. *Mémoires d'Aiguillon*.)

Quoi qu'on pût faire alors, tout gouvernement était sûr d'être d'avance condamné, moqué, maudit, flétri. De Maupeou, d'Aiguillon, de Terray, on ne voulait rien, on n'acceptait rien. Leur ministère semblait un moment de passage, un carnaval malpropre où l'on ne pouvait se mêler. On ne voulait y voir qu'une fille flanquée de trois fripons.

Maupeou eut beau chercher. Pour sa magistrature, il trouva peu de gens honnêtes. Ceux qui l'auraient été, ayant endossé cette honte de se rattacher à Maupeou, se découragèrent, se salirent. Plus on les méprisa, plus ils furent méprisables. Paris accueillait tout contre eux. On lut avidement les amusants Mémoires où Beaumarchais soutint avoir corrompu un des leurs. Ce Figaro, lui-même équivoque intrigant, puis spéculateur éhonté, justement étrillé plus tard par Mirabeau, Éon, etc., fut cru comme Évangile, quand il servit la haine, le mépris du public pour les magistrats de Maupeou.

D'Aiguillon avait eu cependant un succès qui aurait relevé tout autre. Tirant de la disgrâce un homme très capable, Vergennes, il l'envoya en Suède et y fit la révolution. La Russie et la Prusse comptaient sur l'anarchie qu'entretenait le sénat; déjà sur le papier ils se partageaient la Suède. (*Geffroy*, d'après les *Archives de Suède*.) Avec notre Vergennes et un peu d'argent de la France, la royauté y fut rétablie par Gustave, le partage empêché. Ce fut le salut du pays (1773).

D'Aiguillon avait fait quelques ouvertures à la Prusse. Cela venait bien tard. Depuis un quart de siècle, Frédéric, délaissé par nous, puis si âprement attaqué, avait pris son parti, laissé là le haut rôle de héros, pactisé avec la barbarie, adoptant sans retour la *via mala* des voleurs. Son affaire, à cette heure, était d'y enrôler l'Autriche, de forcer la pudeur de la vieille Marie-Thérèse, dont la dévotion avait honte de voler sur des catholiques. Malgré ses confesseurs qui la rassuraient là-dessus, « elle pleurait terriblement, dit Frédéric. Mais plus elle pleurait, et plus elle prenait de Pologne. Il fallut qu'on lui fît sa part. »

Tout l'usage que fit Frédéric des ouvertures de d'Aiguillon, ce fut d'en parler à l'Autriche. Celle-ci trouva là un prétexte pour s'excuser d'entrer dans le partage, quand, tout étant réglé, elle nous fit le honteux aveu.

Le roi n'ayant rien fait, et ne voulant rien faire, n'en fut pas moins blessé. Il avait toujours cru (comme Louis XIV) mettre là un des siens. La Cour, d'après le roi, parut fort indignée. Il fallut faire semblant de vouloir quelque chose. Aiguillon faisait mine de rassembler des troupes, et menaçait l'Autriche aux Pays-Bas. Il réunit à Brest, il arma une flotte. Tout cela peu utile, d'un pitoyable résultat. Les Anglais défendirent à cette flotte de sortir; même outrageusement, leurs frégates, à Brest, à Toulon, entrèrent, pour surveiller les nôtres et les faire obéir à l'ordre souverain de Londres !

C'est le point le plus bas où soit tombé la France. La situation tout entière est exposée, mieux qu'en aucune histoire, dans les admirables Mémoires que remit Broglie à Louis XV. (*Boutaric*, I et II.) Mais d'un si triste état quelle est l'explication, le vrai mot qui dit tout? *Banqueroute, épuisement.*

On a des billets de Terray à tel banquier; il le prie à genoux de lui prêter au moins telle petite somme pour les payements du jour. Sans quoi le misérable ne pourrait plus aller, et mettrait la clé sous la porte.

Terray, dans sa première année, avait été fort dur, l'instrument odieux, excusable pourtant, de la nécessité. Par les moyens les plus cruels, il établissait la balance des dépenses et des recettes. Il voulait l'ordre, et il était capable de le faire, mais demandait l'économie. Il n'obtint rien, et il fut entraîné. Il augmente l'impôt, crée des taxes nouvelles. Il double les péages, les droits de greffe et de contrôle, vend les charges municipales. Et avec tout cela, le voilà débordé encore. Le déficit reparaît de nouveau.

En plein gâchis et n'espérant plus rien, on va, on court, on lâche tout. Le parti Du Barry, un monde d'intrigants (Cour, tripot, sacristie), la volée dévorante de ces mouches immondes qui naissent aux lieux fétides, emplit Versailles.. Et chacun pille. — Le roi, comme les autres, a son petit commerce. En bon négociant, il note jour par jour sur son carnet le prix des blés. — Gain rapace et dépense aveugle. — La folle, qui l'est de plus en plus, jette l'argent par les fenêtres. Elle prend, donne, achète au hasard. Mais dans cette furie de dépense, elle est (moins que folle) imbécile, elle radote, veut *une toilette d'or!...* Meuble bête, qui fut commencé, mais la mort du roi l'arrêta.

Cette mort est une comédie. La petite vérole l'ayant pris (à soixante-quatre ans, d'autant plus dangereuse), le débat s'engagea de la façon la plus étrange. Les dévots qui régnaient, craignaient les sacrements, qui auraient effrayé, tué le roi. Les non dévots, par contre, voulaient les sacrements pour envoyer le roi au diable. Richelieu, comme athée, était chef du parti dévot, et ce fut lui qui se chargea d'arrêter au passage l'archevêque de Paris. Il le retint, lui dit : « Monseigneur, s'il vous faut un homme à confesser, prenez-moi, me voici. Et je vous en dirai de belles ! » De Beaumont, qui était un saint, mollit pourtant ici ; il eut peur d'effrayer ce bon roi si utile à la religion, et rengaina ses sacrements. (*La Rochefoucauld, Besenval, Richelieu, G. d'Heilly*, etc.)

Mais le roi les voulut. Il se sentait partir. Il éloigna la Du Barry, communia, mourut fort décemment. Le 10 mai, à deux heures, ce règne de cinquante-neuf ans finit, et la France eut la joie d'avoir perdu le Bien-Aimé (1715-1774).

CHAPITRE XII

Avènement de Louis XVI. (1774.)

Grâce aux récentes publications de Vienne, nous ne parlons plus au hasard, comme on faisait, du mariage de Louis XVI, des années qui s'écoulent avant la mort de Louis XV et des premières du nouveau règne. L'intérieur, dans son plus intime, nous est désormais révélé.

Les deux jeunes époux avaient cela de singulier que lui, né à Versailles, était tout Allemand, comme sa mère. Et elle au contraire, née à Vienne, était absolument Française, ou pour mieux dire Lorraine, comme son père, qui, épousant Marie-Thérèse, devenant Empereur, ne put pourtant jamais apprendre l'allemand. Il était neveu de notre Régent, lui ressemblait au moins par l'amour du plaisir, une légèreté qui passa à sa fille.

Le Dauphin avait le malheur d'avoir des deux côtés, paternel, maternel, un fâcheux précédent de lourdeur et d'obésité. Il combattit cela toute sa vie par l'exercice, la chasse, la fatigue des métiers manuels, le marteau et l'enclume. Il ne devint jamais comme son père un monstre de graisse.

Sous ses formes un peu rudes, le fonds chez lui était la sensibilité, aveugle, il est vrai, et sanguine, qui lui échappait par accès. Morne, muet, dur d'apparence, il n'en avait pas moins quelquefois des torrents de larmes. Quand, coup sur coup, son père, sa mère moururent, il eut ce cri : « Qui m'aimera? » Sa tante Adélaïde l'aimait assez, mais aigre et sèche, elle allait peu à sa nature. Cette bonne nature parut aux tristes fêtes du mariage où cent personnes furent étouffées; il en eut un chagrin profond. Elle parut à l'*entrée* dans Paris qu'il fit plus tard; la joie, la tendresse du peuple, eurent sur lui cet effet qu'il parla à merveille; son cœur dénoua son esprit.

On a vu que Choiseul faisait, *in extremis*, ce mariage d'Autriche pour remonter, durer encore (mai 1770). On mariait le Dauphin malgré lui. La petite fille vint quand personne ne la désirait. Ce que furent l'arrivée et les premiers rapports, un témoin nous le dit, un témoin oculaire, Vermond, le précepteur de Marie-Antoinette. Il y eut des deux côtés un froid mortel, étrange entre si jeunes gens. L'enfant de quatorze ans laissait son cœur à Vienne, et se croyait entre des ennemis. Le Dauphin (de seize ans), bien instruit par ses tantes, ne vit dans sa petite épouse qu'un agent de Marie-Thérèse.

Celle-ci, avec sa passion, son effort ordinaire

pour peser sur ses filles, fit pour son Antoinette ce qu'elle fit auparavant pour sa Caroline de Naples. Elle l'endoctrina fortement au départ, la fit coucher près d'elle aux derniers mois, l'entretenant la nuit du terrible pays de France, où elle allait, lui remplissant la tête de toutes sortes de craintes, de précautions qu'il fallait prendre, faisant enfin tout ce qui pouvait ôter le naturel à cette enfant, créer la défiance contre elle.

La petite était fort troublée. Elle avait une peur extrême du Dauphin, ne permettait pas que Vermond la quittât. Ce redouté Dauphin avait cependant l'air d'un bon jeune Allemand, encore plus embarrassé qu'elle. Le lendemain de l'arrivée, il entre, au matin : « Avez-vous dormi? » C'est tout ce qu'il trouva. « Oui », dit-elle. Vermond était là, un peu éloigné seulement. Le Dauphin brusquement sortit.

Elle montrait beaucoup trop la prudence qu'on lui avait recommandée, ne se fiant à aucune clé, cachant dans son lit même les lettres de sa mère, et par là faisant croire qu'elles contenaient de grands secrets. Elle écrivait le jour où ses lettres partaient, les cachetait au moment même, les envoyait tout droit par l'ambassade. Les innocents cahiers de ses extraits d'histoire (un complément d'éducation), elle n'osait les continuer avec Vermond, « de peur d'être surprise par M. le Dauphin. » (*Lettres de Vermond*, p. 369-370.)

Sa mère, fort maladroitement, par une exigence vaine, lui ménagea une querelle dès l'arrivée. Elle demanda à Louis XV que Mademoiselle de Lorraine, parente de l'Empereur, fût aux fêtes après les Condé, avant les Bouillon, les Rohan, et autres familles titrées. Vive, très vive résistance de tous ces gens, qui, blessant la Dauphine, se crurent dès lors en guerre avec elle, furent ses ennemis.

Son aimable figure et sa vivacité d'enfant avaient plu fort au roi. Elle n'avait nullement déplu à Mesdames. Raisonnablement elle inclinait de ce côté, attirée spécialement par la bonté de Madame Victoire. Elle y allait trois fois par jour (*Arneth*, p. 13) et elle y voyait le Dauphin. Il était trop heureux que la jeune princesse, isolée, d'elle-même préférât le seul lien sûr, honorable, de Versailles. Mais Mesdames étaient suspectes à Marie-Thérèse. Elle eut le tort très grave d'en éloigner sa fille, qui dès lors suivit sa nature, alla aux jeunes dames, aux rieuses étourdies, aux petites moqueuses, dont sa mère la blâma (trop tard).

La vieille impératrice, qui, malgré elle et en tremblant, entrait dans cette mauvaise action, le partage de la Pologne, aurait voulu que la Dauphine lui ménageât la Du Barry. Mais cette fille, si familière, se fût fait à l'instant amie et camarade. La Dauphine se serait brouillée avec Mesdames, avec son mari même. Ce qui la rapprochait quelque peu du Dauphin, c'était précisément la haine et le dégoût commun qu'ils avaient de la Du Barry.

Autre tort de la mère. N'ayant plus son Choiseul, voyant branler l'alliance française, elle eût voulu à tout prix une grossesse, un enfant, qui raffermît ici l'influence autrichienne. Impatience étrange, inconvenante. Elle en rougit parfois. Puis elle revient à la charge, elle inquiète, tourmente sa fille. De là beaucoup de bavardages, tout le monde au courant de ces secrets du lit. Les courtisans moqueurs, et les femmes de chambre (*Campan*, etc.), ont fort indécemment occupé l'histoire de cela, et aux dépens de Louis XVI, excusant par sa négligence les échappées de la jeune étourdie.

Le gouverneur La Vauguyon eut la première année un motif spécieux de les tenir à part. C'étaient de vrais enfants encore, qui semblaient faibles, lymphatiques. La petite grandit encore pendant deux ans.

Le Dauphin, sans jamais tomber dans les excès de Louis XV, ni boire beaucoup, mangeait à l'allemande, lourdement, gauchement, trop vite. Il avait des indigestions. Elle des diarrhées, coliques, etc. (*Arneth.*, p. 10, 188, 227), souvent les yeux rouges et malades. (*Arn.*, p. 377, et *Soul.*, II, 65.) En deux ans cependant elle engraissa un peu ; sa peau alors fut extrêmement belle ; elle eut l'éclat unique, la splendeur de la beauté rousse. La Du Barry en plaisantait et d'autres, pour en éloigner le Dauphin, par l'idée du défaut des rousses, que Ferdinand de Naples imputait à la Caroline. Antoinette du reste brunit.

Leurs appartements à Versailles étaient fort séparés. Le Dauphin chassait tous les jours, revenait fatigué, dormait (et même à la table du roi). Ce n'était pas le compte de Marie-Thérèse. Le nouveau ministère lui était très contraire. Il croyait (non sans cause) aux espionnages de l'Autriche. Il n'envoyait plus même d'ambassadeur à Vienne. Marie-Thérèse s'en mourait de chagrin, de peur, au partage de la Pologne. La vieille y descend jusqu'à tromper sa fille même, dans ses lettres intimes et secrètes. Le 4 mars, elle signe le partage et le pacte avec la Russie. Le 4 mai, elle écrit à sa fille qu'on la calomnie en disant qu'elle s'allie avec la Russie. (*Arneth*, p. 86.)

Quoique M. Arneth ne donne évidemment que des lettres choisies et triées, ce qui reste est assez honteux. On y voit qu'elle fit de sa fille l'instrument de sa politique. Elle gémit à chaque lettre de ne pas la savoir enceinte. Elle n'ose écrire tout. Mais elle lui dit : « Croyez Mercy (l'ambassadeur), faites ce qu'il dira. » Vermond sans nul doute agissait, avec un Besenval, un fat très corrompu, que Choiseul avait mis comme mentor près de la Dauphine. Stylée par ces honnêtes gens, cette enfant de quinze ans joua un triste rôle. N'ayant nul goût pour le Dauphin, plutôt un peu de répugnance, elle fit les avances et elle obtint le lit commun. On le voit indirectement, mais clairement, dans une lettre du 21 juin 1771 : « Il a pris médecine, mais va bien, et m'a bien promis qu'il ne sera pas si longtemps à revenir coucher. » Cela gagné, tout fut gagné. Le jeune homme, honnête et touché de voir la petite (très fière) mettre la fierté sous ses pieds, sentit son devoir, fut exact et assidu près d'elle. Le 18 décembre, elle espère être enceinte. « M. le Dauphin se fortifie. Il est tous les jours plus aimable, et *il ne manque à mon bonheur* que d'être dans le cas de ma sœur (enceinte); *je l'espère* bientôt. »

Les choses étaient précipitées. C'était le 18 décembre. Le partage de la Pologne fut signé le 4 mars, nié encore en mai, avoué en juillet. La mère eût donné toutes choses pour qu'elle fût grosse auparavant[1].

La Dauphine y avait le mérite de l'obéissance. Car tous ses goûts l'éloignaient du Dauphin. Il était sérieux et s'appliquait, employait sa forte mémoire. Menacé d'être roi, il eût voulu entrevoir les affaires, être admis au Conseil. Il étudiait, en bonne fortune et à l'insu de Louis XV, avec un officier instruit qui lui parlait de guerre et d'administration.

La Dauphine au contraire n'eut aucun goût d'études. Sa mère l'avait fort négligée jusqu'à treize ans (1768), jusqu'à l'année où la mort de la reine de France fit croire qu'on pourrait la faire reine. Elle reçut alors tous les maîtres à la fois, mais n'apprit rien du tout. Ses lettres, ses dessins, que l'on montrait,

---

1. Elle eût fort bien pu l'être. Leurs rapports, sans être complets, pouvaient être féconds ; cela se voit souvent. Les trop zélés apologistes de la reine, pour excuser ses fautes, voudraient nous faire accroire que le roi était froid pour elle et impuissant. Baudeau nous précise la chose (juin-juillet 74). Il avait seulement ce qu'ont souvent les plus robustes chez qui les attaches sont fortes. Nombre d'enfants (Mirabeau, par exemple) ont un petit obstacle analogue, au frein de la langue; on le coupe pour la délier : souvent aussi cela se délie de soi-même. Il n'en fallait faire tant de bruit. Nous n'en parlerions pas si les gens de la reine (*Campan*, etc.) n'avaient adroitement trompé le public là-dessus.

n'étaient pas d'elle. A Versailles, elle était trop distraite ou trop vaniteuse pour refaire son éducation. Vermond s'en désolait. Sa mère lui en écrit en vain. « La lecture, lui dit-elle, vous est plus nécessaire qu'à une autre, n'ayant aucun acquis, ni la musique, ni le dessin, ni la danse, peinture et autres sciences agréables. » (6 janvier 1771, *Arneth*, p. 23.)

Elle n'avait de goût que pour les comédies. Elle en jouait, y remplissait des rôles, faisait Marton, Lisette. Elle riait de l'étiquette, et s'en allait légère cavalcader avec le frère Artois, un petit fou. Ils font des courses à ânes, elle tombe et donne à rire. Elle-même, avec ses dames, rit du roi, un peu du Dauphin.

Elle était très charmante, avec tout cela, point méchante, sensible par moments. A l'*entrée* dans Paris (juin 73), elle a un joli mouvement de cœur pour ce bon peuple ému et tendre, pour son mari aussi, qui a très bien parlé. — « Aux Tuileries, nous ne pouvions ni avancer ni reculer. Au retour, nous sommes montés sur une terrasse élevée. Je ne puis dire les transports d'affection qu'on nous a témoignés. Nous avons salué le peuple avec la main. Rien de si précieux que l'amitié du peuple; je l'ai senti et ne l'oublierai jamais. » (*Arn.*, 89.)

Mais le jour redouté du Dauphin est venu. On lui apprend que Louis XV est mort, qu'il est roi. Il s'évanouit.

Puis, revenant à lui, il s'écria : — « Oh! quel fardeau!... Et on ne m'a rien appris! » (*Baudeau*.)

Le scrupuleux jeune homme était dans un état qu'on peut dire admirable, décidé à marcher dans la droite voie et contre son cœur même. On le vit tout d'abord. Sa grande religion en ce monde, c'était son père. Son unique affection, c'était la reine. Or, ce père, le Dauphin, avait protégé d'Aiguillon, et l'eût gardé certainement. La reine aimait Choiseul qui avait fait son mariage, brûlait de le faire revenir. Louis XVI écarta Choiseul et d'Aiguillon.

A l'ouverture première du secrétaire de Louis XV, il eut un coup au cœur, vit à quel point l'Autriche l'enveloppait, combien il lui faudrait se garder de la reine. Rohan, ambassadeur à Vienne, tout récemment, le 10 janvier, avait averti Louis XV qu'il était vendu jour par jour. Mercy, l'ambassadeur d'Autriche, avait acheté un commis qui lui révélait l'arrivée des dépêches et leur effet au ministère. Il avait acheté à la Cour un seigneur qui l'informait de tout. Le ministre Kaunitz avait nos chiffres, avait copie de nos dépêches de Versailles et des ambassades françaises dans toute l'Europe. Des bureaux, à Liège, Bruxelles, Francfort et Ratisbonne, interceptaient nos lettres, les lisaient au passage (*Georgel*, I, 269-304). L'homme à qui on devait l'importante révélation fut noyé, et bientôt trouvé dans le Danube, exposé avec un billet pour dire qu'il se noyait lui-même. (*Boutaric*, II, 378; *Flassan*, VII, 119.)

Tout cela était clair. Le premier soin de Louis XVI,

ce fut de cacher les papiers relatifs à l'Autriche dans un lieu où la reine n'allait point, la pièce des enclumes, où furtivement il forgeait, près des combles. Seul, libre encore, il écrivit en Suède, il appela de là Vergennes, ennemi de Choiseul, et qui pouvait l'aider à lui fermer la porte solidement.

Autre effort, et très beau. Lui, dévot, ami du clergé et élevé par un Jésuite, il voulait faire ministre l'homme qui devait le moins lui plaire, Machault, la bête noire du clergé. Mais probité incontestée. Le père même de Louis XVI en convenait dans ses papiers.

Madame Adélaïde vint cette fois encore au secours du clergé. Elle dit que rappeler Machault, cet homme haï, c'était revenir aux disputes. Que ne nommait-on Maurepas, si aimable, et aimé du père de Louis XVI ? Elle prit la lettre tout écrite, changea un peu l'adresse, et de *Machault* fit *Maurepas*.

Maurepas, si léger, avait pourtant deux vrais mérites. Il avait de l'esprit, il était anti-autrichien. Le roi le logea près de lui pour avoir à toute heure son soutien, son autorité, avec celle de ses tantes, pour se garder un peu de sa faiblesse conjugale. Entre Maurepas et Vergennes, ses deux gardes du corps, il craignit moins, accorda à la reine de voir et recevoir Choiseul.

On crut que celui-ci revenait au pouvoir. Et nos Autrichiens exultaient. Leur déroute n'en fut que mieux marquée. Le roi reçut Choiseul, et ne lui dit qu'un mot : « Qu'il était bien changé, devenu gras et chauve. » Puis lui tourna le dos. Choiseul désarçonné retombe pour jamais dans l'exil (13 juin 74).

L'Autriche eût moins perdu en perdant dix batailles. Tout son espoir était le retour de Choiseul. Joseph II et Kaunitz, dans leurs vastes projets de Turquie, d'Allemagne, partaient de cette idée qu'Antoinette leur tenait la France pour s'en servir à volonté. Marie-Thérèse, à chaque lettre, lui demande toujours d'être bonne Autrichienne, lui dit expressément (*Arn.*, 119, 124 et *passim*) : « Mêlez-vous des affaires... Devenez le conseil du roi... Faites de Mercy votre ministre. » En toute chose qui ne s'écrit pas, on la menait par Mercy, Vermond, Besenval, par les Choiseul et la Grammont.

Tout acte indépendant de la France leur semblait révolte. On le vit en 78, quand le roi refusa de faire la guerre pour Joseph II; Kaunitz, si réservé, rougit et pâlit de fureur (*Flassan*, VII). On le vit en 74; la Grammont indignée courait Paris, disant que l'on saurait bien mettre le roi à la raison (*Soul.*, II, 256).

Rohan, le 29 mai, avait pris congé de Marie-Thérèse (*Arn.*, 116), mais il resta à Vienne un mois pour observer encore. Il recueillit des preuves d'autant plus accablantes de la perfidie de l'Autriche, qu'elles concordaient à merveille avec tout ce que Broglie, dans ses lettres secrètes, avait dit au feu roi (Voy. *Boutaric*). Louis XVI allait voir qu'il était épié, vendu, ainsi que Louis XV. Il était défiant. Comment le changer à l'instant, obtenir qu'il s'aveugle, se crève les deux yeux, je veux dire qu'il écarte à la fois et Broglie et Rohan?

Marie-Thérèse était épouvantée, et encore plus l'ambassadeur-mouchard, Mercy, qui sur sa face voyait arriver le soufflet. Leur unique ressource était la reine, bien jeune, il est vrai, bien légère, peu corrompue encore, pour ruser et tromper longtemps. La mère la flatta fort, l'appela son *amie* (*Arn.*, 122). Mercy, Vermond, lui dirent sans nul doute qu'en servant l'Autriche elle servait la France, le roi, la paix du monde. Elle était orgueilleuse, et on la prit par là pour lui faire soutenir un mois ou deux le rôle le plus honteux pour une femme, d'obséder, d'enivrer de caresses menteuses un mari qui lui répugnait.

D'abord elle assura qu'après la mort presque subite du feu roi, elle ne serait jamais tranquille si Louis XVI n'était inoculé. Elle ferma sa porte, s'enferma avec lui, l'enveloppant de soins et de tendresse. Cela le toucha fort, et lui fit faire une chose sotte de confiance illimitée. Il supprima l'agence secrète de Louis XV, donna l'ordre de brûler cette précieuse correspondance, et les papiers de Broglie, terribles pour l'Autriche (*Bout.*, II, 410 ; 6 juin). Ordre inexécuté. Du moins, il tint Broglie éloigné, se boucha les oreilles et ne voulut jamais l'entendre.

Mais le plus fort restait à faire. Rohan venait, voulait être entendu, et nul prétexte pour l'exclure. Le roi était guéri, sauf des boutons secs au visage (*Arn.*, 122). Moment fort décisif où la reine dut emporter tout. C'était juin ; il avait vingt ans. L'explosion des sens (tardive chez l'Allemand, comme il était) n'éclatait que plus violente, et l'aveugle désir d'un bonheur jusque-là incomplet, ajourné.

Au 28 pourtant rien encore[1]. Paris jasait de chirurgie, d'obstacle, etc., sachant, notant tout jour par jour. Mais il fallait auparavant que la reine écrasât Rohan. Cela eut lieu à l'entrée de juillet. Elle tenait le roi si ivre, si aveugle, que, bien loin de rien craindre, elle voulut qu'il reçût Rohan, l'assommât en personne. Celui-ci, qui venait de rendre un tel service, qui apportait ses preuves, n'eut qu'un regard, celui du sanglier, un grondement farouche qui le fit fuir. Telle est la bête en l'homme !

Et telle la victoire d'Ève. L'impossible devint aisé (*Baudeau*, 14 juillet 1774). Ingrat pour Broglie, et ingrat pour Rohan, il fit encore un pas du côté de l'Autriche ; il envoya à Vienne Breteuil que demandait la reine, et que voulait Marie-Thérèse. Il renonça à rien voir ni savoir.

La reine avait partie gagnée. Elle ne jouit pas modestement de sa victoire. D'une part, espiègle, impertinente, elle insultait les ennemis de l'Autriche, tirait la langue à d'Aiguillon. D'autre part, sans souci des chagrins qu'en eut son mari, elle courait sans lui de nuit, de jour, disant qu'à Vienne on était libre

---

1. Les dates ici sont tout. On peut les établir non seulement par Georgel (I, 302), par Soulavie (III, 177), mais surtout par Baudeau, fort désintéressé, fort instruit, et intime ami d'un ministre qui put lui dire tout. (Baudeau, *Revue rétrosp.*, III, 272, etc.)

ainsi. Louis XVI en grondait (*Baudeau*); sa mère s'en plaint en vain à chaque lettre (*Arneth*).

Elle portait la tête haute, surexhaussée de plumes et de panaches, d'aigrettes qui menaçaient le ciel. Cette mode (odieuse à sa mère, à Mesdames) allait bien, il est vrai, à sa beauté hautaine. On a finement remarqué (*Geffroy*) que les portraits charmants de Mme Lebrun l'ont trop féminisée. Le front bombé, les yeux saillants, fort bleus, le nez plus qu'aquilin, et presque recourbé, eussent fait un ensemble sévère sans l'adoucissement d'un léger embonpoint et d'une incomparable peau. La lèvre inférieure faisait lippe et semblait sensuelle. Les sourcils, très fournis, marquaient l'énergie du tempérament. Sa belle chevelure le disait mieux encore par ces tons roux et chauds qui n'ont rien de commun avec les blondes languissantes.

Elle était colorée plus que ne le sont les grandes dames. N'aimant guère que la viande (*Arn.*, 80, 83), elle était fort sanguine, avait aussi beaucoup d'humeurs et certaines crises bilieuses (*Id.*, 188). Elle n'était ni gaie, ni sereine, mais toujours émue, véhémente. Par moments très sensible et bonne : « Si touchante! écrivait sa mère (*Arn.*, 53), on ne peut pas lui résister. » Mais elle était aussi emportée par instants, colère au moindre obstacle, et alors aveuglée, sans respect d'elle-même. Montbarey en raconte une scène terrible, si bruyante, qu'un orage qui éclatait alors, passa inaperçu : on n'entendait pas Dieu tonner.

Déjà on avait fait contre elle un très cruel pamphlet (*Aurore*), où on lui prêtait des amants. En avait-elle avant l'avènement? quelque goût passager, quelque léger caprice? La chose est incertaine. Mais elle avait une passion très vive, pour un très digne objet, bon autant que charmant, Madame de Lamballe. Cette jeune princesse de Savoie, Italienne de naissance et de mère allemande, était un ange de douceur. Elle avait de tout petits traits, une tête d'enfant, gentille (comme on voit au portrait de Versailles, malgré la coiffure ridicule). Plus âgée que la reine, elle semblait plus jeune, comme une mignonne petite sœur. Mariée un moment, et très mal, elle s'était vouée à son beau-père, Penthièvre, venait peu à la Cour, vivait seule avec lui dans les bois de Vernon. C'était toute une idylle. La reine, chaque hiver, l'avait vue, et pourtant ce ne fut qu'aux courses de traîneaux (janvier 74) qu'elle fut prise au cœur. Elle la vit glisser, passer comme un éclair. « C'était le printemps dans l'hermine. » De là un vif caprice, une ardeur de tendresse, excessive, éphémère, fatale à la douce personne, faible créature sans défense, née pour se donner trop, pour aimer et mourir.

CHAPITRE XIII

Ministère de Turgot. (1774-1776.)

Ce matin, à cinq heures, dans la nuit noire encore (de ce 1er novembre), d'autant plus éveillée, une voix intérieure m'avertit et me dit : « Qui est digne aujourd'hui de parler de Turgot? »

Le caractère unique de ce grand stoïcien, — absolu de vertu, de force et de lumière, n'offre qu'un seul défaut : une ardeur sans mesure et qu'on trouvait sauvage, dans l'amour du pays, l'amour du genre humain.

Il se précipitait. En dix-huit mois, il fit l'œuvre des siècles, cent ordonnances, dont les considérants sont autant de traités forts, lumineux, profonds. Et la plupart étaient des victoires remportées sur la contradiction, après de grands débats dans le Conseil. Ce qui reste de ces débats montre sa vigueur âpre et son acharnement au bien.

Malesherbes lui-même, son collègue, étonné :

« Vous vous imaginez, disait-il, avoir l'amour du bien public. Vous en avez la rage. Il faut être enragé pour forcer à la fois la main au roi, à Maurepas, à la Cour et au Parlement. » — Turgot répondait gravement : « Je vivrai peu... »

Il devait mourir jeune. Mais, de plus, il sentait que le pouvoir allait lui échapper. Il était déplacé à Versailles, et son ministère y était une anomalie, un hasard, une erreur évidemment de Maurepas. Le plus léger des hommes avait choisi le plus austère.. Il avait appelé l'esprit même du siècle et la Révolution près de ce jeune roi, dont le seul idéal, si différent, était son père, ou son aïeul, le Duc de Bourgogne ; il voulait adoucir, mais sauver les abus.

On a beaucoup parlé de Turgot, et fort mal. On ne le comprend pas, si on ne se replace *en ce temps*, dans ces circonstances. Le temps, le temps, c'est tout. Laissez là vos systèmes. Seraient-ils bons en eux, ils sont absurdes ici. Ce n'est pas d'un pays quelconque qu'il s'agit : c'est de la France d'alors, opposée sous tant de rapports à la France que vous voyez.

Partez d'un point d'abord très sûr, c'est que la terre ne voulait plus produire, *c'est qu'on semait le moins possible.* La grosse affaire du temps était de réveiller la culture endormie, de faire qu'on voulût travailler, labourer, semer, vivre encore. Songez bien que le sol pesait à ses propriétaires ; la terre leur était odieuse. On la donnait presque pour rien. Déjà *un quart du sol de France était aux mains des laboureurs* (*Letrosne*). Circonstance heureuse, ce semble, pour la production. Eh bien, on ne produisait pas.

S'occuper d'industrie, avant l'agriculture, faire des habits de soie pour qui n'avait rien sous la dent, c'était la plus sotte sottise. C'était bâtir en l'air, comme font ces tableaux de la Chine, où vous voyez là haut des palais, des kiosques, rien en bas, point de sol dessous.

Il est plaisant de voir le banquier Necker, couché sur ses écus, injurier le propriétaire, « lion dévorant », etc. Il était trop aisé de le décourager. Le difficile était de faire tout au contraire qu'il se reprît à la propriété, à l'aimer, à la cultiver, à la faire travailler, produire.

L'école Économique fut le vrai salut de la France. Elle fit un vigoureux appel à la terre, à la liberté de vendre les produits de la terre. Elle hâta le grand mouvement qui mettait cette terre (à vil prix) aux mains mêmes qui la travaillaient. Ses exagérations furent très utiles. Nulle autre théorie n'eût répondu aux besoins du moment, de cette France encore agricole, où la manufacture était fort secondaire, et où il fallait à tout prix défricher, augmenter la culture du seul aliment de la population d'alors.

Assez sur les Économistes. Quant à Turgot lui-même, on lui a imputé tout ce qui venait de l'École. Je vois tout au contraire que, dans son intendance du Limousin, et surtout dans son ministère, il s'en affranchit fort souvent, consulta les faits seuls, prit dans l'occasion telles mesures que les Économistes n'auraient approuvées nullement.

Quant à sa politique proprement dite, qui la sait? Qui osera dire ce qu'il eût fait, s'il eût duré? Son ministère de dix-huit mois ne fut évidemment qu'une préface. On le voit bien par la réserve qu'il garde sur tels points, le clergé par exemple, qu'il ajournait expressément.

Turgot, comme cadet, avait, bon gré mal gré, d'abord été d'Église. A vingt-cinq ans, il dit qu'il ne pouvait garder ce masque, et le jeta. Il resta solitaire, et dans sa vie on ne peut découvrir aucun rapport d'amour. Sa timidité et la goutte (mal cruel de famille) aidèrent à cette pureté; mais ce qui y fit plus, ce fut la vie terrible d'études en tous les sens qu'il entreprit, voulant conquérir le savoir humain, mais bien plus, le savoir pratique, l'action et l'administration. Toute science, toute langue, toute littérature, toute affaire, l'intéressaient. Je le vois à vingt ans faire un livre admirable sur *la monnaie et le crédit*, plus tard traduire Homère, Klopstock et Ossian, observer une comète, écrire à Buffon la critique de sa *Théorie de la terre*, formuler le premier la perfectibilité humaine.

Il passa par le Parlement pour arriver à l'intendance. On lui donna Limoges, le plus pauvre pays. Qu'était un intendant? Ou plutôt que n'était-il pas? C'était un roi, ou à peu près. Quelqu'un a très bien dit que, depuis Richelieu, notre gouvernement était celui de trente tyrans. Turgot le fut dans un sens admirable. Son labeur, sa rigidité, imposèrent tellement aux ministres qu'il obtint carte blanche et fit ce qu'il voulait. En treize ans, il change le Limousin de fond en comble. Les grandes entreprises qui semblent regarder le seul pouvoir central, de son chef il les veut. Le cadastre, l'égale répartition des tailles, la réforme de la milice, la création des écoles, on lui passe tout. Il fait cent soixante lieues de routes. Mais c'est surtout dans les disettes que l'on connut son énergie, son indépendance d'esprit, même à l'égard de son École.

L'abbé Véry, un de ses camarades, homme d'affaires, de coup d'œil juste et fin, sentit là le génie, la force, et fort habilement le fit accepter de Maurepas, de sa femme, leur montrant bien surtout que c'était un sauvage, un homme gauche, impropre à la Cour, qui ne pouvait porter ombrage, un travailleur terrible, mais ne visant à rien, si bien qu'une fois en Limousin il n'avait pas voulu des grandes intendances, de Rouen, de Lyon même; qu'enfin, il était seul, sans appui, et que Maurepas le renverrait quand il voudrait.

La mémorable scène entre Turgot et Louis XVI est bien connue (*Véry, Lespinasse*). Le jeune roi lui pressa les mains, lui dit qu'il entrerait dans toutes ses vues, promit qu'il aurait du courage. Tous deux furent très émus. Turgot, en sortant, écrivit la belle lettre où il dit tout l'esprit de son ministère : Ni surcharge d'impôt, ni banqueroute, ni emprunt; *la seule économie,* et *la production* augmentée. Il pressent les obstacles, prédit presque son sort.

Dans la réalité, il n'avait qu'un moment, cette première jeunesse du roi dans ses vingt ans. Soulevée au-dessus de sa lourde nature par un élan sanguin de cœur, de sensibilité, dès vingt-cinq ou trente ans, Louis XVI devait retomber. Turgot en trois années, voulut faire sa révolution.

Il y avait en France un misérable prisonnier, le blé, qu'on forçait de pourrir au lieu même où il était né. Chaque pays tenait son blé captif. Les greniers de la Beauce pouvaient crever de grains; on ne les ouvrait pas aux voisins affamés. Chaque province, séparée des autres, était comme un sépulcre pour la culture découragée. Le vin, étant de même enfermé, à vil prix, au-dessous des frais de culture, on avait intérêt à arracher la vigne. On criait là-dessus depuis cent ans. Récemment on avait tenté d'abattre ces barrières. Mais le peuple ignorant des localités y tenait. Plus la production semblait faible, plus le peuple avait peur de voir partir son blé. Ces paniques faisaient des émeutes. Pour relever l'agriculture par la circulation des grains, leur libre vente, il fallait un gouvernement fort, hardi.

Turgot, entrant au ministère, se mettant à sa table, à l'instant prépare et écrit l'admirable ordonnance de septembre, noble, claire, éloquente. C'est la *Marseillaise* du blé. Donnée précisément la veille des semailles, elle disait à peu près : « Semez. Vous êtes sûr de vendre. Désormais, vous vendrez partout. »

Mot magique, dont la terre frémit. La charrue prit l'essor, et les bœufs semblaient réveillés.

C'est là-dessus qu'avait compté Turgot, et plus encore que sur l'économie. Si la culture doublait d'activité, si le blé, si le vin, roulant d'un bout à l'autre du royaume, récompensaient leurs producteurs, la richesse allait croître énormément. L'État était sauvé.

Ce n'était pas tout dans son plan. A la seconde année, Turgot déchaînait l'industrie, qui, libre tout à coup, allait décupler d'énergie, de volonté, d'effort. L'ouvrier fainéant, languissant chez un maître, allait, devenant maître, travailler nuit et jour. Heureux dans ce travail d'avoir à lui son métier, son foyer, bientôt une famille. Il n'enchérirait pas à plaisir, donnerait à bon marché tant de choses nécessaires à tous.

A la troisième année, Turgot devait fonder l'instruction. Dans les cent arrêts du Conseil qu'il fit en dix-huit mois, lui-même il donne un admirable et souverain enseignement sur nombre de matières économiques et sociales. Il comprend toutefois que l'on doit s'élever soi-même, que l'on ne s'instruit bien que par son propre effort, surtout par l'examen et la discussion de ses intérêts. Il aurait assemblé, par commune, les propriétaires, et les eût fait délibérer.

Donc, *Culture affranchie* (1775), *Industrie affranchie* (1776) *et Raison affranchie* (1777). — Voilà tout le plan de Turgot.

« Tout cela est trop hâté? » — Oui, mais il le fallait. Il sentait sous ses pieds des rats qui lui creusaient le sol pour le faire bientôt enfoncer. Nous devons le donner, le plan de ces mineurs, leur marche souterraine, qui ne fut nullement fortuite. Ils marchèrent fort et droit. Leur objet capital (pour la plupart du moins) est visible et très simple. C'est le retour de M. de Choiseul, triomphe de la Cour et de l'alliance autrichienne.

Le parti de Choiseul avait besoin d'abord qu'on rappelât le Parlement. Ce corps avait marché si longtemps avec lui; il ne pouvait manquer de l'aider; d'entraver la marche de Turgot. La reine agit. La sensibilité du roi fut mise en jeu. Étant venu un jour à Paris, et le trouvant froid, la foule étant muette, il s'attrista, s'examina, rentra dans sa conscience. Il y trouva que le Parlement avait des titres après tout, aussi bien que la royauté, que Louis XV, en y touchant, avait fait une chose dangereuse, révolutionnaire. Le rétablir c'était réparer une brèche que le roi même avait faite dans l'édifice monarchique. Turgot en vain lutta et réclama. Maurepas, qui ne voulait que plaire, céda. Le Parlement rentra (novembre 1774), hautain, tel qu'il était parti, hargneux et résistant aux réformes les plus utiles.

Première défaite pour Turgot. L'hiver, se fit la ligue générale de ses ennemis. Il avait commencé par frapper la finance, en supprimant le *Banquier de la Cour*, ne voulant plus d'avances ni d'anticipations. Il avait cassé les baux récents faits par Terray à des prix usuraires. Il avait refusé le présent ordinaire des Fermiers généraux. Enfin, l'affreux tyran avait posé qu'à l'avenir la Cour, les seigneurs, les grandes dames, ne seraient plus *croupiers, croupières* (pensionnaires) des Fermiers généraux. La capitation des princes, ducs, etc., pour la première fois fut levée; leurs carrosses visités, comme tous, par l'octroi aux portes des villes.

Contre un pareil ministre, la route était toute tracée : 1° rappel du Parlement; 2° attaque violente sur le point où Turgot était plus vulnérable, *la liberté des grains*, la cherté du blé qui viendrait au printemps.

L'année était pourtant médiocre, et non pas mauvaise. La misère était grande; on peut le croire après Louis XV et Terray. Turgot avait ouvert des ateliers de charité. Il n'y avait de disette nulle part. A Dijon, des troubles éclatèrent contre un magistrat accusé d'être du *Pacte de famine*. Mouvement populaire qu'on imita ici assez habilement. Des agents (que Turgot crut ceux du prince de Conti) ameutèrent des masses crédules, les poussèrent au pillage. Ils criaient la famine, et ils crevaient les sacs, ils jetaient les blés à la Seine.

On laissa ces bandits courir les champs, aller même à Versailles. L'armée de dix mille hommes qui y était toujours, qu'on nommait la Maison du Roi, ne bougea pas, et, au contraire, c'est de là que partit l'ordre honteux de céder. Certain capitaine des gardes, au nom du roi, qui avait fait la faute de paraître au balcon, ordonne aux boulangers de baisser le prix du pain.

On travaillait le roi de très près. Un certain Pezay, qu'il avait consulté souvent étant dauphin, poussait auprès de lui le banquier genevois Necker, l'adversaire de Turgot. Necker, dans un livre ridicule, à l'usage « des âmes sensibles », avait ressassé et gâté le joli petit livre de Galiani contre la secte Économique. Devant l'émeute, il aurait dû ajourner la publication. Par une très coupable imprudence, il publia son livre justement ce jour même.

La fameuse police de Paris, tant admirée, qui sait tout comme Dieu, ne voulut rien savoir, ne bougea, laissa la bande entrer, piller les boulangers. La Justice se conduit tout aussi bien. Le Parlement encourage l'émeute; dans une supplique hypocrite, il prie le roi d'avoir pitié du peuple, *de faire baisser le prix du pain*.

Restait de faire pendre Turgot, qui avait fait le mal *en livrant*, disait-on, *nos blés à l'étranger*. Mensonge, odieux mensonge! Loin d'exporter, Turgot avait encouragé par des primes l'importation, appelé les blés étrangers. Necker, dans son fatras, avait le tort de répondre toujours au principe de l'exportation, et de réfuter pesamment ce que Turgot n'avait pas dit.

Celui-ci avait contre lui tout le monde, le roi même, qui avait les larmes aux yeux. On vit alors la force de la foi. On vit ce que pouvait la colère d'un homme de bien. Il accourt à Versailles, change tout, se fait autoriser à donner des ordres à la troupe. On prend, on pend deux des pillards. Et on rejoint la bande à Sèvres. Leurs chefs, qui allaient être pris, tinrent ferme et furent tués. On trouva parmi eux des officiers, vieux reîtres à vendre, qui dans la sale affaire étaient agents provocateurs.

Cependant le roi pleure. Il disait à Turgot : « N'avons-nous rien à nous reprocher? » Sous l'*Henri IV* du Pont-Neuf, on avait mis : *Resurrexit*, et ce mot, dans l'émeute, avait été biffé. Cela bouleversa Louis XVI. Il alla se cacher, sanglotant, dans ses cabinets.

On espérait beaucoup de ce pleureur, en l'enlevant à Reims, loin de ses précepteurs, pour la cérémonie du sacre. Là, l'élève de Turgot retombait en plein Moyen-âge. Et pis : on ôta même de l'ancien formulaire le seul point qu'on eût dû garder, le moment où le prêtre interroge le peuple, lui demande *s'il voudrait ce roi*. Mais on maintint (malgré Turgot) l'exécrable serment *d'exterminer les hérétiques*. Le roi n'osa le refuser, barbouilla seulement des paroles inintelligibles. A Reims et sur la route, les cris : Vive le Roi! l'avaient fort attendri, les cérémonies ému. Le voyant à l'état où tout chrétien pardonne, la reine osa lui dire qu'elle voudrait bien revoir Choiseul. « J'ai si bien fait, dit-elle, que le *pauvre homme* m'a arrangé lui-même l'heure commode où je pouvais le voir. » (*Arn.*, 152).

La cabale de Cour tirait de là l'espoir de glisser au Conseil un homme à elle. Turgot y mit bon ordre.

Il fit tout au contraire nommer celui qu'on attendait le moins après le sacre, l'homme le moins aimé du clergé, Malesherbes, l'ami et protecteur des philosophes. Chose imprévue : le roi, que l'on croyait dévot, nomma volontiers Malesherbes, et le chargea, avec Turgot, de répondre aux plaintes du clergé, qui demandait la mort pour les auteurs impies.

Turgot avait dit franchement que si, dans ses réformes, il touchait la noblesse, non le clergé encore, c'était « parce qu'il ne faut pas se faire deux querelles à la fois ». Personne ne doutait qu'il ne reprît bientôt les projets de Machault. Le clergé menacé s'unit à ses ennemis même, seconda de son mieux les Choiseul et le Parlement.

Donc le cercle se ferme autour de lui. Tous sont toréadors, et il est le taureau. Rien de plus grand que ce spectacle. Dans le mémorable duel qu'il eut devant le roi avec le garde des sceaux Miromesnil, on sent à l'attitude de celui-ci qu'il a un monde derrière lui. Turgot, tout au contraire, est seul, mais qu'il est fortement armé! non d'idées seulement, de raison, de logique, mais de faits, mais de chiffres. On voit combien ce prétendu rêveur possède le détail infini, le positif des intérêts du temps.

On a dit, répété, que Turgot, aveugle sectaire de son école Économique, ne pensait qu'à la terre et à l'agriculture. Mais tous ses ennemis, Miromesnil dans ce débat, Monsieur dans ses pamphlets, le Parlement dans ses remontrances, lui font précisément le reproche contraire. Ils l'accusent *d'écraser le proprié-*

taire, l'agriculteur, de favoriser tellement l'industrie, qu'on désertera les campagnes (*Éd. Daire*, 328, 336). Grief fort spécieux. L'industrie étant libre, beaucoup d'hommes, en effet, délaissèrent les champs pour les villes.

Ce fameux défenseur des libertés publiques, le Parlement, voudrait laisser sur les campagnes la charge des corvées, blâme Turgot d'y suppléer par un impôt que tous payeront également, les privilégiés même. Il voudrait maintenir pour l'ouvrier des villes sa triste servitude sous les corporations, l'apprentissage interminable et les frais écrasants qui rendent le métier inaccessible au pauvre, n'y laissent arriver que les enfants des maîtres, héritiers endormis des routines éternelles. Turgot, dans son beau préambule, pose avec grandeur le principe : « Dieu a fait du *droit de travailler* la propriété de tout homme. C'est la première, la plus sacrée de toutes. » (*Éd. D.*, II, 302.)

Les aigres résistances du Parlement trouvaient appui dans les gros marchands de Paris, les six corps de métiers. La fière boutique héréditaire fut furieuse, autant que Versailles. Turgot eut contre lui les seigneurs et les épiciers.

Contraste curieux. L'étranger admirait. En France, tout paraissait hostile. Marie-Thérèse elle-même est frappée de la grandeur des résultats. La Hollande rend à Turgot un hommage significatif. Elle montre sa confiance, offre ses capitaux à un faible intérêt. Ce sage peuple, voyant en dix-huit mois l'ordre merveilleusement revenu, sent bien que, pour la première fois, c'est un homme qui conduit la France.

« Le roi apparemment doit être bien joyeux? » Au contraire, de plus en plus sombre. Il avait dit à son avènement : « Je voudrais être aimé! » — Et il ne voit que mécontents. « M. Turgot, dit-il, ne se fait aimer de personne. »

Ce ministère tout entier déplaisait. En guérissant les plaies, il les avait montrées. Malesherbes lui-même, visitant les prisons, avait manifesté l'horreur du vieux régime de la Grâce. Il avait obtenu du roi de ne plus signer de lettres de cachet. La faveur d'enfermer un mari incommode, un fils embarrassant, un héritier qu'on voulait écarter, ces douceurs obtenues si aisément sous La Vrillière, elles furent désormais refusées. Le père de Mirabeau ne put continuer de poursuivre, enfermer son fils.

Encore plus odieux fut le ministre de la guerre, Saint-Germain, vieux soldat farouche, qui eût voulu établir dans l'armée la dure discipline prussienne, qui supprimait les privilèges et les troupes privilégiées. Il avait fait une charge terrible sur la Maison du Roi, commencé à sabrer ces fainéants dorés. Les cris furent si perçants, le roi si ébranlé, qu'on resta à moitié chemin.

Turgot ne réussit pas mieux pour la Maison civile, la valetaille qui dévorait Versailles. On imagine à peine ce que c'était alors que cette ruche énorme, grouillante, dans ses recoins obscurs, cabinets, entresols, trous noirs, soupentes fétides. Les corridors en outre, les escaliers tout pleins de petites boutiques, marchands fripons et marchandes équivoques. Le fouet n'était pas trop pour chasser les marchands du temple, épurer l'antre immonde. Mais quelle tempête au premier coup ! Le roi en devint sourd, ne put plus entendre Turgot.

Son combat intérieur, obscur, mais violent, était contre la reine, la faiblesse, l'embarras du roi, obligé de payer sa femme, comme il eût fait d'une maîtresse. La reine avait quatre millions par an. Mais elle voulut renouveler la charge très coûteuse de surintendante. Aimant déjà moins sa Lamballe, elle voulait l'étouffer d'honneurs. Elle voulait aussi écarter, marier le petit Luxembourg, qui d'abord avait plu, mais alors ennuyait. On demandait pour lui une dot légère de quarante mille livres de rentes. L'homme du jour (1775) était l'agréable Lauzun, pour qui elle voulait se faire venir d'Autriche une belle garde hongroise, de grand faste, de grande dépense. Lauzun n'était pas seul. Il avait un rival qui commençait à poindre, la délicieuse Polignac, si charmante et si pauvre, qu'il fallait enrichir.

La férocité de Turgot ne parut jamais mieux que dans l'affaire de Luxembourg. Au premier mot qu'on dit pour que l'État dotât le petit favori, il éclata d'indignation. On s'adressa à Malesherbes, qui, sentant l'affaire grave, ne voulant pas avec la reine engager un combat à mort, fit signer au roi cette grâce sous la forme *d'acquit au comptant*, cette forme dont Louis XV abusa tant, et que le nouveau roi promettait de n'employer plus. Turgot fut furieux et s'emporta contre Malesherbes.

Les gazettes étrangères disaient : « Luxembourg a vaincu Turgot. » La chose retentit. La reine s'excusa près de Marie-Thérèse et s'en lava les mains, prétendant n'y être pour rien. Mais personne ne le pensait. De même que sa sœur Caroline de Naples avait chassé le vieux ministre dirigeant, l'illustre Tanucci, on crut que Marie-Antoinette ferait bientôt chasser Turgot. Le Parlement le sentit mûr, près de tomber, l'attaqua sans ménagement. On censura une brochure (de Voltaire) qui le défendait. On condamna, on fit brûler par le bourreau un livre modéré, très sage, d'un commis de Turgot (mars 1776). Coup violent. Il voyait bien sa chute et regrettait de succomber avant d'avoir pu essayer la troisième partie de sa révolution, *son plan d'instruction* et de municipalisation. Dans les dangers qu'il prévoyait, il frémissait de laisser ce peuple orphelin qui irait, ignorant, barbare à sa grande crise, sans nulle préparation. Dans une lettre importante, il dit au roi tout ce qu'il voit venir, lui montre la voie où il s'engage, cette voie où un roi n'a plus que l'option d'être ou un Charles IX, ou un Charles Ier, le choix de la mort ou du crime.

Quel que fût son chagrin de quitter le pouvoir quand il était si nécessaire, de quitter Louis XVI que très réellement il aimait, il resta immuable, inflexible, sur une question : « Point de guerre ! Le premier coup de canon serait pour nous la banqueroute. » Pour en être plus sûr, il eût supprimé la milice, eût réduit les soldats à ceux que pouvait fournir l'engagement volontaire. Ce plan qu'il porta au Conseil n'y eut pour lui exactement personne. Pour la première fois, il fut seul.

Turgot ne voulait pas comprendre, aux brusqueries du maître, qu'on désirait qu'il s'en allât. Une machine très grossière avait aigri, troublé le roi. On forgea de prétendues lettres où Turgot (un homme si grave) plaisantait de la reine qui ne se gênait plus, mettait sa vanité à se montrer partout avec l'homme à la mode, jusqu'à lui demander la plume blanche qu'il avait portée, jusqu'à lui prendre son cheval, asseoir là la reine de France ! — Goût pourtant éphémère, goût du bruit, du scandale. Un autre plus profond, plus durable, avait pris le cœur.

Si l'on en croit les parents de Turgot, en mai 1776, *une personne* de la Cour présente au Trésor un bon signé du roi, un de ces acquits au comptant que le roi avait tant promis à Turgot de ne plus signer. Bon énorme ! un demi-million !

Turgot ne veut payer, court au roi. « On m'a surpris », dit celui-ci embarrassé. « Sire, que faire ? — Ne payez pas. » — Turgot ne paya point, et trois jours après fut destitué. (*Bailly*, II, 214.)

Quelle personne autre que la reine demanda ce don monstrueux ? Quelle fut assez puissante pour punir ainsi le refus ? pour faire que si honteusement le roi démentît sa parole, oubliât tous ses sentiments (réels, sincères) d'économie ? Il y fallut une force majeure, la passion (contestée à tort) qu'il avait pour la reine, sa triste dépendance de celle qu'il fallait acheter.

Pour avoir un prétexte, elle acquit un bijou, des diamants, qui furent loin de coûter un demi-million. Elle était au plus fort de son goût pour la Polignac, dans les premiers transports, faut-il dire d'amitié ? Elle tremblait à l'idée de la perdre. Et la petite femme, stylée par de bas intrigants, avait très doucement annoncé à la reine qu'elle aurait la douleur de s'en aller, *étant trop pauvre*, et ne pouvant vivre à Versailles (*Campan*). La reine épouvantée chercha de l'argent à tout prix.

Marie-Thérèse, dans une lettre, reproche amèrement *ces diamants* à sa fille (*Arn.*, 187). Puis, dans une autre lettre, elle semble savoir qu'il s'agit d'autre chose encore, dit ce mot singulier : « En se parant ainsi, on *s'avilit*. » (*Arn.*, 192, 1er octobre 1776.)

Malesherbes et Turgot s'en vont le même jour (*Arn.*, 172). Saint-Germain, arrêté dans sa réforme militaire, reçoit un surveillant, meurt bientôt de chagrin.

Voltaire pleura. Et, ce qui est frappant, Frédéric et Marie-Thérèse sentirent la perte de la France. La reine a honte, veut faire croire à sa mère qu'elle n'a nulle part à l'événement. (*Arn.*, 173-174.)

Turgot avait quitté sa place avec douleur. La corvée rétablie lui arracha des larmes. Il sentit qu'avec lui tout s'en allait, que c'était fait de la prudence, que la France, lancée dans la guerre ruineuse, l'emprunt illimité, irait les yeux fermés à la sanglante expérience, irait par le fer et le feu.

Ce qu'il allait faire, l'année même, c'était précisément ce qui eût adouci, préparé le passage. Il voulait en octobre 1776 entamer sa grande œuvre, l'*éducation nationale*, et celle qu'on reçoit par l'école, et celle qu'on se donne en s'instruisant de ses affaires, examinant, jugeant les intérêts publics.

N'avait-il aucun plan, comme disent Monthyon, Besenval? N'avait-il d'autre plan que celui que nous donne l'École économiste par Dupont de Nemours, ce petit plan timide d'assemblées de propriétaires? Je n'en crois pas un mot.

Ce que je vois, c'est que, dans les affaires, il ne suit son École que librement, s'en écarte souvent. Ce que je vois, c'est que toute sa vie fut dominée par l'idée haute, la foi du Progrès infini, du développement sans bornes des puissances et des activités humaines. « Il avait, dit Monthyon, une confiance excessive, présomptueuse, dans la sagesse populaire. » Donc on ne peut pas croire qu'il se fût arrêté à ces idées mesquines, analogues aux essais que fit Choiseul en 63, que fit Necker en 78. Cela n'était pour lui qu'une éducation préalable des masses, que leur préparation à l'action. Hardi autant que ferme, il eût marché très loin, mené très loin le peuple, les yeux sur son étoile, le *Progrès*, sans broncher sur le chemin du Droit.

On ne peut découvrir dans sa vie qu'un seul moment faible. Il fut touché du roi, attendri d'un homme si jeune, naïf encore, et qui voulait le bien. Il trompait d'autant mieux, ce roi, qu'il se trompait lui-même. Il se croyait très bon. Mais c'était la bonté de son père le Dauphin, de son aïeul le duc de Bourgogne. Son évangile était les papiers de son père, et ceux du dévot Télémaque. Il sortait peu de là. Il voulait être juste, mais pour tous les injustes. Quand on lui fit supprimer le servage sur ses domaines, il n'osa y toucher sur les domaines des seigneurs, *respectant la propriété* (propriété de chair humaine). Sur un plan de Turgot qui ne tient compte des ordres et privilèges, il écrit ce mot étonnant : « Mais qu'ont donc fait les grands, les États de province, les Parlements, pour mériter leur déchéance ? » Tellement il était ignorant, ou aveugle plutôt, incapable d'apprendre.

Là était la difficulté, plus qu'en aucune intrigue. Le réel adversaire du progrès, de l'idée nouvelle, c'était le bon cœur de cet homme qui, tout en admettant certaines nouveautés, n'en couvait pas moins le passé d'une tendresse religieuse, respectait *tous les droits acquis*, et n'y portait atteinte qu'avec regret, remords. L'ennemi véritable, c'était surtout le roi. Il était l'antiquité même.

CHAPITRE XIV

Transformation des esprits. (1760-1780.) — L'élan pour l'Amérique. La guerre. (1777-1783.)

Deux mois après la chute de Turgot, l'Amérique en péril vient ici demander secours (17 juillet 1776). Que répondra la France ?

Qu'elle même succombe, qu'elle est obérée, ruinée ? Non, la France emprunte un milliard, se perd et sauve l'Amérique.

Cela est grand et singulier.

Quelle est donc cette France qui ressemble si peu à ce que nous voyons ?

Qui dit France, ne dit pas le roi. Et c'est là même la merveille que la France ait tellement dominé, entraîné le roi, qu'il se soit, contre ses idées, ses goûts et ses désirs, trouvé fatalement dans l'affaire.

La France de 1750 n'eût ni voulu, ni pu cela. Mais, en vingt-cinq années, une nation toute autre s'était faite. Ainsi que l'enfant retardé, qui grandit tout à coup de six pouces ou d'un pied, — ce peuple eut brusquement deux ou trois accès de croissance.

De 1750 à 1760, par l'*Encyclopédie,* par Voltaire, Diderot et les premiers Économistes, elle fit table rase d'un monde de vieilleries, entra dans la vraie voie de pensée et d'activité.

Et depuis 1760, par Rousseau et Mably, par la lutte des écoles de Rousseau et de Montesquieu, on discuta le Juste, on rechercha le Droit. Le succès colossal du livre de Raynal (1770) étendit ces idées de la patrie au monde.

Mouvement rare, unique, où tous entrèrent, les femmes!... ce qui ne s'était vu jamais. La femme, de nos jours triste agent de réaction, fut dans ce temps admirablement jeune, ardente, devança l'homme même.

Elle est alors la fille de Rousseau, tout attendrie de lui, le lisant nuit et jour, ne pouvant pas dormir si elle ne l'a sous l'oreiller. Aveugle à ses contradictions, et l'embellissant de ses rêves, elle croyait le voir, sur les ruines du monde, recommençant tout par l'amour, refaisant le monde en trois livres (par la Femme, l'Enfant, la Patrie). Féconde en fut l'émotion, vive au cœur, aux entrailles. Toutes ont conçu d'*Émile.* Ce n'est pas sans raison qu'on note les enfants nés de ce beau moment comme animés d'un esprit supérieur, d'un don de flamme et de génie. C'est la génération des Titans révolutionnaires; l'autre génération non moins hardie, dans la science. C'est Danton, Vergniaud, Desmoulins; c'est Ampère et Laplace, c'est Cuvier, Geoffroy-Saint-Hilaire.

Mlle de Lespinasse marque admirablement cette heure (1776), où les salons changèrent. *On se tut un moment* et on se recueillit dans l'attente solennelle de tout ce qu'allait faire Turgot. Puis on ne parle plus que d'affaires sociales et d'intérêts publics. De plus en plus les femmes vont de l'amour au grand amour, celui du bon, du juste, de l'humanité, de la France.

Mêmes pensées du plus haut au plus bas, à Paris, à Versailles même. La plus noble, la plus entourée, la charmante Mme d'Egmont, dans sa foi à la liberté, qu'écrit-elle à Gustave, au nouveau roi de Suède (*Geffroy*)? Le nouvel évangile qui fait battre le cœur à Manon Phlipon, la fille d'ouvrier, dans l'asile indigent où je la vois si belle, entre Rousseau, Plutarque, bientôt l'austère épouse de ce grand citoyen, Roland.

Les pires sont les meilleurs. N'est-il pas surprenant de voir chez Conti, Richelieu (chez les *méchants* de 1750), ces femmes si tendres et si sincères? Cette d'Egmont dont l'adorable larme est immortalisée par les *Confessions*, c'est la fille pourtant du dur et malin Richelieu.

Voici qui est plus fort. Figaro devient un héros. L'effronté Beaumarchais, spéculateur heureux et auteur applaudi, dans son frétillement, agent de Du Barry ou courrier de la reine (1774), avait tout gagné, hors l'honneur. Mais, attentif à tout, finement il odore d'où va souffler la gloire, il pressent le grand cœur généreux de la France, s'empare de l'affaire d'Amérique.

Les insurgents tirent l'épée en avril 1775. Et à l'instant une voix de la France répond, les proclame *invincibles* (25 septembre).

Voix très retentissante, celle de l'homme du succès, de celui qui, dans les affaires comme au théâtre, a si bien réussi, la voix de Beaumarchais. Il arrive de Londres, jure que l'Anglais enfonce et que l'*Américain vaincra*.

Forte parole d'évocation magique qui plus que cent vaisseaux aida au grand événement. C'était la publicité même. On dit la même chose jusqu'au bout de l'Europe. Peu de journaux. Les cafés suppléaient, et la parole bien autrement ardente. Tous avaient dans l'esprit le livre de Raynal (depuis 1770), livre si oublié, mais si puissant alors, qui, pendant vingt années, fut comme la Bible des deux mondes. Au fond des mers des Indes, dans la mer des Antilles, on dévorait Raynal. Toussaint Louverture, qui déjà a trente-neuf ans alors, l'apprend par cœur avec son Ancien-Testament. Bernardin de Saint-Pierre s'en inspire à l'Ile-de-France. L'Américain Franklin, si fin et si sagace, place tout son espoir au pays de Raynal.

Pourquoi? c'est le plus beau. Nous devrions, ce semble, haïr ces colons qui ont pris les pays découverts par nous, qui tuent nos amis les sauvages, qui choisissent pour général Washington, l'homme même dont le nom ouvrit tristement la guerre (1755) par l'accident de Jumonville. Grands motifs pour haïr ! Cela n'arrête rien. L'Amérique est reçue sur le cœur de la France, et la France lui dit : « Tu vaincras ! »

Admirable intrigant ! avec quelle foi hardie ce Beaumarchais répond de la victoire ! comme il est sûr de ce qu'il dit ! Ils vaincront. Ils n'ont pas de poudre, et ne savent pas même en faire. Ils vaincront, car ils sont sans armes, sinon de vieux fusils de chasse. C'est justement cela qui emporte la France : *La Justice, le Droit désarmé !*

Le prévoyant Franklin avait arrangé deux machines, l'une en France, l'autre en Angleterre. En France, il avait un ami, le médecin Dubourg, lié avec Vergennes, et qui obtint quelques secours secrets. Tout cela était lent. L'Angleterre achetait, lançait sur l'Amérique une armée de Hessois, ces durs soldats du Rhin. Les heures étaient comptées. La chance était mauvaise, si la brûlante activité de Beaumarchais n'eût tiré de l'argent d'ici et de l'Espagne, et tout, armes, habits, canons, jusqu'aux chaussures, n'eût mis là sa fortune, celle de ses amis, dans la scabreuse affaire, excellente pour se ruiner.

Tout y était obscur, la question elle-même de savoir si vraiment l'Amérique voulait être délivrée. Nul accord, et personne n'eût pu dire la majorité. Sparks (tr. Guizot) nous dit la chose au vrai. Les royalistes étaient au moins aussi nombreux. Les fils des puritains, malgré tout ce qu'on croit, n'étaient nullement républicains. Leur grand livre, les Psaumes, c'est le livre d'un Roi. La Bible, sur la royauté, comme sur tout, dit le pour et le contre. Ces gens d'esprit biblique étaient des sujets fort soumis, attachés à leur George, admirateurs aveugles de l'Angleterre, chapeau bas devant elle, éblouis de lord Clive et de la conquête des Indes, stupéfaits de cette grandeur.

L'Amérique avait pu lutter dans la limite de la constitution, résister vertueusement par l'abstinence et se passer de thé; elle avait pu même s'armer contre les soldats mercenaires; mais elle avait de grands scrupules. Personne n'eût osé lui parler de renier sa mère, pas un Américain. Nul n'eût eu ce courage impie.

Il fallait un impie, un brutal, pour lui dire cela, lancer le grand blasphème, le mot d'arrachement qui devait la créer, la tirer du néant, le mot créateur : « Sois! »

La savane, la libre forêt, ne donnent point ces grandes puissances. On ne trouve cela qu'au fond du peuple même, aux grandes foules, aux vieilles cités. Le rusé bonhomme Franklin sut déterrer la chose à Londres. C'était un certain Thomas Payne, ouvrier-matelot-magister, qui avait traversé toute chose. Fils de quaker, il avait le calme de ses pères. C'était un homme fort, qui allait devant lui, sans soupçonner d'obstacle et sans respecter rien, ne s'arrêtant qu'à la raison. Vrai citoyen du monde, d'Anglais Américain, d'Américain Français, il défendit la France, défendit Louis XVI et dans la vraie mesure (comme coupable qu'on devait enfermer). Lui-même prisonnier, voyant de près la mort, dans un calme admirable, il écrivait ses livres : *Droits de l'homme*, — *Age de raison*.

L'année 1775 (14 février) s'ouvre par le livre de Payne, *le Bon Sens*, tiré à cent mille. C'est le plus grand succès qu'un livre ait eu jamais. Il fut l'âme d'un peuple, — bien plus que sa pensée, — *son acte*. Il trancha la séparation. En quatre mois, il change, convertit l'Amérique, et le 4 juillet il devient *la loi* même. Il fait l'*Acte d'indépendance*.

L'Amérique, à celui qui dit : « Sois, » répond : « Je suis. »

Cela fait honneur à ce peuple. Un autre eût été fort choqué. Il mettait son orgueil à être Anglais. Payne lui dit durement : « Vous êtes mêlé de tous les peuples. Même en cette province (Pensylvanie), pas un tiers n'est de sang anglais. »

Il y avait aussi un préjugé très fort pour la constitution anglaise, l'*admirable* et l'*incomparable*, merveille d'harmonie, et autres bavardages. Payne réduit le tout à la très sèche vérité. Un roi qui a en main tant d'or et de places à donner (et plus, le budget monstre de l'Église anglicane) rompt lourdement cette balance. Sa volonté, sous la forme hypocrite, « la forme redoutable d'un bill du Parlement », pèse bien plus que l'ordre d'un despote. Celui-ci a cela de bon que c'est un gouvernement simple : on sait à qui s'en prendre. Mais la grande machine anglaise est si brouillée qu'on souffre très longtemps sans bien savoir d'où.

La pire situation, c'est d'être des *rebelles*. Devenez un État. La France ou l'Espagne aideront.

Rester Anglais, c'est la guerre éternelle. L'Europe est si drue de royaumes, d'intérêts opposés, qu'il vous faut faire toujours la guerre. Assez, assez de guerre. Soyez l'asile paisible des persécutés de ce monde. Votre éloignement fait votre paix. Le sang des morts, les pleurs de la nature, vous crient : « Séparez-vous... Le temps en est venu (*It is time to part*). »

C'est le moment, le seul. Dans cinquante ans, il serait impossible de réunir ce continent. Faites un gouvernement quand tout est plus facile, neuf, entier, et qu'on peut tout régler d'après la raison. Jeunesse est le bon temps pour semer, commencer le bien (*seed time*).

Jamais plus grande affaire ne fut sous le soleil. Car il s'agit d'un monde, et de tout le temps à venir. Toute postérité est mêlée à ceci. Il en sera comme d'un nom gravé sur l'écorce d'un chêne ; le chêne croît, et le nom grandit.

Ne restez donc pas là à attendre, à vous regarder curieux, soupçonneux. Tendez donc au voisin la main de l'amitié. Enterrez la discorde. Plus de noms de partis, un seul nom : *citoyen*, ami franc, résolu, champion courageux des libres États d'Amérique.

Cette rude éloquence, qui n'est pas sans grandeur, inspira les légistes qui firent l'*Acte d'indépendance* le brillant Jefferson, Adams, si calculé, sous les yeux de Franklin, la diplomatie même. Cet *Acte* s'adressait très directement à la France. C'est d'elle uniquement en ce moment qu'il s'agissait. L'*Acte* part justement avec la demande de secours (4 et 17 juillet 1776).

Donc la rédaction n'a pas un mot biblique. La phraséologie de Rousseau est seule employée. Point de *Dieu des armées*, de *Jéhovah*, de *Sabaoth*. Mais uniquement la *Providence*, le *Créateur* et le *Suprême Juge*, sont attestés comme garants des droits de liberté, d'égalité.

Toute école française (et même Helvétius) accepteront un *Acte* où l'on invoque *la Nature*, où pour l'homme on réclame spécialement le droit au *Bonheur*.

Non moins habilement, ils biffèrent dans cette pièce solennelle ce qu'ils y avaient mis de l'esclavage. On eût choqué de front la France de Raynal.

L'*Acte* arriva ici vers la fin de l'année, et fut reçu avec enthousiasme. Mais déjà le secours était prêt, attendait le départ. Comment dire l'adresse infinie, l'activité qui l'avaient préparé? Quel génie fallut-il pour que Beaumarchais éblouît, entraînât des hommes aussi flottants que le roi et Vergennes? Il vainquit par ce mot : « De toute façon c'est la guerre. S'ils s'arrangent entre eux, ils vont tomber sur nous. »

Il eut en grand secret un million de la France, un million de l'Espagne, mais ce qui ne pouvait rester inaperçu, la facilité d'acheter, non en Hollande, mais en France, et dans nos arsenaux, les vingt-cinq mille fusils, la poudre, les deux cents pièces de canon, nécessaires aux Américains.

Il est très beau au Havre, ce Figaro, qui défie l'Océan. Les Américains traînent, ne viennent pas prendre le secours. Il cherche, il trouve des navires, les arme, et met dessus d'excellents officiers, tels du grand Frédéric. Que de choses il risquait ! être pris, n'être pas payé, être sacrifié par Versailles, si l'Angleterre criait, si le roi prenait peur, voulait arrêter tout. C'est ce qui arriva. Un contre-ordre survint, mais tard, et les vaisseaux filèrent (janvier 1777).

M. de La Fayette part le 26 avril. Un homme de vingt ans, dans sa première année de mariage, laisse sa femme enceinte, secrètement achète un vaisseau, et malgré sa famille, les défenses du roi, les menaces, s'embarque et traverse la mer. Lui-même il a écrit ce mot simple, héroïque : « Dès que je connus la querelle, mon cœur fut enrôlé, et je ne songeai plus qu'à joindre mes drapeaux. » (*Mém.*, I, 7.)

L'effet fut admirable. Les Français affluèrent. L'Amérique eut des armes et sur-le-champ vainquit (1777). Le contre-coup de joie fut tel ici que le roi, que Vergennes, hésitants, frémissants, furent entraînés par le public. *La France s'allia*. Le roi n'eut qu'à signer (février 1778).

Il était entendu qu'il s'agissait pour nous de nous perdre et de nous ruiner. Mais cela n'était pas facile. Personne ne voulait nous prêter. Il y fallut un homme de talent, de ressources, un banquier admirable. Personnage un peu ridicule par sa vanité, son pathos, pédant fils de pédant, M. Necker n'était pas moins un homme honnête et bon, noblement désintéressé, qui, par sa probité, son honorable caractère, encouragea l'Europe à prêter à la France, mit celle-ci à même de courir à son gré dans la voie de la banqueroute. Sa vertu, ses talents, funestes à la patrie, ont sauvé l'Amérique, servi le genre humain.

Un Fermier général qui l'aime peu, en fait, malgré lui, cet éloge : « Sa sensibilité avait pour but les hommes en masse. Elle tenait surtout d'un esprit d'ordre et de justice. » (*Monthyon*, 204.)

L'ordre fut son objet d'abord. Les quatre mois après Turgot avaient été un vrai pillage. Il rétablit la comptabilité. Il annonça les vues d'un gouvernement probe qui ne craignait pas la lumière. La foi à la lumière, à la publicité, c'est en cela qu'il rappelle Turgot. Dès sa première année, il joue cartes sur table, avoue ce grand secret que l'État est grevé de quarante millions de rentes viagères (7 janv. 1777). On crie : l'imprudent ! l'indiscret ! Et cela au contraire rassure ; on apporte l'argent à cet homme si franc qui dit tout. Genève seule prête cent millions. Sept mois après, *la lumière dans l'impôt*. Nulle crue de cote personnelle sans vérification publique de ce qu'a donné la paroisse par-devant les notables que la paroisse élit (août 1777). L'année suivante, 1778, essai (timide encore) des assemblées provinciales de Turgot, et d'abord partiel, en Berry, en Guyenne, en Dauphiné, en Bourbonnais. Assemblées où le Tiers-état sera en nombre dominant, qui doivent

éclairer, conseiller, et non entraver le pouvoir.
(Voy. *Lavergne*.)

Necker nourrit la guerre. Mais à ce moment même, l'Autriche aurait voulu nous jeter par-dessus une seconde guerre, d'Allemagne, d'Europe. Joseph, comme plusieurs des enfants de Marie-Thérèse, n'eut pas l'esprit très sain. Sa sœur de Naples fut un monstre de lubrique férocité, impudente, avec son Emma. Celle de France, légère et charmante, violente par moments, plus douce (avec ses douces femmes Lamballe et Polignac), avait dans ses caprices, dans son visage (au nez un peu oblique) quelque chose de discordant. Le plus bizarre était Joseph. Ce sombre personnage, bilieux, lanciné d'humeurs âcres et d'hémorroïdes (*Arn.*, 289), semblait ne tenir dans sa peau. Il était résolu à se faire, à tout prix, grand homme, à éclipser le roi de Prusse. Réformateur étrange, d'une part il ferme les couvents, de l'autre il poursuit les déistes : tout déiste sera bâtonné, dépouillé de ses biens, tiré de sa famille, enrégimenté et perdu dans les colonies militaires. (*A. Michiels*, II, 211.)

Son cauchemar était Frédéric. Ayant si aisément gagné la Galicie, il guettait la Bavière, énorme proie attenant à l'Autriche, qui l'aurait fait compacte et monstrueusement arrondie en grand *Empire du Sud*. L'Électeur de Bavière était près de la mort. Son futur successeur, le faible Palatin, était serré de près, obsédé par l'Autriche, effrayé, corrompu; Joseph n'était pas loin de lui faire échanger son droit, son héritage, pour un plat de lentilles, une petite fortune que Joseph promettait à un bâtard du Palatin. Indigne escamotage. Mais il fallait le faire sous les deux yeux perçants de Frédéric, qui regardait.

Joseph vint voir ici ce qu'il pouvait attendre de notre appui contre la Prusse, de notre vieille servitude autrichienne sous Choiseul et la Pompadour. Antoinette serait-elle la Pompadour de Louis XVI, pour livrer le sang de la France? Pour lui c'était la question. Il trouva son Choiseul très solidement enterré à Chanteloup. La Polignac, créée exprès pour ramener Choiseul, n'y songeait plus, exploitait la faveur. Quoi qu'on fît, Antoinette ne pensait qu'au plaisir; si vaine et si mobile, quelque aimée qu'elle fût du roi, elle était réellement neutralisée par Maurepas, Vergennes. Et la France? Son cœur et ses yeux étaient tournés vers l'Amérique. Il était insensé de lui demander autre chose.

Joseph fut ridicule. Les nigauds admirèrent qu'il fût descendu à l'auberge, dans un hôtel de troisième ordre. Lui qui bâtonnait les déistes, il visita Rousseau et lui fit ses hommages. Censeur austère des mœurs et méprisant Versailles, il alla présenter ses respects à la Du Barry, ramassa sa jarretière. Tout fut baroque en lui, discordant, dissonant.

Il était parti de l'idée que Louis XVI était un idiot. Il le trouva gardé, cuirassé, averti. Vergennes, chaque matin, prévoyait et disait au roi ce que Joseph allait lui dire le soir, lui soufflait ses réponses. Son humeur retomba sur Marie-Antoinette. Il lui reprocha amèrement de n'être pas encore enceinte, de n'avoir pas su faire un Dauphin qui lui aurait donné le pouvoir de servir l'Autriche. Dans les notes écrites qu'il lui laissa (29 mai 1777), il la tance pour ses *parties fines* et ses courses de nuit, lui prédit une chute affreuse. Il fait fort bien entendre que si elle n'est pas enceinte, la faute en est à elle, qui s'est remise à vouloir coucher seule, qui glace le roi par ses dédains, etc. (*Arneth, Joseph*, p. 6). Certainement l'obstacle était l'objet chéri dont s'indigne Marie-Thérèse (*Arn.*, 1779). Le charme du bijou faisait tort au gros Louis XVI. Joseph gardait rancune et mépris à la Polignac. Cyniquement il riait à son nom. (*Voyage de Bouillé, Mél. de Barrière.*)

On est émerveillé de voir avec quelle douceur celle qu'on aurait crue si hautaine, reçut la correction. Elle se réforma un peu, se rapprocha de son mari (janvier 1778) pour servir sa mère et son frère. Le Bavarois était mort (en décembre) et la crise arrivait. Et il se trouvait justement que le roi ne pouvait plus rien, étant lié (6 février) par l'alliance américaine et la guerre avec l'Angleterre.

Joseph eut l'air d'un écolier. Il prenait la Bavière. Frédéric lui saisit la main, l'arrête et lui prend la Bohême. Joseph arme alors. Sa mère pleure. Elle crie : *Au secours !* Elle implore Antoinette. Elle espère dans le roi, « dans la tendresse du roi pour sa chère petite femme » (*Arn.*, 237). Et ce n'est pas en vain.

La reine obtint le 18 mars que le roi renvoyât durement le ministre de Prusse, qui le sollicitait de s'unir, d'imposer la paix. Louis XVI se dit neutre, mais sous main donne à Joseph un secours de quinze millions, selon le beau traité de 1756, nous refaisant ainsi tributaires de l'Autriche. Lâcheté misérable et demi-trahison qui ne fut guère secrète. Une si grosse somme ne fut pas invisible. Au départ de l'Hôtel des Postes, on vit les sacs et les fourgons. Cet argent et celui que l'on donna en 1785, au total vingt millions, restèrent ineffaçables. Louis XV en avait donné soixante-quinze à peu près. Cette faiblesse du roi, cette duplicité et la haine du peuple furent payés comptant en amour. Ce jour même du 18 mars, la reine fut enceinte de l'enfant qui naquit le 18 décembre 1778 (ce fut Madame d'Angoulême).

Les neuf mois de grossesse furent très cruels à l'Amérique. Le roi, engagé avec elle, fit tout pour agir peu, ne pas trop fâcher l'Angleterre, dans l'idée vaine que la guerre maritime pourrait être évitée encore, et qu'il resterait libre d'agir contre la Prusse, libre au moins de l'intimider. Il ne fit rien pour l'Inde. Il intima à l'Amérique de ne pas attaquer les Anglais au Canada. Il refusa l'argent qu'elle espérait, ne le donna qu'à regret et plus tard. Il retint notre flotte à Brest, sous le prétexte que l'Espagne voulait intervenir. Le 27 juillet seulement, on sortit, on se canonna, mais sans résultat décisif. Nous rentrâmes bientôt, « faute d'hommes et d'argent », disait-on. L'autre escadre partit de Toulon, sous d'Estaing, arriva tard, eut un fort beau combat et puis une tempête, se retira. L'Amérique se crut trahie.

Le roi trahissait-il ? Oui et non. Il s'intéressait à la

guerre maritime, mais n'y allait que d'une main, gardait l'autre pour protéger l'Autriche, s'il en était besoin. La situation de Joseph en août fut pitoyable. Avec sa grande armée, il était devant Frédéric. Le vieux, de cent façons, l'appelait au combat; et le jeune n'osait bouger. Son armée lui semblait trop neuve; il se défiait de ses talents; bref, restait échoué tristement, méprisable à ses propres yeux, lui si fier, qui visait si haut!

Jamais naufragé n'empoigna la planche de salut avec la peur, la force, dont Marie-Thérèse éperdue empoigna Marie-Antoinette. Ce sont des pleurs, ce sont des cris : « Sauvez, sauvez votre maison ! Vous sauverez un frère, une mère qui n'en peut plus. — Dira-t-on que la France nous a abandonnés? et cela dans votre grossesse ! (269, 277, 283). — Dieu ! si nous étions culbutés !... Non, la France ne peut laisser notre cruel ennemi nous subjuguer... Hélas ! la Russie le soutient. Notre sainte religion va recevoir le dernier coup. »

Cela bouleversait Antoinette. Elle fut violente à seconder sa mère, faisant venir Maurepas, Vergennes, les forçant de parler. Toujours ils échappaient. Que voulait-elle ? de l'argent ? Point du tout. Elle voulait une armée et la guerre. Donc deux guerres à la fois ? N'importe ! La timidité des ministres, leurs refus, la désespéraient. Elle n'allait plus au spectacle, affichant sa douleur, se déclarant tout Autrichienne. Elle pleurait à fendre le cœur, et faisait pleurer Louis XVI (*Arn.*, 265). En cet état, la femme est si touchante !

Quel chagrin de lui refuser !... Deux ivresses (des sens et des pleurs), c'est plus qu'on ne peut supporter. Le roi n'y tenait pas. L'enfant remue !... Il ne se connaît plus, il menace la Prusse (271), et l'on est tout près de la guerre. Enfin l'accouchement (déc.), l'enchantement de la paternité le met comme hors de lui. Il est tout à sa femme, à l'Autriche. Il étale son dégoût des Américains, et le regret de cette guerre. Sa joie grossière (tout allemande) aux relevailles, est marquée d'une farce indigne, d'un outrage à ce peuple qu'il a promis de secourir. Aux étrennes, il donna à une dame, qui admirait Franklin, la figure de Franklin, au fond d'un pot de chambre.

Certainement la France exagérait Franklin. Il était ridicule d'en faire tout à la fois un Socrate, un Newton. Ses qualités réelles, sa vertu calculée, sa dextérité, sa finesse à exploiter l'enthousiasme, méritaient peu un pareil fanatisme. Lorsque l'homme du siècle, Voltaire, vint mourir à Paris (mai 1778), ce grand événement n'éclipsa pas Franklin. On les mit de niveau. Il en riait sous cape. Son esprit, net et sûr dans un cercle borné, ne sentait nullement la sagesse de notre folie. Dans ces enthousiasmes qu'on croit souvent frivoles, la France a l'instinct vrai des grandes choses de l'avenir. Le culte qu'on rendait aux gros souliers, à l'habit brun, ces fêtes qu'on donnait à *l'homme simple*, à l'ex-ouvrier, il les prenait pour lui; on les donnait bien plus à l'immense avenir, à cet avènement des classes industrielles qui marque notre temps, à la création de la patrie commune, asile des libertés du monde.

Revenons au printemps de 1779. L'Espagne avait fini par se joindre à nous, s'ébranlait. Notre flotte, ralliant la sienne, allait avoir la force étonnante, inouïe, de soixante-huit vaisseaux de ligne. Effroyable armement, à faire trembler les mers. Qu'était-ce auprès que l'Armada dont on parle toujours ? L'Anglais ne l'avait pas prévu. Portsmouth n'était pas en défense. Quarante mille Français attendaient sur nos côtes qu'on les lançât sur l'autre bord.

Grand moment! décisif! Le roi avait paru l'attendre et l'espérer. Il avait réuni, gardait dans une armoire secrète tous les plans, les projets de la descente en Angleterre. Et alors, il l'oublie! Il est à la famille, à la femme, à l'enfant, c'est-à-dire à l'Autriche. Il s'agit avant tout de sauver Joseph II. Notre intervention y réussit. Joseph n'y perdit pas; sa folie lui valut un morceau de Bavière, sans compter nos quinze millions. Seulement il baissa à ses yeux, espéra moins dès lors éclipser Frédéric, douta d'être un grand homme. Dans son orgueil morose, il nous en voulut à jamais de l'avoir sauvé, nous haït et se tourna vers l'Angleterre. Marie-Thérèse, moins ingrate, déclara hautement que sa fille était son salut (*Arn.*, 288, 295).

Fille admirable en vérité. Dans son zèle autrichien, elle parvient encore à faire un de ses frères Électeur de Cologne, établissant l'Autriche sur le Rhin près de Frédéric, le blessant pour toujours, lui mettant cette épine au pied (juin 1779).

Ce ne fut qu'en juillet que nos énormes flottes, espagnole et française, se joignirent, tinrent la mer. L'Angleterre frémissait. Elle sentait l'Irlande qui s'agitait derrière. Elle n'avait que trente-huit vaisseaux qui ne parurent que pour se cacher dans Plymouth, puis sortirent, mais pour fuir et disparaître à toutes voiles. Qui empêchait l'attaque ? les vents ? ou le scorbut ? Le vrai scorbut fut à Versailles. On eut peur de prendre Portsmouth. On eut peur de saisir Liverpool, de le rançonner, comme le proposait La Fayette. Porter aux Anglais ces grands coups, ces coups honteux, c'était les enrager, fermer la porte aux négociations, que le roi, si froid pour la guerre, que l'octogénaire Maurepas, que le prudent Vergennes, désiraient, surtout Necker, accablé du fardeau. Le ministre de la marine, Sartines, en préparant la flotte gigantesque, lui avait fourni un prétexte excellent pour rentrer : elle avait peu de vivres (17 septembre 1779).

Le courage n'avait manqué qu'à Versailles. Il brillait aux duels de vaisseau à vaisseau. Il éclata à la Grenade, où le vaillant d'Estaing battit la flotte anglaise, força, de sa personne, sans canons, par assaut, les batteries qui dominaient l'île. De là, en Géorgie, attaquant Savannah, à pied, d'un même élan, il se fait repousser, blesser. Et la campagne est nulle encore pour l'Amérique (1779).

Ce trop bouillant d'Estaing n'en était pas moins alors celui qui entraînait les hommes. Le corps de la marine, entre tous orgueilleux, insolent et aristocrate, lui reprochait deux choses : d'abord, d'avoir servi dans les troupes de terre ; 2° d'écouter les avis d'un officier *bleu* (non noble). On fit si bien que, pendant trois campagnes, d'Estaing, écarté d'Amérique, laissa le libre champ aux victoires de Rodney et des flottes anglaises. Les Américains déclinaient. Toujours et toujours des revers. Ils ébranlaient la foi. Plusieurs se mirent à croire que l'Angleterre vaincrait, et que même elle avait raison. En voyant Washington avoir si peu de monde, on pouvait croire encore que la majorité, le droit du nombre était pour George. Le brillant général Arnold en juge ainsi et se déclare *Anglais.* Pour la seconde fois, l'Amérique périt, si la France ne vient au secours. Washington écrit une lettre directement à Louis XVI.

Celui-ci fut mis en demeure, embarrassé. L'opinion pesait, et fortement, pour l'Amérique, et Franklin était là, un dieu pour la société de Paris. Comment reculer devant lui ? Tout pourtant dépendait de ce que pourrait M. Necker. L'emprunt, longtemps facile, tarissait. Il fallut en venir aux économies difficiles, scabreuses, à la Maison du Roi, où quatre cents charges furent supprimées à la fois. Grand coup qui achevait de tourner la Cour contre Necker. Il devait ou périr ou grandir par l'appui des peuples. Il grandit, publia son célèbre *Compte rendu*, première révélation (incomplète encore, il est vrai) de l'état réel des finances. La foi de l'honnête homme à la lumière, à la publicité, eut deux effets profonds : il éclaira la France, il sauva l'Amérique. L'emprunt devint possible. On lui porta deux cents millions.

Sans augmenter l'impôt, il a donc pu faire face à cinq années terribles, — « en chargeant l'avenir ? » — sans doute, mais il lui crée un monde, et l'avenir le remercie.

Les années 80-81 sont la gloire de la France. Elle y est *la grande nation* :

D'un côté, elle pose la vraie loi de la guerre humaine, le respect dû aux neutres. Elle couvre les faibles (Hollande, Suède, Danemarck, etc.) de la brutalité anglaise. La Russie, dans le Nord, établit ce droit maritime, ferme la Baltique à la guerre.

D'autre part, on finit par ce qui eût dû commencer, on donne des troupes à l'Amérique sous Rochambeau, avec cette noble déférence de le subordonner à Washington. Le 28 septembre, huit mille insurgés, autant de Français, enferment dans York-Town l'armée anglaise. La Fayette menant une colonne d'Américains, Viomesnil une de Français, enlèvent les redoutes qui la couvrent. Et les Anglais se rendent. Leur flotte qui venait au secours, disparaît. L'Amérique est libre. « L'humanité a gagné la partie. »

La France garde la gloire et la ruine.

L'économie était partie avec Turgot, en mai 1776. Avec Necker, s'en va le crédit, mai 1781.

Pour la Cour, les privilégiés, la grande affaire était de chasser le bon sens, de renverser celui par qui seul on marchait encore. Quoiqu'il eût ménagé plus que Turgot les entours de la reine, sa réforme hardie de la maison royale, puis son *Compte rendu* qui montrait tant de choses, avaient décidément fait de lui un objet d'horreur. Il était absolument seul. L'effort était terrible pour le roi, intolérable la fatigue de garder cet homme impossible, à ce point haï, poursuivi. Admiré de l'Europe, envié de l'Angleterre même, Necker à Versailles était la bête noire, et personne ne lui parlait plus.

Qui n'avait-il blessé, lui financier, la finance elle-même, en supprimant quarante receveurs généraux, en démembrant le corps redoutable de la Ferme, qui jusqu'à lui régnait depuis Fleury? Les Parlements lui en voulaient à mort pour son essai des Assemblées provinciales, pour ses atteintes à leurs exemptions d'impôts. Il voulait leur ôter la torture, leur plus doux privilège. Il inquiétait les seigneurs. En supprimant la servitude chez le roi, il voulait l'éteindre chez eux (*avec indemnité*). Et il l'aurait fait si le roi ne l'avait empêché, par un respect stupide *pour la propriété!*

Il tomba (mai 81). Ses successeurs incapables, Joly, d'Ormesson, aux quatre cents millions que Necker emprunta en cinq ans, en ajoutent autant en trois ans.

La guerre nous dévorait. Les Polignac avaient fait deux ministres, Castries, Ségur, gens de mérite, mais sous qui la Guerre, la Marine, deviennent énormément coûteuses. Ministres aristocrates. Sous

Ségur, plus d'officiers qui ne soient nobles. Sous Castries, l'insolent et violent corps de la marine, à son aise, écrasa *les bleus* (les roturiers). D'Estaing fut écarté pour faire place à De Grasse, qui attache son nom à l'une de nos plus terribles défaites. L'intrépide Suffren, qui, seul et sans secours, ramena la victoire à nos flottes dans les mers des Indes, ne pouvait amener ses nobles capitaines à combattre de près, à la portée du pistolet (Voy. *Roux*, etc.). Trois fois, en plein combat, il fut laissé, trahi. Nul châtiment des traîtres. Ce grand homme de mer, précurseur de Nelson, dans un duel indigne avec un prince, un parent des coupables, devait être bientôt lâchement tué. Crime encore impuni.

Dissolution profonde. On comprend nos revers. Le plus terrible effort, ruineux, pour prendre Gibraltar, n'avait eu nul effet (1781). Une expédition gigantesque s'organisait l'année suivante. Par une étrange inconséquence, on se ruine en préparatifs, et l'on montre un désir imprudent de la paix. L'Angleterre en avait grand besoin. On pouvait le croire, en voyant le fils de Chatham, notre plus cruel ennemi, Pitt, vouloir qu'on traitât. Tout est imprudemment, indécemment précipité. L'Amérique traite avant la France, la France traite avant la Hollande (janvier 83), sans stipuler pour elle ni pour nos alliés indiens. L'Anglais naviguera dès lors dans les Indes hollandaises, poussera librement la réduction de l'Hindoustan. L'Espagne gagne à la guerre, Minorque et les Florides.

La France? Rien.

Rien que de n'avoir plus un Anglais à Dunkerque.

Rien que d'avoir sauvé, délivré l'Amérique.

Reste à payer la guerre, le milliard emprunté.

Nous le regrettons peu, quand nous avons la joie de la voir, la grande Amérique, monter, monter si haut, dans son immensité; — orgueil, espoir, salut du monde.

Qu'importe qu'elle oublie, dans sa voie si rapide?... Elle fait mieux que songer au passé. Elle ouvre l'avenir, et l'éclaire par ses grands exemples, par la solidité de son gouvernement, en face de la flottante Europe qui ne fait plus un pas que la terre ne lui tremble aux pieds.

CHAPITRE XV

La Reine. — Calonne et Figaro. (1774-1784.)

Avant la paix, Choiseul était mort dans l'exil (1782), et avec lui le meilleur espoir de l'Autriche. Il était mort au moment même où la naissance du Dauphin (1781), doublant l'ascendant de la reine, lui rendait enfin quelque chance. La reine avait manqué sa vie.

Car pourquoi naquit-elle? pourquoi fut-elle élevée, préparée, mariée, dans les plans de Marie-Thérèse, sinon pour faire ici un ministre autrichien, pour refaire de la France un fief de l'Empereur? Vergennes y résistait, et l'honnêteté de Louis XVI.

Marie-Thérèse mourut. Et la reine, d'autant plus flottante, rejetée d'un écueil sur l'autre, au gré des Polignac, mit leur homme au pouvoir, leur Calonne, qui la perdit, et la royauté elle-même.

Tragique destinée! On la comprendrait peu si on ne la suivait dans son développement, dans la série des fautes et des entraînements, des fatalités même, qui l'ont poussée, précipitée.

L'enivrement s'explique, au début de ce règne. Tous l'éprouvaient. Quelle joie de voir enfin s'asseoir sur le trône purifié de Louis XV l'honnête, l'excellent jeune roi, cette reine charmante! Qui n'eût tout espéré? Un grand mouvement d'art décorait ce moment, il illuminait la scène. Et la reine en était le centre. — Tout gravitait vers elle. — Glück arrivait pour elle de Vienne, lui apportait *Iphigénie*. Il écrivait *Armide* (1775), pour qui, si ce n'était pour l'Armide couronnée de Versailles? Peu artiste elle-même, elle sentait du moins l'art par la passion. Piccini, appelé à Versailles par la Du Barry, n'en fut pas moins accueilli d'elle, caressé, consolé des fureurs de partis. Elle le fit son maître de chant. Elle est touchante et belle au souper solennel où elle réunit les rivaux, Piccini, Glück, veut finir cette guerre de l'Allemagne et de l'Italie.

Combat d'art supérieur. Mais la France pensait à Grétry. Grétry et Monsigny, le *Déserteur*, la *Belle Arsène*, surtout *Zémire et Azor* (traduit en toute langue), c'étaient les grands succès populaires et nationaux, avec le *Barbier de Séville*, la Rosine de Beaumarchais. Art tout français, d'étoffe un peu légère, mais tout à fait du temps, d'accord avec son peintre et son poète, Fragonard, Parny (1775). La poésie créole de celui-ci régnait. Moins le cœur, moins l'amour, que l'élan du plaisir. Le tout à la surface, en mobile étincelle. La vraie furie des sens n'éclata qu'à

Vincennes, aux délires de deux prisonniers (Mirabeau... Faut-il nommer l'autre?)

Toute image d'amour, Rosine, Arsène, Armide, faisait regarder vers la reine, en vérité éblouissante. Une seule femme semblait exister. Les fats tournaient autour. Elle s'amusait d'eux, de son mari aussi avec grande imprudence. Elle avait le tort grave d'accepter trop le rôle d'épouse négligée, qui les enhardissait. Très justement son frère lui reproche sa lettre étourdie où, se moquant du roi Vulcain, elle dit qu'elle n'a garde d'aller faire Vénus à la forge, etc. Quelle prise funeste pour la cabale haineuse qui lui supposait vingt amants!

Certes on exagérait. A regarder de près, on est plutôt porté à croire qu'elle n'aima vraiment aucun homme. Elle fut éblouie un moment de Lauzun. Elle subit longtemps un grondeur ennuyeux, Coigny, qui se faisait son pédagogue. Elle fut sans nul doute reconnaissante pour Fersen, qui prodigua sa vie aux jours les plus terribles. En tout cela, je ne vois rien qui semble vraiment de l'amour. Elle n'eut de passion que pour ses deux amies, Mesdames de Lamballe et de Polignac.

Lauzun, tout fat qu'il est, dit qu'il plut, mais *que ce fut tout*. Ce qu'elle aimait en lui, c'était le bruit, la mode. Le fou charmant arrivait de Pologne. Ce pays de roman lui avait enlevé le peu qu'il avait de cervelle. Il est si fou, qu'il croit convertir Catherine à la cause polonaise. Puis il lui écrit de

Versailles que ce serait sa gloire « de faire qu'après sa mort une femme restât *reine du monde*. Nulle n'en serait plus digne que Marie-Antoinette. » Mais celle-ci n'en a pas envie. Elle dit n'en avoir ni le cœur ni la force. Ce qu'il lui faudrait, c'est l'amour. Dans cette atmosphère érotique, où tous chantaient Éléonore, où elle-même honorait Parny, elle eût voulu, ce semble, être aussi amoureuse. Mais ne l'est pas qui veut dans les temps énervés. On sent cette faiblesse jusque dans Parny même, dans ses chants sans haleine, élan d'un pulmonique qui se vante d'infinis désirs.

Elle quitta Lauzun fort aisément, et cela au moment où un amour réel se serait attaché, lorsqu'étant ruiné, poursuivi pour ses dettes, il ne fut plus l'homme à la mode. Je l'en excuse fort, mais lui pardonne moins son infidélité pour la charmante femme qui l'eût dû toujours retenir.

C'était alors la mode des *inséparables amies,* dont rit Mme de Genlis. La reine le fut un moment de Madame de Lamballe. Elle ne pouvait plus la quitter. Elle renvoyait tout le monde. Seule avec elle à Trianon, elle faisait de petits dîners, d'interminables promenades. On en riait, on en fit des chansons. Et pourtant quel plus heureux choix? quelle amie désintéressée, ne se mêlant de rien, prête à servir en tout, et même aux choses les plus dures (Voy. plus bas l'affaire du Collier)! Elle était tout cœur, tout amour, sans vanité, se trouvant heureuse et comblée, toute princesse qu'elle était, des humbles privautés où la dame d'honneur était moins que servante[1].

Elle avait un attrait tout singulier d'enfance (elle n'a jamais eu que quinze ans), une fraîcheur éblouissante, avec la candeur de Savoie. La reine trouva délicieux d'abord d'être en ces douces mains. Sa nature vive et forte, le riche sang de Marie-Thérèse, s'arrangeait à merveille de la faible petite amie. Mais trop faible peut-être L'odeur de violette la faisait trouver mal (dit Mme de Buffon). Son médecin Seetzen attribue sa faiblesse, ses spasmes singuliers, à l'éducation énervante, aux habitudes de couvents, dont les grandes dames, selon lui, ne se corrigeaient jamais bien.

Cette mollesse plus que féminine n'est pas sans se marquer dans les arts de l'époque à telles délicatesses, telles sensualités. Les petits bains obscurs, les secrets cabinets (comme à Fontaine-bleau), peuvent en donner l'idée, avec leurs glaces mal placées, leurs ornements de nacre; point de

---

[1]. Mme Campan (I, 99) dit crûment l'étrange étiquette, choquante et indécente, qui fut pour la reine un supplice avec sa première duègne. (Voy. *Hyde*) et qui en vérité ne pouvait être tolérable qu'avec la créature aimée, l'unique à qui on est bien sûr de ne déplaire jamais. — Les grandes dames, pour ces petits mystères, aimaient à s'élever une enfant aimable et discrète, souvent une demoiselle (Voy. Sylvine, *Staal*). Couchée près de l'alcôve dans la toilette intime, brodant, lisant le jour derrière un paravent, elle savait exactement tout. A Vienne, tout passait par ces mignonnes favorites (de qui la Prusse achetait les secrets). Elles étaient de grandes puissances. Le vieux Duval, vivant à Vienne, le savait bien. On voit dans ses *Mémoires* qu'il ne courtise pas l'Empereur, mais deux femmes de chambre, une sage fille de Marie-Thérèse et une jolie Russe, de celles avec qui la Czarine aimait le soir à folâtrer. — Une gravure allemande, faite à Paris sous Marie-Antoinette, exprime ces mœurs naïvement : *le Lever*, 1774; *Freudsberg invenit*; *Romanet sculpsit*.

peintures obscènes, mais faibles et galantes, comme de main de femme, et de femme énervée.

On devina bientôt que la pauvre Lamballe, si tendre, mais passive, n'était pas pour répondre aux vives énergies de la reine. En la nommant surintendante, lui donnant une place d'affaires qui la faisait le centre de la Cour, elle-même finit le tête-à-tête, la sevra des soins personnels qu'elle eût aimés bien mieux. Leur amitié languit. Et, juste à ce moment (août 1776), on inventa la Polignac.

Combinaison profonde. Le vrai chef des Choiseul, Mme de Grammont, travaillant pour son frère, croyant que la Lamballe ni Lauzun n'intrigueraient pour lui, désirait donner à la reine ou un amant ou une amie. Dans son expérience, jugeant par sa Julie, elle crut qu'une amie aurait bien plus de prise. Un jour, dans les salons Lamballe, la Reine en ses folles plumes, flottant au vent léger, arrête et fixe son regard sur un objet charmant, une jeune dame inconnue à la Cour. Visage d'ange, de sourire enchanteur, et de simplicité touchante, sans diamants, sans parure, qu'une rose aux cheveux. Toujours en robe blanche. Sa pauvreté l'exilait en province. Quelle douce occasion ! La reine s'attendrit, l'enrichit sur-le-champ, la garda, la mena partout. L'infortunée Lamballe tâcha d'abord de se soumettre et de subir cela. Mais c'était trop. Elle tomba malade, et eut dès lors des accès de catalepsie. Elle quitta Versailles. Elle alla à Plombières. Elle alla en Hollande, revint s'enfermer à Paris. Toujours inconsolable, elle pleurait dans les bois de Sceaux. (Voy. *Guénard, Hyde,* etc.)

Toute autre, la nouvelle amie, avec son abandon apparent, son air de bergère, était très froide au fond. C'est ce qui la fit absolue. La Lamballe avait été moins que femme, une enfant. La Polignac fut un maître, doux, mais impérieux, comme un amant qui maîtrisait la reine, par moments la faisait pleurer. « Plus avide que tendre », disait Marie-Thérèse. L'*ange* avait un mari, qu'il fallut faire sur-le-champ grand officier de la couronne, en blessant toute la Cour. L'*ange* avait un amant, Vaudreuil, un officier, à qui pour commencer on donna trente mille livres de rentes. L'*ange* avait un ami, un certain Adhémar, qui ne voulait pas moins que l'ambassade d'Angleterre. Et son autre ami, Besenval, eût voulu seulement faire le gouvernement, faire nommer les ministres. Et pourquoi tous les Polignac n'auraient-ils pas été au moins ministres *adjoints?*

En tout cela, la jolie femme était menée par deux démons, Diane, sa belle-sœur, bossue galante, d'esprit malin, pervers, et son ami Vaudreuil, un violent créole, colère, emporté, provoquant. Voilà les maîtres de la reine.

Était-elle asservie sans retour? On peut en douter. Elle restait capable de sentiments honnêtes. On a vu sa patience à recevoir les rudes corrections de son frère (1777). Elle se réforma, accepta les devoirs, les conditions du mariage, s'accoutuma à son mari. Il avait vingt-quatre ans, et un grand éclat de jeunesse. Il était devenu très fort, par delà le commum des hommes. Elle fut enceinte coup sur coup. A peine accouchée (de Madame), elle se trouva grosse, crut avoir un Dauphin. Elle eut le malheur d'avorter. Et, par-dessus, elle eut un grave avis du temps : elle perdit presque ses cheveux. Il lui fallut baisser, paraître en coiffure plate, découronnée, pour ainsi dire. Frappée, elle pensa aux prophéties sinistres de sa mère. Elle pleura, se laissa aller, versa son cœur, sans doute. Le roi pleurait aussi, plus tendre encore pour elle, dès ce jour l'aimant trop et faiblissant de plus en plus.

N'eût-elle pu alors quitter la Polignac, la combler et la renvoyer? Elle y songeait peut-être (1779). Elle lui donna presque un million pour sa fille. Elle eût voulu, dit-on, lui faire un duché en Alsace. Mais comment satisfaire toute la bande, les amis de la dame? Vaudreuil, à ce moment, voulait faire un ministre, faire sauter celui de la guerre, Montbarey, qui lui refusait de l'argent. La reine était embarrassée, craignant la censure de Coigny, intime ami de Montbarey. Il lui semblait dur d'obéir. Poussée par l'insistance obstinée de la Polignac, elle éclata et s'emporta. Mais, quel coup pour la reine! Très froidement la dame dit qu'elle va partir, lui rendre ses bienfaits. Adoucie tout à coup, la reine voudrait la ramener. Elle est plus froide encore, impitoyable. La reine n'en peut plus, ne peut se contenir, étouffe de sanglots et de larmes. Elle demande pardon, prie, s'humilie, se jette à ses genoux. (*Besenval*, II, 107.)

Domptée ainsi, elle tomba plus bas dans sa honteuse

obéissance, agit pour son tyran avec ardeur, exigea à tout prix qu'on fit ministre Ségur, l'homme des Polignac. Qu'était Ségur? Elle ne le savait même pas. Un jour, elle revient triomphante, et dit à son amie : « Soyez heureuse enfin! *Puységur* est nommé! » (*Ibid.* 110). Que dire d'une si grande ignorance? Que dire de Louis XVI, si aveugle et si dominé, qui pour elle aujourd'hui prend *Puységur*, *Ségur* demain? Tyrannie pitoyable! Ségur passe, elle est enceinte (22 janvier 1781).

Ce fut un Dauphin cette fois (22 octobre). Le roi fut dans le ciel. Mais ce bonheur tant désiré devint un malheur pour la reine. On cria que l'enfant ne venait pas du roi. Orléans, que les Polignac avaient blessé indignement (disant qu'il se cacha au combat d'Ouessant), Orléans, en revanche, lança un trait mortel : « Qu'il n'obéirait pas à *un fils de Coigny.* » Imputation injuste, selon toute apparence. La reine, à ce moment où l'enfant fut conçu, chassait un ami de Coigny.

La reine retombée ainsi, assotie de ses Polignac, oubliait tout et jusqu'à sa famille, ne répondant plus même à sa sœur, la reine de Naples (*Augeard*, 251). Elle s'oubliait elle-même, elle allait se mêler à la cour de la Polignac, qui ne daignait en écarter ceux qui déplaisaient à la reine. Le plus dur pour celle-ci, c'était l'insolence de Vaudreuil; elle le détestait, le souffrait. Mais il ne suffisait pas de l'endurer : il fallait l'admirer, en ses goûts, ses petits talents. Poitrinaire, disait-il, il avait droit de ne rien faire. Il était l'amateur, le juge en tout. Sa passion était surtout pour

Fragonard, Parny de la peinture. Vaudreuil, étant créole, protégeait le créole Parny, bien reçu chez la reine, exalté, consulté.

Un seul prince, d'Artois, « un polisson », dit la reine elle-même, était de cette société. Vivant avec les filles et les danseuses, il en apportait le langage. On ne se gênait nullement devant la reine. Impudemment Vaudreuil se moquait devant elle de Vermond, son vieux précepteur. Brutalement, dans un accès, il cassait au billard un objet d'art, délicat, précieux, auquel elle tenait. Elle ne disait rien. Il aurait cassé davantage.

De ce planteur le nègre était la Polignac, de qui le nègre était la reine, de qui le nègre était le roi.

La royauté avait passé dans cette société. On le vit en 83. Malgré le roi, ils lancent, font jouer *Figaro*. Malgré la reine même, qui préférait un autre, ils mettent au pouvoir Figaro, je veux dire Calonne.

L'affaire La Chalotais avait mis Calonne en son jour, démontré le coquin. Ni le roi, ni la reine, n'en voulaient. Donc il arriva.

Nul plus charmant ministre. D'avance il avait parlé net. Il promit tout à tous, déclara qu'au rebours de Necker, il penserait aux fortunes *privées*, qu'il ferait plaisir à chacun. Son système neuf, ingénieux, était de dépenser le plus possible. Ce ministère ouvrit comme une fête. Les femmes l'appelaient *l'enchanteur*. Si l'on demandait peu, il disait : « Pas assez ! »

Des cent millions qu'il emprunta d'abord, pas un quart n'arriva au roi. Il paya les dettes des princes, les gorgea. Cinquante-six millions pour le seul comte d'Artois, et vingt-cinq pour Monsieur. Condé n'en eut que douze, mais avec six cent mille livres en viager. On ne dit pas ce qu'eurent les prôneurs, les menteurs, intrigants de tout genre, qui avaient fait ce grand ministre. (Voy. *Augeard*, 249.)

Tout va aller à la dérive. Où est le roi? Que devient-il? Il était travailleur, sérieux, sous Turgot. A voir aujourd'hui sa torpeur, on le croirait hydrocéphale. La table, la vie conjugale, l'invincible progrès de l'obésité paternelle, semblent paralyser sa grosse tête d'embryon. On lui fait en un an signer en acquits au comptant cent trente-six millions! Pour qui? Je ne le sais. Il ne le sait lui-même.

Le seul point où le roi se souvient qu'il est roi, c'est l'exclusion de *Figaro*, son refus obstiné de lui ouvrir la scène.

Cette énorme apostume d'âcretés, de satires, traits haineux, mots mordants, avait mis six ans à mûrir. Elle avait (Beaumarchais le dit) pris son germe au salon du Temple, qui, des Vendôme à Conti, fut toujours le foyer des nouveautés risquées. Conti, ce bizarre prince en qui tout fut contraste (Conti-de-Sades, Conti-police, Conti-Rousseau, l'ennemi de Turgot, révolutionnaire au pire sens), pressentit au *Barbier* ce que deviendrait Figaro. Il le voulut marié, en défia l'auteur, lui mit le feu au ventre. Six ans durant, à travers les affaires, Beaumarchais prit au vol cent mots étincelants, qui jaillissaient vers la fin des soupers. La pièce est chargée, surchargée d'esprit; elle en est fatigante.

Elle devint fort âcre, quand Beaumarchais, pour l'affaire d'Amérique, ne put se faire payer, ne put trouver justice ni ici, ni là-bas. Il s'aigrit, menaça, prédit un cataclysme, et sembla le vouloir, comme si le torrent ne devait pas d'abord le rouler des premiers et l'emporter lui-même.

Figaro est très sombre. Pendant toute la pièce, les lazzis, le faux rire, j'entends derrière un bruit comme un vague roulement d'orage. Il est partout dans l'air. « Je l'entends, dit Mme Roland, au clos de la Platière. » (*Lettres*). Et Fabre d'Églantine, au petit chant plaintif, dont tous les cœurs ont palpité.

J'aime peu *Figaro*. Je n'y sens nullement l'esprit de la Révolution. Stérile, tout à fait négative, la pièce est à cent lieues du grand cœur révolutionnaire. Ce n'est point du tout là l'homme du peuple. C'est le laquais hardi, le bâtard insolent de quelque grand seigneur (et point du tout de Bartholo).

La pièce manque son but. Que le grand seigneur soit un sot, d'accord. Mais qui voudrait que le puissant fût Figaro ? Il est pire que ceux qu'il attaque. On lui sent tous les vices des grands et des petits. Si ce drôle arrivait, que serait-ce du monde ? Qu'espérer de celui qui rit de la nature, se moque de la maternité, qui salit l'autel même, *sa mère !*

Le roi, qui se fit lire la pièce, jura qu'on ne la jouerait pas. Cependant (le 12 juin 1783) le pétulant d'Artois, se moquant des défenses, allait la faire jouer chez le roi même, à ses Menus-Plaisirs. Un ordre l'empêcha. Cela n'arrêta pas l'audace des amis de la reine. Vaudreuil, le 26 septembre, la fit jouer chez lui devant la Polignac et sa cour de trois cents personnes (Voy. Mme V. Lebrun, I, 147).

Surprenante insolence. Mais ils étaient maîtres de tout. Un mois après cet acte d'effrontée désobéissance, le roi justement nomme leur ami de plaisir, le ministre qu'ils poussent, l'agréable coquin qui va faire leur fortune de la fortune de l'État. Figaro avait dit : « Rions ! car qui sait si le monde vivra dans six semaines ? » — Il n'en fallut que trois pour faire la fin du monde, pour remettre la France au prodigue effréné, Calonne, qui emporta la monarchie.

Ayant cédé la grande chose, le roi s'obstine à la petite. De nouveau il empêche *Figaro* (fin de février), mais il est débordé. La reine lui fait croire que la pièce est changée, qu'elle est si mauvaise d'ailleurs, qu'en jouant cette rapsodie on en dégoûtera le public (17 avril 1784).

Le torrent attendait, les portes du théâtre frémissaient.. On se précipite... Ce fut presque aussi gai qu'au mariage de Louis XVI. Plusieurs furent étouffés. Une si longue attente rendait terriblement avide; on applaudit tout au hasard. Cent représentations ne peuvent rassasier le public.

Quelle joie ! Tout est égratigné, jusqu'aux protecteurs de la pièce, jusqu'au ministère Polignac. Leur Calonne a son mot : « Il fallait un calculateur; ce fut un danseur qui l'obtint. »

« Sot ou méchant... C'est le substantif *qui gouverne.* » — « Son mari la néglige. » — « Fils du butor », etc. — C'est la reine, le roi, le Dauphin. Tout était saisi âprement, et telle allusion (imprévue de l'auteur) était avec fureur trouvée, claquée, bissée.

La pièce fut servie à merveille par les acteurs. L'attrait mélancolique de la comtesse (ou de la reine?), de l'épouse *négligée*, fut très touchant dans la Sainval, belle pleureuse de tragédie, qui cette fois joua le comique. Mlle Contat, si fine de grâce et d'esprit, traitée jusqu'à ce jour fort durement et souvent sifflée, joua avec un charme frémissant la rieuse, l'espiègle Suzanne. Une enfant de cet âge à qui tout est permis, Mlle Ollivier qui jouait Chérubin, prêtait son innocence à des effets de scène calculés, sensuels, où Beaumarchais, flatteur hardi des goûts du temps, groupait ces trois femmes amoureuses. Autour de la Sainval, autour de la Contat, Ollivier-Chérubin voltigeait, « léger comme une abeille » dans les jardins de Trianon. C'était fort chatouilleux, sensible avec cela, libertin, et pourtant les yeux étaient humides. Sans deviner pourquoi, on eût tout pardonné à ce Chérubin-fille, à cette enfant touchante, qui défaillit bientôt, mourut (à dix-huit ans), et qui, dans le plus hasardé, gardait l'attendrissant de celle qui devait vivre peu.

Au moral, le drame valait les mœurs publiques. Tout en les censurant, il en donnait le pire. Le roi fut très chagrin de son étourderie à permettre la pièce. Il fut blessé aussi pour Monsieur, critique anonyme, qui eut de Figaro un vigoureux soufflet. Mais le roi, je le crois, fut bien plus blessé pour lui-même.

On avait dans la pièce repris pour la comtesse (visiblement la reine), la très sotte légende d'*épouse négligée*. Il l'aimait plus alors qu'il n'avait jamais fait plus jeune, s'attachant, s'enivrant de la possession quotidienne, la voyant elle-même se prendre peu à peu d'habitude, de fatalité. Et très réellement, sans guérir de ses vices, elle finit par aimer son mari.

Que l'on jouât dans *Figaro* les tristesses de la chère personne, et sa légèreté, les orages de Trianon, il le trouva exorbitant. Quand Monsieur le pria de punir Beaumarchais, il était à jouer, il saisit une carte, et (le sang lui montant au cœur et au visage) il écrit dessus : « Saint-Lazare. »

Arrêté! et à Saint-Lazare, où l'on fouettait les petits polissons!... Lâche outrage d'un homme tout-puissant au talent! à celui qui, tel quel, avait eu le bonheur de faire plus que personne dans le destin de l'Amérique. Par cela, Beaumarchais devait rester sacré.

Une caricature atroce figurait Beaumarchais entre les mains des bourreaux lazaristes.

Le public prit pour lui l'outrage. Et quel public? Quelle est cette jeunesse ardente à *Figaro*? Quels sont ces enfants sombres et qui ne rient de rien? Les juges mêmes de Louis XVI. Dans ce parterre, Danton, Robespierre ont vingt ans.

CHAPITRE XVI

Montgolfier, Lavoisier. — Rohan et la Valois. (1783-1784.)

« De l'audace, encore de l'audace! » Ce mot qu'on dit plus tard, était dans les esprits. Un fait extraordinaire, un spectacle inouï, en montrant tout possible au courage de l'homme, exalta l'espérance, déchaîna l'imagination.

Tout Paris réuni à La Muette, le 21 novembre 1785, vit deux hommes dans une nacelle qu'emportait un ballon, monter majestueux et calmes. Le ballon, trouvé le 6 juin par Montgolfier, se gonflait constamment dans le voyage au moyen d'un réchaud, d'une combustion qui l'emplissait de gaz. Moyen très dangereux. Ce n'étaient pas des hommes d'un courage vulgaire (Pilâtre, Arlandes), les premiers des mortels qui quittèrent notre globe, osèrent mettre l'air sous leurs pieds, soulevés vers le ciel par la machine incendiaire qui pouvait les précipiter.

Aux Tuileries, le 1er décembre, nouvelle expérience,

plus hasardeuse. Charles et Robert gonflèrent leur ballon de *gaz inflammable*. Les esprits, pleins alors des expériences de Franklin sur l'électricité des nues, supposaient que ce gaz, les traversant, pourrait s'enflammer au contact. C'était aller à la rencontre de la foudre, la défier, présenter l'aliment à sa redoutable étincelle. On fut épouvanté. L'humanité du roi s'émut, défendit de tenter la chose. Mais l'attente était excitée; la foule était tremblante, impatiente... Les intrépides passèrent outre, malgré le roi, partirent. L'effroi, l'enthousiasme, le délire furent au comble. On eût dit que les hommes avaient perdu le sens, et les femmes s'évanouissaient...

Moment rare! L'infini de l'espoir s'ouvrit. On se crut sûr de naviguer là-haut. Les plus lointains voyages dès lors étaient faciles. Plus d'obstacles, d'Alpes ni de fleuves, plus de vaines barrières, plus de douanes absurdes, plus de vexations des tyrans. L'homme ailé, devenu condor, aigle, frégate, planant sur toute la terre!

Ne rions pas trop de nos pères. N'accusons pas ces élans d'imagination. On s'est complu à mettre leur crédule espérance aux miracles nouveaux en face de leur philosophie, de leur logique politique, de leur culte de la raison. Mais nulle contradiction. La raison, à ce moment même, éclatait en prodiges, certains, palpables, incontestables. Le plus grand événement des sciences, depuis Newton, avait eu lieu et bien plus important. Il ne s'agissait pas de trouver seulement des faits, de les lier et de les calculer. La science était née *qui seule fait son objet*, qui crée les faits eux-mêmes, bref, un *art de créer*. Chose énorme, que le siècle cherchait comme à tâtons, et qui un matin a jailli, si grande, du front de Lavoisier (1775), et tout à coup si claire ! populaire, accessible à tous, offrant une langue nouvelle, entendue de toute nation.

« L'homme est un Prométhée, *un second créateur* », voilà ce que proclament la chimie et la mécanique à la fin de ce siècle. — L'homme est-il *guérisseur?* Trouvera-t-il en lui un remède à ses maux? a-t-il une puissance qui referait chez lui l'équilibre détruit? Cette question profonde fut posée au moment où Lavoisier résolvait la première. Mesmer nous apparut en 1778, apportant aux sciences un fait incontestable, l'action magnétique, que l'homme peut exercer sur l'homme pour apaiser, parfois suspendre les douleurs. Ses disciples, les Puységur, trouvèrent, ou plutôt reconnurent le fait du sommeil extatique, l'état du somnambule qui semble dépasser les barrières de la vie, voit par un sens à part. Faculté obscure, variable, peu rare chez l'être faible, chez la femme nerveuse, surtout aux moments troubles où l'animalité domine. Elle l'expie, en est plus faible encore. Ces singulières puissances (de faiblesse et non pas de force) furent d'autant plus mal observées qu'on trouva intérêt à embrouiller la chose pour exploiter, dominer ou corrompre. Les faits réels étaient un texte trop commode aux fictions du charlatanisme, de l'empirisme avide. Ils furent noyés d'abord des fumées équivoques d'une thaumaturgie médicale, illusoire et souvent funeste.

Dans les crises que le maladif, la dame délicate, éprouvaient en formant la chaîne magnétique au baquet de Mesmer, les nerfs, vainement agités d'un vague orage sensuel, acquéraient un degré nouveau d'agitation morbide, et l'esprit en restait atteint. Les débilités de Mesmer étaient prêts à toute chimère, avides de merveilles, prêts à croire, prêts à voir les miracles de Cagliostro.

Crédulité, charlatanisme, demi-folie, tout cela se trouvait ailleurs, au gouvernement même. Calonne avait l'aspect d'un Mesmer politique. L'impossible n'était pas pour lui. Il riait à ce mot. Il prenait en pitié ceux qui avaient peine à comprendre son symbole financier : « A dépenser, on s'enrichit. »

L'impossible, de même, a disparu pour Joseph II. Il embrasse le monde. D'une part, il prendra le Danube, divisera l'empire ottoman. D'autre part, il mettra la main sur la Bavière, il forcera l'Escaut. Ayant déjà Cologne par son frère, dominant le Rhin, il va prendre Maëstricht et dominer la Meuse, peser sur la Hollande. En mai 84, il sonne contre lui-même la cloche de la guerre, défie Frédéric et l'Europe.

Témérités étranges. Vergennes et Louis XVI en frémissaient, voyaient le monde en feu, et la France épuisée de la guerre d'Amérique entrer dans celle d'Allemagne. La reine seule n'avait peur de rien. Elle suivait Joseph à l'aveugle en son rêve, voulait nous y lancer. Bien loin qu'elle soit restée froide (comme l'a dit M. de Bacourt), ses lettres montrent à quel point elle fut violente pour son frère, obstinée dix-huit mois, et chicanant pour lui. Elle parla fort et ferme aux ministres, fit venir chez elle Vergennes, voulut l'intimider, crut l'entraver, retenant ses dépêches. Mais son moyen le plus direct fut celui qui avait réussi en 1778. Elle obsède, enlace le roi, et la voilà encore enceinte (juin 1784).

On dit qu'elle fit plus. Joseph empruntant pour la guerre, on prétend que la reine entreprit d'y aider, soit par les juifs d'Alsace, soit par ses banquiers même (par Laborde et Saint-James), qui se fièrent à elle pour garantir l'emprunt, et qui finalement en furent payés par nous. Ainsi tout à la fois la France par Vergennes s'efforçait d'empêcher la guerre, la France par la reine y poussait, en faisait les fonds!

Pour tout cela, la reine ne pouvait compter sur Calonne. Elle était brouillée avec lui. Elle l'avait créé, mais malgré elle, et forcée par la Polignac. Elle aurait mieux aimé un ami de Choiseul, Loménie, ou tout autre qu'aurait voulu l'Autriche. Calonne le savait à merveille, savait ne tenir qu'à un fil. Il ne fut pas un an sans lutter avec elle, travailla sourdement à la miner, la perdre.

« *Nul ministre solide que par la faveur de l'Autriche* »; c'est ce qui ressortait de la légende de Choiseul, qui par là se maintint au pouvoir si longtemps. Nul n'avait cette foi plus que Rohan qui, changé, transformé, devenu Autrichien, à Strasbourg, à Versailles, agissait fort pour l'Empereur. Son palais de Strasbourg, son château de Saverne étaient le grand passage d'innombrables courriers entre Versailles et Vienne.

Prince d'empire et riche en Allemagne, influent en Alsace, Rohan agissait pour l'emprunt qu'eût fait le juif Ceerbeer ou autre. En même temps il offrait à Versailles un projet de finances, pour faire sauter Calonne, qu'il aurait remplacé, avec l'appui de Joseph II. Serait-il pour cela accepté de la reine? Rentrerait-il en grâce près d'elle? C'était la question.

Rohan, pour refaire un Choiseul, était bien mieux posé que lui, ne partait pas de rien. Il avait à Strasbourg quatre cent mille francs de rentes, trois cent mille à Saint-Vast, en tout presque un million par an. Il était endetté, il est vrai, devait deux millions. Somme légère en comparaison de la colossale banqueroute de son parent Guéménée (trente millions). Tout dans la famille était grand. Fort unis, ces Rohan-Soubise poussaient d'ensemble au ministère. Le cardinal y visait dès longtemps, stimulé par sa cour, ses secrétaires ardents qui ne le laissaient pas dormir. Le dirigeant était le fin, le faux abbé Georgel. D'autres étaient plus jeunes, entre autres un jeune homme éloquent, de noble cœur, crédule, Ramond, le célèbre Ramond (des Pyrénées, du Mont-Perdu). Mais le conseiller très intime, l'oracle était Cagliostro, le magicien et le prophète, homme, il est vrai, très fin aux choses de ce monde, propre à associer des naïfs (Ramond, d'Espreménil), à créer ces nombreuses loges dont le centre eût été Strasbourg.

Grande fortune. Rohan n'était pas au niveau. Il n'était nullement un sot, comme on a dit. Mais pitoyablement faible, et scandaleusement libertin. Usé à cinquante ans de corps, de cœur, sous sa belle apparence, il était lâche, et, au moindre péril, prêt à tomber très bas. Il n'en avait pas moins les rêves royaux de sa famille, de ces fameux rois de Bretagne qui s'estimaient autant au moins que les Capets, trouvaient bien jeunes les Bourbons. Rien n'avait plus flatté Rohan que d'acquérir, d'entretenir la plus noble maîtresse qu'on pût avoir en France, la dernière du sang des Valois.

Cette femme, à coup sûr infortunée, quelles qu'aient été ses fautes, est restée écrasée quatre-vingts ans sous l'infamie. Récemment cependant un peu de jour s'est fait. M. Beugnot la relève sous certains rapports. Il nous porte à conclure que les Mémoires qu'elle écrivit pour se laver ne sont pas méprisables autant qu'on avait cru, — bref, que ce grand procès n'a été que jugé, — éclairci? examiné? non.

Ce n'était pas du tout un monstre. On ne résistait guère à son charmant aspect, à sa parole agréable, enjouée. Tout d'abord son visage disait : « Je suis Valois », ayant l'ovale très noble et un peu long de la famille. Ses yeux bleus expressifs, sous l'arc des sourcils noirs, brillaient de certaine étincelle qu'eut cette dynastie de poètes, de Charles d'Orléans à la divine Marguerite. Elle en avait la bouche un peu grande et le fin sourire, prête à conter les *Cent nouvelles*. Avec ses jolies dents, elle avait quelque chose de railleur, de mordant, certain attrait sauvage. Et sauvage elle fut en effet de misère dans l'enfance jusqu'à quatorze ans. Les Saint-Remy, ses pères, méprisant tout métier, ruinés, misérables, avaient ici la vie qu'ils auraient eue en Canada, vivant de rien, de baies, de misérables fruits, faisant aux bois de petits vols, que (par charité ou par peur) on ne voulait pas voir. Ils n'étaient pas errants cependant. Ils restaient autour de Bar-sur-Aube, près de leurs anciens fiefs, comme attachés encore à ces terres, attendant je ne sais quel hasard qui pourrait les y faire rentrer.

Le dernier Saint-Remy, mourant, laissa trois orphelins, que la mère mena à Paris. Celle dont nous parlons, jolie, intelligente, mendiait pour les autres, devait rapporter tant le soir, sinon battue cruellement. Sa mère la maltraitait; son frère, sa sœur, nourris par elle, la malmenaient comme mendiante.

L'enfant resta assez petite, fut faible et délicate. Elle garda de tant de souffrances une trace (qu'a remarquée Beugnot), c'est que la nature, en formant son sein, n'acheva pas, « n'en fit qu'une moitié, qui faisait fort regretter l'autre ».

Une bonne dame qui en eut pitié, prit les orphelins, les présente à Louis XVI. Ce qui surprend, c'est qu'il fut peu touché. Cette race des Valois lui parut dangereuse. Il voulait les éteindre, faisant du frère un moine, un chevalier de Malte, et les deux sœurs religieuses. Avec une petite pension, on les mit à Longchamps. Et dès qu'elles furent grandes, l'abbesse, selon les vues du roi, voulut, de gré, de force, les voiler, les enfermer là pour toujours. Dans cette abbaye, près Paris, de renom musical, qui recevait tout le beau monde, elles avaient rêvé une autre vie, A tout hasard, elles partirent, n'ayant que dix-huit francs chacune, sans appui, abri, ni ami.

Ces pauvres demoiselles, seules ainsi dans la rue, étaient comme une proie. La seule maison qu'elles connussent, était celle de leur bienfaitrice. Mais elle leur était dangereuse. Le mari, prévôt de Paris, corrompu, endurci dans ses exécutions sommaires des voleurs et des filles, avait persécuté l'aînée dès quatorze ans, voulant vilainement se payer sur l'enfant du pain qu'elle mangeait chez lui. Elles fuirent de Paris, allèrent à Bar-sur-Aube, le pays de leurs pères, y arrivèrent avec six francs. Une dame les reçut par charité. Cette dame avait un neveu, militaire en congé, gendarme de la Maison du Roi. La Valois n'y échappa point. L'hôte, le protecteur s'en empare, la rend enceinte. On la marie, et elle accouche au bout d'un mois de deux enfants. Mais elle était trop faible ; les enfants ne vinrent pas viables. Elle resta affublée d'un mari sot, laid, et endetté, et qui n'était qu'un embarras.

Elle avait bien du nerf, ne désespéra pas. L'idée fixe qui avait soutenu ses aïeux, la soutenait aussi : c'était sa terre, ce patrimoine qui, après avoir passé de main en main, était rentré alors au domaine royal, et semblait d'autant plus facile à recouvrer. Elle vint vaillamment seule à Paris, réclamer, mendier, avec son grand nom de Valois. Son compatriote Beugnot, jeune avocat, lui donnait parfois à dîner. Toujours souriante, gracieuse, elle semblait n'avoir jamais faim, en mourait ; menée au café, elle tombait sur les échaudés. Un jour, chez une grande dame qu'elle sollicitait, elle se trouva mal ; c'était de faim.

La grande aumônerie avait par an plus d'un million et demi pour aider la noblesse pauvre. Nul plus noble, plus pauvre à coup sûr que celle-ci. Rohan à qui on la présente, est attendri, et lui donne d'abord en secours deux ou trois mille francs. Mais son cœur se prend fort ; le voilà amoureux, lui si blasé, usé. Celle-ci, soit par l'effet du nom, soit par son enjouement charmant, malicieux, certain attrait sauvage de chatte ou de panthère, lui mit la griffe au cœur. De Paris à Versailles, où elle était pour ses affaires, il lui écrit des lettres éperdues (Beugnot les vit plus tard), lettres folles, honteuses, de désir effréné. Bref, il la prend à lui, l'établit, l'entretient, sur la caisse des pauvres, la met dans un hôtel, avec quatorze domestiques. Tout cela, dit Beugnot, bien avant le vol du collier. Elle n'avait que faire de filoutage. Il y suffisait de l'amour.

Dès lors faisant figure et mendiante à quatre chevaux, elle sollicitait à Versailles. Mal reçue pourtant des puissants, mal de la Polignac, qui se souciait peu d'approcher de la reine une personne agréable et dangereusement intrigante. Elle ne fut guère mieux accueillie de Calonne, qui crut la renvoyer avec un peu d'argent.. Elle y fut superbe d'orgueil, parla comme auraient fait Charles IX,

Henri II, lui dit que des Bourbons elle ne voulait que sa terre, qu'elle resterait là et ne s'en irait pas qu'il ne lui eût mieux répondu.

Elle fut bien reçue de la comtesse d'Artois, de la bonne sœur du roi, qui aimaient peu la Polignac, bien aussi (si on doit l'en croire) de l'intérieur de la reine, de ses femmes, excédées du règne de l'éternelle amie, et charmées d'introduire du nouveau en dessous. La reine lui donna un secours. Qu'elle l'ait vue, ou non, c'est un point secondaire. Par ses femmes (Misery, Dervat), elle put, à l'insu de son tyran, la Polignac, accueillir l'envoyée du parti opposé, de Rohan, alors bon autrichien, agent de Joseph II et courtier de l'emprunt que l'Autriche crut faire en Alsace, Rohan dut s'y tromper, et se croire pardonné. Se rendant nécessaire, il crut pouvoir aller plus loin, pouvoir devenir agréable. Il avait cinquante ans. Mais Besenval les avait bien, quand il osa faire à la reine une déclaration qui ne la fâcha pas ; elle le toléra, le garda comme ami, et même familier d'intérieur dans ses parties de Trianon.

La reine avait trente ans, s'était assez rangée. Les excentricités d'Orléans, les folies d'Artois, le vertige des bals de nuit (d'où une fois elle revint en fiacre), toutes ces légèretés de jeunesse n'allaient plus à son âge. Elle était plutôt triste. Mais le vide d'esprit ne lui permettait pas de chercher, de trouver de plus dignes amusements. Le catalogue de ses livres, si différent de la bibliothèque excellente de la Pompadour, fait peine et fait pitié. On y voit figurer

Faublas, les livres de Rétif, si vulgaires et si graveleux. Son goût pour jouer les soubrettes, s'exposer dans ces rôles, non pas à huis clos aux amis, mais aux gardes de la porte même qu'elle appelait, tout cela est peu digne de la fille de Marie-Thérèse.

Elle n'était nullement méchante, dans l'intérieur elle était fort aimée. Elle n'eut jamais de jeu cruel, ni de souffre-douleur, comme en avaient trop souvent les princesses (Voy. la Harcourt dans *Saint-Simon*). Mais elle aimait les farces, et le bas grotesque italien. Espiègleries parfois fort innocentes, comme la fête où d'Artois convalescent dut (captif et lié) souffrir les compliments des faux bergers de Trianon. Parfois c'étaient choses malignes, comme la comtesse d'Artois qu'on fit prendre, exposer devant tous dans un rendez-vous. Une chose fort cruelle fut faite pour amuser la reine, qui ne s'est jamais effacée de la tradition de Paris. Les dames de la Halle étaient venues pour une fête, superbes et familières, dans leurs royaux atours. Au dîner que donna le roi, les gardes du corps les grisèrent, et (dit-on) eurent l'indignité de mêler dans les vins de dangereuses drogues, qui leur firent dire et faire mille choses comiquement impudiques. Certaines se jetaient aux rieurs, se livraient elles-mêmes. Elles furent le matin rendues à leurs maris dans un état qu'on n'ose dire. Cela fut impuni. La reine, qui le blâma sans doute, fut pourtant curieuse et, dit-on, voulut voir, eut le tort d'en salir ses yeux.

Beaucoup plus innocente était la mystification

dont le cardinal de Rohan fut l'objet en juillet 1784. La reine était alors fort triste pour son frère, et de plus enceinte d'un mois, dans les premiers ennuis de la grossesse. Probablement on voulut la distraire. *Figaro* était à la mode, la fureur du moment... La reine qui jouait Rosine du *Barbier* (et Suzanne plus tard, ou la comtesse Almaviva), raffolait de Beaumarchais. Les quiproquos du dernier acte, la scène de nuit et de forêt, furent-ils réalisés, pour l'amuser, dans le parc de Versailles? cela n'est point invraisemblable. Rohan, bien plus que Figaro, était mystifiable; un fat de cinquante ans rappelait encore mieux le Falstaff si comique des *Joyeuses femmes* de Windsor. La farce était certainement dans les goûts connus de la reine, mais du reste innocente. La reine eût désiré, dit-on, que le roi même y assistât, qu'il connût son grand aumônier. On ne voulait faire à Rohan d'autre mal que le ridicule. La Valois, sans difficulté, se prêta à la chose contre son bienfaiteur, croyant (sur une idée fort juste de la nature humaine) que la reine l'ayant mystifié, s'en étant amusée, lui serait moins hostile et peut-être amie tout à fait.

Il fallait une actrice qui, de port, d'apparence, ressemblât à la reine, pour tromper les yeux de Rohan. Il y avait justement une demoiselle d'Essigny qui avait cette ressemblance. Était-ce proprement une fille? Non, mais son habitude était d'aller s'asseoir chaque soirée sous les ombrages (alors beaux et grands) du Palais-Royal. Un enfant de quatre ans qu'elle amenait, la gardait, la faisait respecter un peu de ceux qui la suivaient. La Valois n'osa dire ce qu'était d'Essigny. Elle la fit baronne étrangère, et la baptisa *Oliva* (c'est le mot *Valois* retourné). Pour décider une telle dame, une baronne, à s'en aller la nuit au bois, jouer un rôle scabreux, il fallait un payement assez fort. On ne marchanda pas. La Valois dut donner quinze mille francs à Oliva, sans doute les reçut, mais ne lui en donna que quatre.

Oliva avait un peu peur. Elle craignait surtout que le grand seigneur qui viendrait, ne s'émancipât trop (devant un tel témoin ! la reine, qui serait cachée et verrait). La Valois la calma, la styla, et pour être sûre qu'elle jouât mieux son petit rôle, elle la mena à *Figaro*, pour voir ce cinquième acte qu'on voulait imiter.

Oliva, en robe *à l'enfant*, de fin linon blanc moucheté, sous un blanc mantelet, une jolie *thérèse* à la tête, fut amenée la nuit au bas du tapis vert, dans un bosquet obscur, et tremblante attendit.

De son côté Rohan n'était pas rassuré. Non qu'il ne se crût beau dans un habit de mousquetaire où il s'était serré. Mais il ne savait pas jusqu'où irait la bonté de la reine, doutait d'en être digne. La Valois dit qu'avant, pour se faire le cœur jeune, il avait jugé bon de prendre l'étincelle, et chez Cagliostro, et près d'une jeune Ève, enfant qu'il avait à Passy, dans cet unique but de raviver l'amour.

Tout alla à merveille. Rohan vit la figure, ombre blanche et légère, qui vint et d'une voix très douce, basse, timide (de passion, il n'en douta pas), dit : « Tout est oublié ! » Éperdu, il se mit à genoux, et plus encore, un vrai esclave, s'aplatit, lui baisa le pied (*Georgel*). Il était dans l'extase. Mais la Valois accourt, les avertit : « On vient ! » Funeste contre-temps ! bien amer à cet homme heureux !... La fausse reine s'évanouit, pas si vite pourtant qu'auparavant n'échappe de sa main une rose, sur laquelle il se précipite, qu'il baise, adore... Mais il est entraîné.

La Valois voudrait nous faire croire que la reine s'étant amusée de Rohan, l'ayant trouvé crédule, ému, passionné, en avait eu pitié et l'avait consolé, qu'ils eurent des rendez-vous.

Je n'en crois pas un mot.

Mais je trouve fort vraisemblable que la reine ait fait faire la mystification. Jamais la Valois d'elle-même n'eût offert ce salaire énorme à Oliva, salaire royal, de celle qui peut jeter l'argent pour un caprice.

Le lieu du rendez-vous n'est pas dans les bois de Versailles, mais dans le Parc, fermé de grille. On n'y va pas la nuit sans un ordre d'ouvrir.

Si la Valois avait fait de sa tête, et non autorisée, un pareil coup d'audace, elle eût craint beaucoup plus une indiscrétion d'Oliva. Elle l'eût ménagée davantage. Elle était bien peu inquiète, puisqu'au risque de la faire parler, elle osa empocher les deux tiers du salaire promis.

CHAPITRE XVII

Le Collier. (1785.)

La mystification était trop fructueuse pour ne pas la continuer. Et ce n'était pas difficile. La reine, en sa triste grossesse, avait besoin d'amusement. Elle aimait, on l'a vu, le burlesque et les petites farces, comme en Autriche, en Italie. Le cardinal, embarrassé, avait besoin du ministère ; la passion le rendait crédule, et prêt à faire toute folie. Et la Valois avait besoin de les exploiter tous les deux. Fastueusement entretenue par Rohan en 83 sur la caisse ecclésiastique, elle baissa en 84, suppléa l'amour par l'intrigue. On l'a vue gagner dix mille francs du salaire réduit d'Oliva. Elle dut attraper quelque argent de la reine pour les lettres grotesques qu'elle apportait du cardinal. Ces lettres éperdues de l'*esclave*, adorations folles, étaient une riche source, intarissable, de risée. Le succès enhardit la Valois. Elle osa (à l'insu de la reine) faire de fausses réponses en son nom ;

réponses encourageantes qui exaltaient Rohan, et le rendaient sans doute plus généreux pour la Valois.

Rohan croyait toucher au but, et remplacer Calonne. Entre celui-ci et la reine une guerre avait éclaté en 1784. Enceinte de trois ou quatre mois, elle avait une envie, un vif désir d'avoir Saint-Cloud, de l'acheter aux Orléans. Saint-Cloud, c'est Paris presque, lieu libre, où l'on rentre à toute heure. Elle avait souvenir de cette nuit de bal où le roi lui ferma la grille de Versailles, la laissa à la porte négocier, prier (*Bachaumont*). Devenue régulière, elle avait cependant ce caprice de la liberté, d'une propriété toute à elle, acquise en propre et privé nom. Le roi consent, mais Calonne résiste, disant qu'ainsi acquis, Saint-Cloud serait terre autrichienne, propriété de l'Empereur, si la reine mourait ne laissant pas d'enfants. Il résiste six mois, ne cède que forcé par le roi, mais se venge. Il arrête sous un prétexte Augeard, secrétaire de la reine, qui a rédigé le contrat. (*Mém. d'Augeard.*)

Lutte étonnante qui indigna la reine. Calonne n'était pas un Turgot. Prodigue des prodigues, pour elle seule il est économe. Cent millions ont passé à son joyeux avènement pour les princes et les Polignac. Il a de l'argent pour Cherbourg, pour les canaux, les barrières de Paris, qui vont coûter douze millions. Il en donne quatorze pour payer Rambouillet, acheté par le roi. Il achète les terres de tous les seigneurs obérés au prix qu'ils veulent (pour soixante-dix millions). Il fait signer au roi en un an cent trente-six millions en acquits au comptant (dont vingt et un millions inconnus, anonymes). Et il n'en a pas quinze pour acheter Saint-Cloud!

Combien moins aura-t-il de l'argent pour l'Autriche et les millions de Joseph II!

La reine aurait voulu le chasser à tout prix. Rohan, plus complaisant et brûlant de servir, s'offrait, offrait un plan de finances qu'un certain avocat Laporte avait écrit et lui avait donné par la Valois.

La reine était troublée. Elle n'avait jamais eu une grossesse si orageuse. Elle croyait mourir en couches. Dans ses craintes, elle permit qu'on consultât pour elle le devin à la mode, grand ami de Rohan, et qui logeait chez lui, le célèbre Cagliostro. Véritable enchanteur, dont on n'approchait guère sans en être séduit. Aux pratiques occultes (magnétiques et somnambuliques), il liait la maçonnerie. C'était son originalité, ce qui le distinguait et du fameux Borri, qui brilla à Strasbourg au dix-septième siècle, et du comte de Saint-Germain, cet homme d'infiniment d'esprit, qui sut éblouir Louis XV, faisant à volonté et donnant des diamants. Cagliostro l'avait vu en Allemagne, avait pris sa tradition. Mais sa grande éloquence, son génie sicilien, lui donnaient une bien autre action, et même sur des gens sérieux. Il semblait que par lui il vînt un nouveau dogme. Ne brisant nul autel, il en élevait un au dieu inconnu, la Nature. Il avait pris d'abord un point central, le Rhin, entre France et Empire, au palais de Rohan et sous la flèche de Strasbourg.

On débitait mille choses. Les Allemands, en lui, revirent le Juif-Errant. A Paris, il était musulman d'origine, fils de quelque roi d'Orient, élevé dans les Pyramides, où il apprit à fond les sciences occultes. Ainsi que Saint-Germain, il avait vécu trois cents ans. Il en paraissait trente. C'est qu'il possédait le secret de rajeunir, renouveler la vie, et la puissance aussi de réveiller l'amour. L'amour? on le voyait, vivant, en sa charmante femme, Serafina Feliciani, une fleur du Vésuve (lui était de l'Etna).

Cette Serafina semble être pour beaucoup dans la puissance d'attraction qu'eut Cagliostro pour Rohan. Dès qu'ils vinrent à Paris, le prince-cardinal les établit près de lui, au Marais, paya tout et défraya tout. Ils eurent un hôtel rue Saint-Claude. Serafina eut une cour. Madame de Valois dut se subordonner, lui tenir compagnie. A se loger si loin, Cagliostro gagna. Le désert attira la foule. Le plus grand monde, les belles dames affluaient, consultaient le sage, s'initiaient à ses mystères. On s'enivrait de sa parole et de sa fantasmagorie. Ému, illuminé, et d'autant moins lucide, on errait volontiers dans les sombres jardins du vieil hôtel, hanté de visions, d'ombres aimées peut-être, de ces illusions qu'avait trouvées Rohan sous l'heureux bosquet de Versailles.

C'est dans cette maison de renommée douteuse, qu'on vint consulter pour la reine. Mais le sage, pour sonder le sort, avait besoin d'une *innocente*. Rohan et la Valois lui amenèrent la nièce de celle-ci, encore enfant, qui, certains rites accomplis, eut (par une carafe et à travers l'eau trouble) la vision que l'on désirait. Une figure de la reine apparut, et, questionnée sur l'accouchement, donna un signe favorable.

Un des initiés de ce temple de la Nature qu'y avait mené la Valois, était le riche Saint-James, qui, avec les Laborde, fit l'emprunt autrichien. Saint-James était, avec les deux joailliers de la reine, Bœhmer et Bassange, propriétaire en tiers d'un collier de diamants de près de deux millions, fait jadis pour la Du Barry. On ne pouvait plus s'en défaire, ne trouvant personne assez fou. On en parlait sans cesse. On disait qu'on donnerait bien deux cent mille francs à qui le ferait acheter. Cagliostro sentit la portée d'un tel mot. Georgel dit (comme la Valois) que le grand magicien « mieux que personne sut le secret des motifs de l'acquisition du collier » (t. II, 119). Mais il ajoute, par respect, « que c'est un grand secret, profond, des loges égyptiennes ».

Secret fort transparent, facile à deviner. Cagliostro, expert aux moyens d'aviver l'amour, voyant le cardinal inquiet d'avancer si peu, et d'autre part, voyant la reine dans l'orage, aux moments où la femme est faible, — conseilla à Rohan l'essai d'un talisman, qui, devenu magique par des conjurations puissantes, lierait deux cœurs, deux âmes. Vieille recette, employée tant de fois par les Cagliostro du Moyen-âge. Rohan crut voir la reine asservie du moment qu'on aurait pu (comme aux coursiers sauvages) adroitement lui jeter ce *lazo*.

De naissance, elle avait la passion des diamants.

Elle en reçut beaucoup du roi. Et cependant tout d'abord, à l'avènement, acheta des bracelets très chers (que censure fort Marie-Thérèse). Bien plus, au moment même (1776), des girandoles merveilleuses qu'elle ne put payer qu'en six ans. Tout cela était éclipsé, disait-on, par les diamants de la reine d'Angleterre, alors nouvelle reine des Indes. Le collier qui eût pu rivaliser, semblait trop cher. Louis XVI avait dit : « J'en aurais deux vaisseaux. » Cependant, ce collier, unique, irréparable, allait (on l'assurait) passer en Portugal. Quelle perte pour la France, pour la couronne de France! Aussi grande sans doute que si elle perdait le *Régent*, notre diamant (unique!). Il semblait très français de garder le collier.

La royauté, cette religion, ce permanent miracle, a besoin de ces choses éblouissantes qui étonnent, qui obligent à baisser les yeux. Les étranges reflets du diamant aux lumières font comme un mystère de féerie, une auréole (divine? ou diabolique?) De là ces passions violentes, ces furieuses manies du diamant. On sait le joaillier terrible qui ne vendait les siens qu'en voulant les reprendre et poignardant les acheteurs.

Si la reine, dit-on, avait tant d'envie du collier, pourquoi n'en parla-t-elle pas au roi, qui ne l'aurait pas refusé? Mais le roi, à l'instant, venait de lui donner Saint-Cloud (quinze millions). Mais le roi à son frère allait faire don de cinq millions. Elle eût été bien indiscrète de prendre un tel moment pour faire une troisième demande, d'une futilité si coûteuse. Elle dut avoir honte, tout autant que désir. On sait d'ailleurs que ces caprices, ces *envies* de la femme enceinte, sa friandise avide d'avoir sur-le-champ tel objet, l'humilie d'autant plus qu'elle est d'instinct aveugle, sans raison, contre la raison. Il y faut le mystère. Le grand jour gâte tout. Offrez l'objet; elle refuse, « car cela n'est pas raisonnable ».

Ses tentateurs, les joailliers, gens fins, que leur commerce initiait à ces faiblesses de femme, venaient tous les jours *travailler* avec elle pour les parures de ses prochaines relevailles; et elle ne pensait qu'aux bijoux. Elle voulait l'objet, mais qu'il vînt de lui-même. Saint-James, qui gagnait sur l'emprunt, Rohan visant au ministère, auraient pu l'offrir comme *épingles*. L'affaire tardait, traînait. Le désir l'emporta. Excédée du retard, elle permit d'agir (si l'on croit la Valois), et dit « qu'on fit ce qu'on voudrait. »

Longtemps après, en 1797, à Bâle, les deux joailliers avouèrent à Georgel *que la reine n'ignora nullement qu'on achetait le collier pour elle* (*Georgel*, II, 66). Ils étaient trop prudents pour livrer un pareil objet sans être sûrs de son désir.

Mais la reine n'écrivait jamais (sinon un peu à sa mère, à son frère). Vermond, Augeard, faisaient ses lettres. Dessales les écrivait; il était son *faussaire en titre*, comme en ont toujours eu les rois [1]. Même les signatures des lettres aux souverains n'étaient pas de sa main. Ses joailliers n'auraient jamais eu l'impudence d'exiger plus que n'en avaient les rois.

---

1. Voy. Saint-Simon sur Rose, et ce qu'en dit M. Feuillet de Conches, *Revue des Deux Mondes*, 15 juillet 1866.

Il suffit donc que Rohan achetât, et qu'on mît au traité qu'elle acceptait. C'est ce qu'on fit *sans imiter son écriture.* Elle-même le dit à Augeard.

On mit sur le traité : Antoinette *de France* — et non d'Autriche, — pour que cet objet précieux restât à la Couronne, ne devînt jamais autrichien, comme eût pu devenir Saint-Cloud, d'après les termes du contrat.

« Comment, dit-on, la reine eût-elle désiré le collier? pour le cacher, l'enfouir? L'ayant refusé publiquement, elle n'aurait osé le porter. » Comme collier sans doute, mais fort bien sous une autre forme. Dès longtemps elle cherchait, achetait un à un des diamants pour se faire des bracelets. On le savait. Et c'est l'usage qu'elle eût fait de ceux du collier.

Ce funeste bijou (dont Georgel a donné la forme), en collier, en festons, était bien pour la Du Barry. Il était combiné pour faire valoir le sein, descendre sur la gorge fort bas, et scintiller à son onduleux mouvement. La reine, plus âgée, ayant eu trois enfants, en eût paré plutôt ses beaux bras, ceux qu'on a admirés aussi chez sa fille. Elle aurait employé les gros diamants en bracelets, et les petits (des festons et des nœuds) pouvaient être vendus. C'est ce qui aidait fort à l'achat. Ces petits, qui valaient un peu plus de trois cent mille francs, suffisaient justement pour le premier payement qui devait se faire en juillet.

Si l'on croit la Valois, le vrai collier de gros diamants, valant plus d'un million, aurait été, chez elle, livré le 1er février 1785, par Rohan à Desclaux, un garçon de la reine. Et les petits diamants, détachés du collier, auraient été vendus pour le compte de Rohan par la Valois ici, par son mari Lamotte en Angleterre, où l'envoya le cardinal. Ce mari prit des traites pour ses frais de voyage, chez Perrégaux, banquier du cardinal, fit sa commission sans le moindre mystère. L'ayant faite, *il revint*, et rapporta trois cent mille francs (mai 1785).

Il revint. Notez bien ce mot. Si sa femme vraiment eût volé le collier, s'il avait eu les gros diamants (plus d'un million), s'il les avait portés, vendus en Angleterre, il eût fait venir sa femme apparemment, *mais ne fût jamais revenu.*

C'est ce que dit le plus simple bon sens.

Quelque peu délicats que fussent le mari et la femme, une certaine chose assurait leur vertu. C'est que les gros diamants du collier, objet rare et si facile à reconnaître, étaient peu faciles à voler, dangereux, difficiles à vendre. Des objets de ce prix ne vont guère qu'à des rois.

La grande occasion pour laquelle la reine se préparait, voulait paraître avec tous ses diamants, c'était la grande pompe des relevailles où, traversant Paris, elle irait rendre grâces à Notre-Dame. Triste fête, et d'effet sinistre. Elle fut accueillie avec un silence mortel. Elle revint désolée, à Versailles. Le roi dit brusquement : « Je ne sais comment vous faites... Quand je vais à Paris, tout le monde s'enroue à crier : Vive le roi ! »

On avait pris très mal qu'elle achetât Saint-Cloud,

eût sa maison à elle pour rentrer à ses heures et découcher à volonté. N'était-ce pas assez de Versailles et des bosquets de Trianon? Les amis de Calonne brodaient cruellement là-dessus. L'affaire d'Oliva s'ébruitait, et plusieurs soutenaient qu'il n'y avait pas d'autre Oliva que la reine. Rohan le croyait fermement, tâchait de le faire croire. Il avait encadré la rose et la montrait à tout venant. Il faisait à Saverne, dans ses jardins épiscopaux, l'*allée* triomphale *de la Rose*. Sa fatuité outrageante, son délire sensuel pour se persuader son rêve, alla jusqu'à faire faire une galante boîte, d'écaille noire, entourée de diamants. Dessus, un beau soleil levant dissipait un nuage. Dedans, si l'on poussait un ressort, on voyait la reine en robe blanche, une rose à la main (*Beugnot*). Don d'amour? On l'aurait pu croire. Cela se donnait fort à un amant favorisé.

La reine, à un autre âge, pour un homme à la mode, avait bravé, affronté le scandale, s'était fait croire coupable (et plus qu'elle ne l'était peut-être). Mais ici au scandale se mêlait le dégoût, l'indignité, le ridicule. Qu'un prêtre libertin, à cinquante ans, de fille en fille, en fût venu à elle, c'est ce dont la cabale, Monsieur, Mesdames, et le Palais-Royal, et Calonne (le grand libelliste), pouvaient se régaler, faire leur joie, leur victoire. La cruelle affaire du collier arrivait en cadence. A quiconque doutait des succès de Rohan : « Pourquoi pas? disait-on. Elle a bien reçu le collier. »

Christine, pour bien moins, dans un temps plus

barbare, avait fait sous ses yeux *saigner* Monaldeschi. Les hommes de la Reine, qui savaient ses souffrances, sa fureur, Vermond et Breteuil, voulurent au moins flétrir Rohan.

Dans sa folle maison, entre Cagliostro, Serafina et la Valois, et je ne sais combien de parasites, le produit des petits diamants fondit, disparut en deux mois. Rapportés par Lamotte, de Londres, en mai, les cent mille écus prirent des ailes, n'attendirent pas juillet. A ce terme du premier payement, voilà Rohan tout éperdu. Il cherche, il prie Saint-James de payer à sa place. Saint-James en avertit Vermond, et les deux joailliers avertissent Breteuil, ministre de Paris. Breteuil en est ravi, espère perdre Rohan. Mais la reine pourrait hésiter. Durement et crûment, il lui apprend la chose, le bruit qu'on en fait dans Paris, le scandale du collier qui est la fable du public. Elle rougit, elle est interdite, semble ne rien savoir.

Rohan craignait extrêmement que l'on n'arrêtât la Valois, qu'on ne la fît parler. Il la cache, elle et son mari. Puis il voulait les décider *en ami* à sortir de France. Le faisant, il eût pu mentir tout à son aise, tout rejeter sur eux, dire qu'il ne savait rien, que, non autorisés par lui, ils avaient vnedu les petits diamants. La Valois parut obéir, et prit la route d'Allemagne, avec Lamotte son mari, mais s'arrêta chez elle, à Bar-sur-Aube, attendit les événements.

Qu'eût-elle craint? Nul ne l'accusait. Georgel, l'homme du cardinal, lui-même en fait l'aveu :

Saint-James, Bœhmer, Bassange, n'avaient accusé que Rohan (G., II, 135). Elle ne se cacha nullement, alla voir ses voisins de Bar, le duc de Penthièvre, le couvent de Clairvaux, où l'on fêtait la Saint-Bernard. (*Beugnot.*)

Breteuil, habilement, avait pris le premier moment de la juste colère du roi, à une telle révélation. Le 15 août, au grand jour de la Saint-Louis, où Rohan officie dans ses habits pontificaux, la Cour et tout un monde emplissant la grande galerie, Breteuil crie : « Qu'on l'arrête! qu'on arrête le cardinal! » Rohan se voit conduit devant le roi et les ministres. Vrai tribunal; la reine y siège aussi, exaltée et en pleurs. Le roi hors de lui-même. Anéanti, le prêtre fait la lâche réponse d'Adam contre Ève : « Une femme m'a trompé. » Il la croyait bien loin, déjà passée en Allemagne, s'imaginait pouvoir s'innocenter à ses dépens.

Tant colère que parût le roi, on savait bien qu'il reviendrait bientôt, ne voudrait pas porter un tel coup à l'Église. On agit dans ce sens, et on laissa Rohan faire tout ce qui pouvait l'aider. On le laissa écrire dans son bonnet un petit mot, un ordre de brûler certaines choses. Breteuil, son ennemi (retenu par le roi sans doute), retarda soixante heures avant d'aller chez lui visiter ses papiers.

Rohan, mené à la Bastille par le gouverneur De Launay, son ami personnel, eut par ordre du roi le bel appartement, parfaite liberté de promener, *de communiquer*. La Valois était à Clairvaux, en fête, avec Beugnot, lorsqu'elle apprit cette nouvelle. Il la vit face à face à ce moment, put l'observer. Elle pâlit, mais resta très ferme pour ne pas fuir, rentra chez elle à Bar-sur-Aube. En vain il la pria, supplia de partir, lui montra les facilités. Elle lui dit : « Monsieur, vous m'ennuyez! » Le conseil de Beugnot en effet était détestable. Fuir, c'était s'accuser, appuyer les mensonges qu'il plairait à Rohan de faire. Rester, c'était rendre improbable à tout jamais l'accusation. Si elle avait eu le collier, serait-elle restée pour qu'on la tourmentât et la forçât de rendre? Et, si elle l'avait vendu, si elle eût eu en Angleterre le million qu'on disait, elle aurait fui certainement. Cela tranche pour moi le procès.

Le mari, la voyant arrêtée, fut si peu troublé qu'il eût voulu la suivre et le demanda à l'exempt. Celui-ci refusa, « n'ayant pas d'ordre pour lui. » (*Besenval*, II, 169.)

Il ne voulait nullement fuir, quelque instance qu'en fît Beugnot. Il finit pourtant par comprendre que, s'il ne restait libre, si on les tenait tous les deux, leur voix pourrait rester à jamais étouffée, qu'en partant il pourrait de Londres parler, et tout au moins laisser un témoignage écrit contre la calomnie[1].

---

1. Georgel et Mme Campan, apologistes l'un de Rohan, et l'autre de la reine, ont intérêt à tout brouiller. Je les serre de très près, avec les six volumes des *Mémoires d'avocats et témoins*, avec Besenval, Augeard, Beugnot, surtout avec le *Mémoire justificatif* de la Valois (1788), qui, sauf sa calomnie sur les galanteries de la reine, est très fort, bien lié, suivi, et la pièce vraiment capitale. (*Bibl. nation. Réserve.*) Il me serait facile de relever les erreurs innombrables, volontaires ou involontaires, de Georgel ou de Mme Campan. Il y en a une bien grossière : ils placent la scène du bosquet (qui est de juillet 1784) en 1785, dans l'affaire du collier, au moment du premier payement. (*Georgel*, II, 80; *Campan*, II, 355.)

CHAPITRE XVIII

Procès du Collier. (1785-1786.)

Rohan fut surpris de voir que la Valois n'avait pas voulu fuir, qu'elle restait pour répondre à tout. Les Rohan, les Soubise, fort inquiets, lui rassemblèrent à la Bastille les grands avocats de l'époque, les Target, les Tronchet. Une consultation eut lieu. Mais ces docteurs trouvèrent leur homme bien malade, hochèrent la tête, n'augurèrent rien de bon. Ses précédents étaient honteux et déplorables. Il avait, disait-on, volé les deniers des Aveugles, pillé les Quinze-Vingts. (*Besenval*, II, 167.) Il était très notoire qu'il avait établi et entretenu la Valois avec l'argent des pauvres. Maintenant qu'il vivait chez son Cagliostro et sa Serafina, où il dînait quatre fois par semaine, il était bien probable qu'il avait prélevé sur le collier, pour son courtage, les petits diamants rejetés, et les avait vendus à Londres pour en manger le prix dans ce tripot. L'avis des avocats fut qu'il était perdu, qu'il n'avait de ressources que dans la clémence du roi.

Mais Beugnot, le jeune barreau, allaient plus loin que l'affaire d'escroquerie. Ils croyaient qu'en prenant la chose comme crime de lèse-majesté, d'outrage au roi, d'attentat à la reine, on pouvait le mener tout droit à l'échafaud.

Rohan *in extremis*, gisant, désespéré, n'avait pas le choix des remèdes. Il écouta un homme que depuis quelque temps il écartait de lui, Georgel, habile et dangereux, et qui faisait peur à son maître. En 1774, par des moyens étranges et ténébreux, il avait pris le fil de l'intrigue autrichienne. Ce grand service ne fut pas reconnu. Georgel n'avança pas. Il attendit dix ans, simple abbé, secrétaire, dans ce palais de la folie, tapi dans sa mansarde, comme une araignée suspendue. Au jour de la ruine, l'araignée descendit.

Comment restait-il libre? comment le laissait-on communiquer avec Rohan? Breteuil disait qu'il fallait l'arrêter. Vermond dit : non, et la reine, suivant toujours le pire conseil, adopta l'avis de Vermond.

Georgel, sans peur et sans scrupule, ne s'embarrassa pas au nœud qui arrêtait ces pauvres avocats. Il sut bien le trancher. Il avait pour cela une lame terrible, dont Rohan même ne voyait qu'un côté. Un des tranchants pouvait égorger la Valois; l'autre, Rohan lui-même, qui eût été absous, mais comme incapable, idiot; et l'administration de tous ses bénéfices eût passé à l'abbé Georgel.

Celui-ci, dès le premier jour, profitant de la peur de Rohan et de sa famille, se fit donner une procuration et des pouvoirs illimités. Il s'empara de tout, à Paris, à Versailles. Occupant jour et nuit deux secrétaires, ne dormant que deux heures, fatiguant six chevaux par jour, il fit tout marcher à sa guise, dirigea les Rohan, guida les avocats, influença les juges.

Si Georgel parvenait à donner à Rohan une ferme et solide impudence pour bien mentir, l'affaire était sauvée. La vente s'était faite par la Valois et son mari. Mais qui prouvait que Rohan l'eût fait faire? En avaient-ils un ordre écrit. — « Ils avaient remis à Rohan l'argent de cette vente. » *Qui le prouvait?* — Avaient-ils un reçu?

Un reçu! la Valois eût-elle osé le demander à un tel seigneur, son patron? Un reçu! dans les termes intimes où ils étaient, qui pense à demander, à donner des reçus?

Elle n'aurait que son allégation. Mais qui l'écouterait? Quel poids peut avoir sa parole? qui oserait opposer son *oui* au *non* d'un prince de l'Église, d'un cardinal de Rome et du chef de l'épiscopat?

Elle avait eu une arme, les folles lettres de Rohan à la reine. Pièces terribles, un titre à l'échafaud. Rohan lui avait dit : « Il y va de ma tête. » Avant de partir de Paris, elle se fit un devoir de les brûler, et cela devant un témoin qui pût en assurer Rohan.

Donc point de pièces contre lui. Cela le rassura. Et Georgel encore mieux. Lié avec Vermond, par lui il avait un œil dans Versailles, savait l'inquiétude du roi et de la reine. On tenait Louis XVI par sa vive sensibilité en ce qui la touchait, par sa crainte naturelle du bruit, et son regret d'avoir fait tant d'éclat. Il eût voulu d'abord se réfugier dans le huis clos, remettre l'affaire aux ministres, MM. de Vergennes et de Castries. Mais quelle ombre fâcheuse en serait restée sur la reine! Il eût bien mieux valu que Rohan fît appel au roi, aidât lui-même à étouffer la chose. Les ministres allèrent lui demander à la Bastille s'il ne voulait pas se fier à la bonté du roi; sinon l'affaire serait livrée au Parlement. Il avait grande envie d'abréger tout, de se remettre au roi. Mais sa famille, mais Georgel, l'affermirent. Il demanda d'être jugé.

L'essentiel était que le public n'entendît pas trop les cris de la Valois. On la tenait dans la Bastille, sous la griffe de De Launay, l'excellent gouverneur, le client des Rohan, qui savait comme on peut faire taire un prisonnier. On a fait de nos jours des idylles sur la Bastille. Dans la réalité, elle était douce aux gens qu'on ménageait (la Staal, Marmontel, etc.); mais pour d'autres, terrible. Sans croire aux *in-pace* qu'on se figura voir dans l'épaisseur des murs, elle avait très certainement au plus bas d'horribles cachots, boueux, où l'eau entrait, et les rats d'eau, féroces, friands de nez, d'oreilles. La Bastille (comme le fort de Brest et tant d'autres prisons) avait ses légendes trop vraies, de prisonniers mangés, du moins attaqués jour et nuit, mordus et mutilés. Grand moyen de terreur. Pour n'être pas mis là, que ne faisait-on pas? L'idée seule pouvait faire défaillir une femme. Les aumôniers parfois, dit-on, en profitèrent avec de pauvres protestantes, qui en sortaient enceintes et converties.

La Valois, se trouvant entre quatre murs noirs, et tenue d'abord seule, sans conseil, se trouva heureuse de voir un être humain, un homme doux et compatissant, l'aumônier (que le gouverneur envoyait). Elle s'épancha fort, dit tout à cet homme de Dieu. Il ne lui fut pas difficile de tirer d'elle ce qu'on voulait savoir : *qu'elle n'avait aucun papier*, et pas même des lettres d'amour. Elles l'auraient servie beaucoup dans le procès : 1° on y eût vu le vilain prêtre à nu, ignoble libertin, un gibier de Bicêtre, sans cœur et sans cervelle, *indigne d'être cru;* 2° ces lettres montrant combien il l'avait désirée, achetée à tout prix, auraient (contre Target et les défenseurs de Rohan) prouvé que sa fortune précédait l'affaire du collier, *venait de l'amour, non du vol;* que neuf mois avant cette affaire, elle était richement, fastueusement entretenue. (*Beugnot.*)

Ces lettres, si utiles, la Valois les avait brûlées, se désarmant ainsi pour l'honneur de Rohan. Elle avait tout détruit, sauvé Rohan, s'était perdue.

On le devinait bien. Son compatriote Beugnot, son jeune ami, qu'elle voulait pour avocat, n'osa pas la défendre. En vain, du fond de la Bastille, elle appela et supplia. Elle croyait qu'il avait souvenir de son arrivée à Paris, où il la promenait, où ils avaient passé de doux moments. Elle avait eu un tort, de se moquer un peu de lui; il eût pu l'oublier. Si elle avait eu le malheur de passer par l'amour de cet indigne prêtre, la faim en était cause. Avec ses échaudés, Beugnot ne la nourrissait pas. Dans son plus grand éclat, recevant le beau monde, elle l'invitait fort, le traitait en ami. Elle se fia à lui, à son moment suprême, sa dernière nuit de liberté; elle lui mit en main ses papiers, s'aida de lui pour les brûler. C'est là qu'il parcourut les lettres de Rohan. Lui laissant voir ces lettres, sa honte à elle-même, elle disait assez : « J'ai péché! » Cela demandait grâce. Elle était fort touchante dans cet appel de la Bastille. S'il y était venu, elle l'aurait ressaisi peut-être. Elle avait vingt-six ans, étincelait d'esprit, était (plus que jamais) charmante de grâce et de passion.

Elle était bien naïve, avec cet âge et tant d'épreuves, de s'adresser à ce sage jeune homme, ce prudent Champenois, né pour faire son chemin. Si elle avait encore une chance de salut, c'eût été de dire tout, sans taire ce qui était contre elle, et d'ébranler la France du tonnerre de l'opinion. Il eût fallu, non un Beugnot, mais bien un Mirabeau, un intrépide fou, qui, tenté par la gloire, se perdît, s'immortalisât. Mais eût-elle voulu elle-même être ainsi défendue? Nullement. Espérant être ménagée de Rohan, un peu couverte par la reine, elle voulut ruser, ménager tous les deux. Cela fut impossible. Tous les deux l'accablèrent. Elle se trouva prise entre l'enclume et le marteau.

Un fait fort singulier ferait croire que d'avance le roi, engagé malgré lui dans ce fatal procès, redoutait les écarts hardis des avocats, aurait ouvert l'oreille à certain compromis. Georgel, voulant d'abord faire taire les joailliers (pour la partie du collier qu'on vendit à Londres), demanda et *obtint du roi* qu'on leur assignât ce payement sur l'abbaye de Saint-Vast. Grâce étrange et bien étonnante au début d'un pareil procès! Quoi! le roi le poursuit et l'envoie en justice, prévenu d'attentats qui pourraient lui coûter la tête; et pourtant il s'y intéresse tellement, a soin de ses affaires! Ne pourra-t-on pas dire que, tout en l'accusant, il le craint, le ménage, achète sa discrétion? Quoi qu'il en soit, Georgel a fait un coup de maître, faisant croire que le roi est au fond pour Rohan.

Cela énerve le procès, le rendra vain et ridicule.

Les lettres du roi au Parlement sont pitoyables de timidité, de mollesse, très propres à confirmer ces bruits.

On y voit un mari inquiet qui se dépêche de mettre sa femme hors de cause. Il affirme d'abord ce qui est en litige : *Elle n'a pas reçu le collier.*

On n'y voit pas du tout le roi. Il oublie qu'il est roi; il n'a nul sentiment de la Majesté outragée. Beugnot dit à merveille : « la Révolution était faite lorsque le roi s'oublie lui-même, réduit toute la cause à une affaire d'escroquerie. »

Le roi explique, d'un ton qu'on croirait apologétique, l'arrestation du cardinal; il mentionne l'excuse que Rohan a donnée : « *Il a été trompé.* » Cela simplifie tout. Il est dupe plus que criminel. Le juge n'aura pas grand'peine pour trouver le coupable sur qui on doit frapper. Il a été trompé « *par une femme* ».

Rohan a peu à craindre. Si justice se fait, ce sera seulement *in anima vili*.

Le procès est tracé d'avance. Seulement pour arranger cela, il ne faut pas trop de clarté. C'était précisément l'année où un magistrat (Dupaty) demanda *qu'il n'y eût plus de procédure secrète*, que l'accusé ne fût plus isolé, qu'il fût environné des garanties de la publicité, que l'information, les débats, se fissent en plein soleil. La Justice elle-même devait le désirer, vouloir sortir de la nuit odieuse qui la rendait suspecte, obtenir le grand jour et montrer qu'elle est la Justice.

Le contraire arriva. Le Parlement condamna Dupaty, garda et défendit ses formes inquisitoriales, l'arbitraire infini que lui donnait l'obscurité.

Mais le roi est le roi. Il pouvait se placer du côté du public qui demandait cette réforme, l'imposer à son Parlement. Dans une affaire où il était partie, où la reine même était en jeu, il devait le vouloir, ne laisser là-dessus nulle ombre. — Le contraire arriva. Il recula devant cette réforme. On put croire qu'il craignait que l'affaire ne fût éclaircie.

L'épiscopat français se serait fait honneur, si son chef (le grand aumônier), acceptant le juge laïque, il eût demandé le grand jour. Heureuse occasion de faire taire les méchants, de montrer l'innocence de cet agneau sans tache. Mais l'Église n'en profita pas.

Le Roi, la Justice et l'Église furent d'accord pour fuir la clarté.

On montra du procès aussi peu que l'on put. On fit

plus que le supprimer. On le faussa, en écartant ceci, faisant voir cela. La nuit absolue, pour tromper, vaut moins que les fausses lueurs.

Une chose a frappé Beugnot, c'est que dans les Mémoires, si nombreux, d'avocats, on ne sent aucun sérieux. « Ce ne sont que jeux puérils. » Il semble que l'affaire est arrangée d'avance, l'issue prévue, qu'il s'agit simplement d'amuser le public et de jouer la comédie.

L'avocat de Cagliostro dit gravement comment, élevé dans les Pyramides, il y apprit toute science. Le Mémoire du prophète fut si piquant, si curieux, qu'il y eut queue à son hôtel, où on le débitait; il fallut y mettre des gardes. Mademoiselle Oliva, charmant témoin, docile, prête à dire tout ce qu'on voulait, fit un délicieux Mémoire, « très digne, dit Georgel, de Paphos et de Gnide ».

Tous veulent amuser, être divertissants; ils visent au succès si grand qu'eut Beaumarchais. Pour aucun d'eux l'affaire n'est sérieuse. Nul ne semble prévoir l'effondrement moral qui va se faire, la reine avilie, le trône ébranlé. Ils se disent : « Nulle vie n'est en jeu. Il n'y aura pas mort d'homme... Une femme tout au plus *exposée, corrigée.* »

Mais quittons l'avant-scène. Que disait cette femme : « La reine a reçu le collier. L'accessoire du collier, les petits diamants (inutiles pour elle) et détachés par elle ont été vendus par moi et mon mari à Paris et à Londres, sur l'ordre du cardinal, à qui nous en avons remis le prix, trois cent mille francs. »

Rohan niait cet ordre, niait avoir reçu l'argent, récriminait, disant : « Vous avez vendu le collier. »

Par là il se lavait de la vente des petits diamants ; la Valois, selon lui, avait en même temps vendu les petits et les gros.

Rohan, du même coup, lavait la reine et lui. Tout retombait sur la Valois.

Le premier pas évidemment que la Justice avait à faire était de s'informer à Londres, d'obtenir par le ministère qu'elle y pût faire enquête, d'y envoyer des hommes sûrs. Le ministère, le roi, devaient s'y entremettre. Inexplicable énigme : rien de tel ne se fit!...

Le roi, le Parlement, les ministres n'agissent pas. On se fie pour l'enquête, à qui? chose inouïe que ne croira pas l'avenir, on se fie justement à l'accusé Rohan et à ses gens. Un petit secrétaire de Rohan est envoyé avec un capucin qui prétend être sur la voie, pouvoir diriger la recherche.

Notons ce capucin, et admirons Georgel qui manipulait tout cela. Si la fiction est poésie, création, Georgel fut grand poète, et vraiment créateur. Il inventa des choses, il inventa des hommes. Il fit sortir de terre deux moines, *amis de la Valois*. C'étaient des Mendiants, de ces rôdeurs qui, tout en demandant, flattant, mangeant, observent. A Paris, c'était un Père Loth, un Minime, que la Valois sottement protégeait, à qui elle avait rendu un service essentiel, d'obtenir (par Rohan) qu'il prêchât à la Cour. L'autre capucin, Irlandais, un Père Mac-Dermot, son parasite à

Bar, prétendit pouvoir désigner à quels marchands en Angleterre elle avait vendu le collier.

La Valois a donné, publié minutieusement le compte des petits diamants qu'elle vendit pour le cardinal, avec les noms, les dates et circonstances.

Mais Rohan n'a pas publié l'enquête de son secrétaire, du capucin, sur le collier, sur cette énorme vente qu'elle aurait faite, sur le million et demi qu'elle en eût retiré, sur le placement qu'elle en eût fait, etc.

Bonne ou mauvaise, la pièce rapportée par le capucin était favorable à la reine aussi bien qu'à Rohan (faisant croire que la reine n'avait jamais eu le collier). Donc, on pensait qu'elle serait fort bien reçue des gens du roi, du procureur du roi, qui l'admettrait les yeux fermés. On l'avait fait timbrer, viser à Londres par je ne sais quelle autorité. Cela ne disait pas grand'chose, n'impliquait nullement que cette autorité eût jugé cette pièce, la donnât pour valable. L'autorité était peu attentive à Londres, si j'en juge par tant d'histoires étranges, d'aventures, de désordres, de meurtres, vols et violences, qu'on a données pour ce temps-là.

Ce visa imposa fort peu aux gens du roi. L'œuvre du capucin leur parut très informe, infiniment suspecte, de fort mauvaise mine, et ils refusèrent de l'admettre.

Un tel refus méritait le respect. Forcer la main à la magistrature, l'obliger d'accepter une pièce véreuse, qui, si on l'acceptait, tranchait toute l'affaire, c'était chose indigne et énorme. Mais encore une fois, cette pièce avait le grand mérite de couvrir à la fois et le cardinal et la reine. Les Rohan s'adressèrent au garde des sceaux, Miromesnil. Pouvait-il juger sur les juges, faire trouver blanc ce qu'ils avaient vu noir? Du moins ne devait-il examiner la pièce, et surtout inviter les prétendus Anglais dont elle donnait le témoignage, à venir s'expliquer eux-mêmes. Londres est-il donc au bout du monde? Miromesnil ne fit rien de cela. Il força la Justice. Ordre aux magistrats de trouver la pièce bonne et de l'employer!

Une affaire engagée ainsi était bien claire d'avance. Les témoins qui d'abord avaient chargé Rohan, se dédirent, chargèrent la Valois. Et nul ne les reprit de leurs variations. Par exemple Bœhmer et Bassange, les joailliers, eurent trois avis : d'abord contre Rohan, puis contre la Valois, longtemps après contre la reine. Quatre ans après sa mort, en 1797, trouvant Georgel à Bâle, ils finirent par lui avouer que la reine n'avait rien ignoré de l'achat du collier. Et en effet eux-mêmes, sans cette garantie, auraient été bien sots de livrer un pareil bijou.

Le procès fut un jeu. Le cardinal parlait assis, en robe rouge et barrette rouge. On le stylait, le dirigeait. On écrivait avec respect. La Valois, au contraire, bridée et muselée, devait marcher comme on voulait. Si elle hasardait un écart, le greffier n'écrivait plus rien. Georgel lui-même avoue qu'on se garda d'écrire telle échappée qui lui venait.

Rohan lui disant une fois : « Mais, madame, cela

n'est pas vrai ; ... » elle répondit en souriant : « Monsieur, autant que tout le reste. Depuis que ces messieurs nous interrogent, vous savez que ni vous ni moi ne leur avons dit un mot de vérité. »

Situation terrible. La reine aurait voulu qu'elle chargeât le cardinal. Était-elle libre de le faire ? Un violent parti se formait pour Rohan. Les Condé même venaient solliciter pour lui. Si la Valois eût osé parler contre, on aurait crié : « Blasphème ! elle ment !... Il faut la faire *chanter* » (la mettre à la torture). La torture, que Necker voulut supprimer, avait ses partisans, pouvait être ordonnée encore. A Aix (1780), avait paru l'apologie de la torture par Muyart de Vouglans, un président, membre du Grand-Conseil. Le pape Pie VI avait consacré cet ouvrage par son approbation. Le roi en accepta la dédicace et maintint la torture jusqu'en mai 1788.

Les Parlements y tenaient fort. Ce que le juge avait de terrible (et de bien cher aussi), c'était cette terreur, cet arbitraire énorme d'ordonner ou n'ordonner pas ce qui, au fond, tranchait tout, faisait qu'on s'accusait soi-même. Que de saluts très bas, que de sourires des dames (d'autres faveurs aussi) au monsieur qui pouvait vous faire craquer les os?

Donc la Valois rusait, était sage, ménageait Rohan. Les amis de Rohan, la voyant désarmée, qui n'osait se défendre, l'accablaient à plaisir, l'insultaient, s'en moquaient. On voulut voir jusqu'où cela pourrait aller. Cagliostro, par un mépris glacé, lui fit perdre enfin patience. Elle eut un accès effroyable de fureur et de désespoir. Un chandelier était entre eux, elle le prit, et le lui lança à la tête. Scène sauvage dont on usa contre elle pour ne plus l'écouter du tout. On dit qu'elle était enragée, une bête féroce, qu'elle avait mordu son geôlier (ce qui pourtant se trouva faux).

Ce qui achevait la Valois, c'est qu'elle avait contre elle non seulement les amis de Rohan, mais les ennemis de la reine, dont on la supposait l'agent. Ces ennemis, c'était tout le monde :

1° Le Parlement, qui, forcé en décembre, dans un Lit de justice, d'enregistrer les emprunts de Calonne, en voulut à la Cour, crut la frapper dans la Valois;

2° Calonne, fort branlant, ayant décidément épuisé le charlatanisme, et sachant que la reine avait son successeur tout prêt, voulait la prévenir, l'avilir, s'il pouvait, la flétrir, l'écraser, dans sa créature la Valois. Il ne paraissait pas, mais travaillait le Parlement par un tiers, Lamoignon (auquel il eût donné les sceaux).

Le plus terrible pour la reine, c'est qu'à ce moment décisif, s'ébruitait le traité par lequel Louis XVI avait arrangé les affaires de Joseph II avec l'argent français. L'Empereur, pour le mal qu'il avait fait aux Hollandais, exigeait qu'ils lui fissent réparation, lui payassent dix millions d'amende. La France en paya la moitié. Utile arrangement pour éviter la guerre. Mais le public s'en indigna, le trouva bas et lâche, crut y revoir le temps où la France payait un tribut à l'Autriche. On rappela l'année 78, et les quinze millions, tant de fourgons d'argent qui partirent de l'Hôtel des Postes. On soupçonna la reine d'épuiser sous main le trésor. Et l'orage s'amassa contre elle. Cette haine tourna en amour pour Rohan. Par un effet bizarre, ce vieux libertin sale devient tout à coup une idole. Sa cause devient celle du droit, de la patrie, des libertés publiques.

La Cour amèrement regretta d'avoir tant ménagé Rohan. On revint à l'idée de l'attaquer par le point grave qu'on avait écarté, *l'attentat à la Majesté*, à l'honneur de la reine. Pour cela, on voulait faire venir d'Angleterre un dangereux témoin, Lamotte, mari de la Valois. Plusieurs fois il avait couru le danger de la vie. L'ambassadeur français, ou plutôt les Rohan, l'auraient mieux aimé mort. Mais quand on vit l'affaire prendre si mauvaise tournure, la Cour crut au contraire qu'on pouvait l'employer, faire témoigner par lui de l'insolence de Rohan, de ses mensonges indignes pour faire croire qu'il avait les faveurs de la reine. La mystérieuse boîte d'écaille, la rose encadrée, d'autres choses, n'auraient prouvé que trop sa fatuité calomnieuse. L'irritation du roi aurait été au comble. Le public même n'eût pu que le trouver coupable. On eût pu demander sa tête.

Plan très bon, mais tardif, Calonne le sut à temps ; et, par son Lamoignon, il fit brusquer le jugement.

Le procureur du roi avait conclu, pour toute peine, à ce que Rohan perdît la grande aumônerie, à ce qu'il fût *blâmé*, et demandât pardon au roi et à la reine. Conclusion très molle, et singulièrement modérée. Ses plus ardents amis n'avaient jamais nié qu'il n'eût été déplorablement indiscret, ne dût réparation. Mais l'état des esprits était si violent, si aveugle pour lui, qu'on ne pouvait plus faire justice ; une foule exaltée de dix mille hommes assiégeait le Palais. L'arrêt était dicté, et on le rendit tel : Rohan absous, loué ; et la reine accablée en sa créature la Valois, qui serait marquée et flétrie.

Quand les juges sortirent, la scène fut extraordinaire. Mirabeau qui la vit, fut surpris, effrayé, de l'emportement de ce peuple ; il en prit vaguement de sinistres idées de l'avenir. Ces furieux, non contents de crier, baisaient les mains des conseillers, se jetaient à genoux, presque en larmes, adoraient. Rohan rentrant à la Bastille, la foule s'indigna ; le sang aurait coulé, si lui-même Rohan ne les eût apaisés. Autre scène et plus folle : exilé par le roi, il vit à son départ tout Paris à sa porte, la foule se ruer dans ses cours, l'appeler au balcon. Il parut, et il la bénit.

Qu'adviendrait-il de la Valois ? Il n'était nullement question de lui faire grâce, mais d'adoucir l'arrêt, de ne pas faire l'exécution publique, où sans doute elle crierait. La reine était embarrassée. En lui sauvant l'exécution, elle affermissait le public dans l'idée que c'était son agent et sa créature. En la laissant subir l'arrêt, elle faisait dire à la cabale qu'elle n'osait sauver sa complice, que, par une hypocrisie lâche, elle se lavait en l'immolant.

Elle était redevenue enceinte, et d'autant plus craintive, plus sensible peut-être. Elle eût voulu qu'on n'exécutât pas (dit Adhémar). Mais elle n'osa insister. Elle était en Conseil sous les yeux de Vergennes, son adversaire secret, qui guettait ce qu'elle dirait. Le roi même, défiant et le cœur fort gonflé, aurait pu mal interpréter un excès d'insistance. Vergennes dit sèchement que l'honneur de la reine exigeait qu'on suivît l'arrêt. Les ministres, moins le seul Breteuil, voulurent aussi l'éclat, bien sûrs qu'il tournerait contre la reine.

Au roi de décider. Il est juge des juges. L'exercice du droit de grâce n'est rien qu'un second jugement qui implique certain examen.

L'examen eût donné les résultats suivants : *Point de faux* ; on n'imita pas l'écriture de la reine (*Augeard*). — *Le vol très incertain*, sans preuve que la pièce rejetée par les gens du roi. — Le vrai crime, c'était *d'avoir supposé des lettres de la reine* pour encourager les folies dont la reine était amusée.

L'arrêt était terrible. « Rasée, marquée et flagellée de verges ! » — Et le supplice durait jusqu'à la mort. A la Salpêtrière où elle allait être jetée, ainsi qu'à Saint-Lazare, la règle était le fouet. A Bicêtre, le fouet, jusqu'en 89, était donné même aux malades, au dire du docteur Cullerier. Maisons d'opprobre et de cruelle risée. La honte du châtiment d'enfance, loin d'inspirer pitié, avait ce triste effet que la victime avait contre elle les rieurs. Beaumarchais l'éprouva. Quoiqu'il n'eût rien subi, il en garda la note. Ses succès, les millions qu'on lui paya, nulle réparation ne put effacer Saint-Lazare. Dès lors il ne rit plus. Le coup de Louis XVI lui ôta pour jamais le rire.

Mais la Salpêtrière était bien pis. Hôpital et prison, mêlée de voleuses et de folles, c'était une Sodome de fureurs libertines, d'effrénées violences. Toute victime un peu distinguée, d'autant plus était poursuivie, outragée. Qui ignorait cela? personne. L'autorité le voyait, le souffrait, de peur de plus grands maux. Les tyrans du théâtre, les gentilshommes de la chambre, tiraient de là une terreur qui rendait souples les actrices. Mainte foi en ce siècle, au lieu du For-l'Évêque, telle pour prison eut le Grand Hôpital, c'est-à-dire fut jetée aux bêtes. La Valois, avec un tel nom, avait bien plus à craindre, dans cette sauvage république.

Le sang royal au moins eût pu arrêter Louis XVI, le respect du passé, la mémoire d'Henri II. N'était-ce pas déjà une chose bien étrange, bien révolutionnaire et de terrible égalité, qu'une Valois parût à l'échafaud? Étrange imprévoyance! Qu'il était loin alors de prévoir qu'en sept ans les Bourbons à leur tour y suivraient les Valois.

Il était cependant humain. On l'avait vu dans tous ses actes. On le voyait dans les touchantes instructions qu'il donna en 84 à La Pérouse pour le voyage autour du monde, recommandant d'épargner les sauvages, et de leur faire du bien, de n'employer contre eux nos armes supérieures qu'à la dernière extrémité. Une seule chose pouvait faire tort à sa bonté, c'était sa sensibilité, violente, emportée, pléthorique. Comme sa sœur Élisabeth, il débordait, crevait de sang. Son teint rouge, ses lèvres gonflées et ses gros yeux saillants ne le disaient que trop. Facile aux larmes, il ne l'était pas moins à certaines fureurs dont il n'était pas maître. Ici, dans une affaire personnelle, où son cœur, sa passion, étaient tellement intéressés, où l'on put croire que la justice fut aussi colère et vengeance, il eût dû se mieux résister.

L'exécution se fit, mais avec des précautions qui montrèrent qu'on craignait les cris de la patiente, des protestations, des fureurs. On prit l'heure matinale, six heures, pour qu'il y eût peu de monde. Point de Grève. Tout se fit dans la cour grillée du Palais. On rusa avec elle. Elle eût été un lion qu'on aurait mis moins d'adresse à la prendre. Elle était au lit. On lui dit qu'on la demande. Elle se lève en hâte. Dès qu'elle quitte sa chambre, on ferme la porte derrière elle. Et entre deux portes on la prend, on la lie, on l'entraîne furieuse, vers la grille de fer qui de la Conciergerie fait passer dans la cour du Palais.

L'arrêt, cruellement impudique, disait qu'elle serait fouettée *nue*. Elle lutte, quoique liée, se débat; on arrache ses vêtements. Mais l'effroi domina la honte, quand elle vit le fer rouge approcher... Elle se tordit d'épouvante, détourna, déroba l'épaule... Le fer glissa, brûla le sein...

Évanouie, anéantie, on l'emporta. Dans la voiture, reprenant connaissance, elle s'élança par la portière, voulant se faire écraser. (*Besenval*, II, 173.)

Domptée, liée, rasée, vêtue du sale habit de la

maison, elle passa les portes terribles, et se vit là dans cette ville de sept mille créatures immondes. Énorme entassement de vies malsaines, de souillures de tout genre. Dès l'entrée une odeur repoussante et nauséabonde. Les dortoirs servaient d'ateliers, la nuit, le jour, étouffés et fétides. Dans la règle première, les tâches excessives, impossibles, en faisaient un enfer de châtiments, de pleurs. « Qui ne coud sa demi-chemise, aura le fouet deux fois par jour. » Rigueur inapplicable. L'autorité s'était lassée. Pour avoir seulement un peu d'ordre apparent, les supérieures et religieuses souffraient mille choses infâmes, les voyaient froidement. Comme en tout hôpital alors, on couchait six dans chaque lit. Promiscuité très cruelle, où les fortes régnaient. Nulle protection des faibles. Si l'autorité eût osé s'en mêler, il y eût eu révolte, le sang eût coulé tous les jours. Ces terribles Madeleines s'armaient au moindre mot de chaises, frappaient à mort de tessons et de pots cassés (*Vie de Mme de Lamotte*, II, 124-25). On se gardait de les troubler dans les jeux effrénés où elles épuisaient leurs fureurs, dans la chasse surtout qu'elles faisaient des nouvelles, la nuit, le jour, se relayant pour les désespérer de coups et d'insomnies, les hébéter, s'en faire des esclaves idiotes.

La Valois eut grand'peur quand elle fut lâchée dans le troupeau, quand elle se vit seule dans cette foule, faut-il dire de femmes? La plupart semblaient hommes, de traits durs, d'œil lubrique. Une chose la sauva, c'est que l'on sut d'avance qu'elle était victime de la reine (*Vie*, II, 122). Elle leur dit : « La reine devrait être à ma place ». Cela les adoucit. La supérieure, du reste, s'intéressa à elle, et lui sauva le pire, la nuit. Elle la fit coucher à part, et cependant, la première nuit, elle essaya de s'étrangler. (*Besenval*, II, 173.)

Dans quel état était la reine? bien troublée, dit Mme Campan. Je l'en crois. Car je vois revenir Madame de Lamballe, le bon ange des mauvais jours. Cette femme, si faible, fit la chose la plus courageuse. Elle entreprit d'aller au terrible hôpital, d'entrer dans cet enfer, d'adoucir la Valois, de lui fermer la bouche. Admirable imprudence! Mais comment croyait-elle être reçue, à ce premier accès de fureur et de haine, quand l'épaule lui brûlait encore? Le pis, c'est que la reine lui donna une bourse, crut que l'argent ne nuirait pas. Cela tout au contraire ferma la porte de la Salpêtrière. Mme Robin, la supérieure, fut indignée, foudroya la pauvre Lamballe de ce mot : « Elle est condamnée, Madame, mais non pas à vous voir ! » (*Guénard*, etc.)

La Cour avait montré une étonnante inconséquence : la frapper, et puis la laisser en vue dans un lieu tout public où elle exciterait l'intérêt. La prisonnière devint la curiosité de Paris, l'objet d'un vrai pèlerinage. Tout le monde y allait. On ne lui parlait pas; mais on la voyait dans les cours, mêlée à ce triste troupeau; elle semblait vouloir échapper aux regards, on la reconnaissait à sa désolation, à ses profonds gémissements.

Elle avait touché tout le monde, les plus dures même, religieuses et prisonnières. Les religieuses, si sèches, faites à commander, à punir, devinrent tendres pour celle-ci, et les aumôniers encore plus. Sa chambre fut ornée de portraits de saints, de martyrs, d'images qui pouvaient la consoler et l'amener au repentir, l'adoucir et la désarmer. On lui disait : « Écrivez à la reine, et elle vous pardonnera. »

Elle était prise encore par un autre côté. Ses compagnes, si violentes, pour elle devenaient des agneaux. La Valois est trop fière pour dire comment elle y vivait. Ce qui est sûr, c'est qu'une certaine Angélique la protégeait, l'aimait et la servait. Cela fondit son cœur, énerva ses rancunes. Elle faiblit, écrivit à la reine, et sans doute demanda sa grâce.

Elle eut tout le contraire. On ne répondit pas. Mais on lui ôta Angélique, en la graciant. La graciée fut désespérée, plus tard sacrifia son pays, sa famille, alla rejoindre la Valois.

Celle-ci s'était donc humiliée en vain. Elle retombe à l'état sauvage. Une nuit, favorisée peut-être de quelque religieuse, elle trouve moyen de s'échapper (11 sept. 1787).

Comment ? on ne le sait. Ce qu'on voit (dans Beugnot), c'est que la malheureuse, fuyant comme un lièvre, un renard, courant de nuit sans doute, alla à Bar-sur-Aube. Son aveugle instinct, l'idée fixe qui avait dominé sa vie, la ramenait à son lieu de naissance. Sans but et sans espoir. Dans cette petite ville de province, qui aurait reçu la flétrie ? Elle alla se blottir au fond d'une carrière. Là, la mère de Beugnot, se souvenant qu'elle avait dans les mains certaine somme, jadis laissée pour les pauvres par la Valois, eut le charitable courage d'aller la nuit lui porter cet argent dans sa caverne. Sans cela elle y serait morte de faim, n'eût pu passer en Angleterre.

Mais là même de quoi vivrait-elle ? Son indigence prouvait bien qu'elle n'avait ni eu ni vendu le collier, ni placé un million. Elle ne pouvait vivre que d'injures à la reine. Je ne crois pas du tout que la Cour ait été si sotte que de favoriser, comme on a dit, sa fuite, qu'elle ait déchaîné elle-même cet être dangereux qui brûlait de parler, et que les libellistes et les libraires de Londres ne pouvaient manquer d'exploiter.

Il y avait à Londres, en tout temps, une manufacture de pamphlets, de libelles, fort lucrative et doublement payée, et par le public curieux, et par la Cour qui les craignait, travaillait à les supprimer. Très sottement sous la Du Barry, puis à l'avènement de Marie-Antoinette, on traitait avec ces faquins et, chose encore plus sage, pour les marchés mystérieux on employait les hommes les plus retentissants de France, un Éon ou un Beaumarchais. En 1774, celui-ci court l'Europe, de Londres à Vienne, poursuivant un libelle (l'*Aurore*), avec mille aventures ; il en fait un roman. Avec la même adresse, en 1787, la Cour traite avec la Valois, pour l'empêcher de publier son *Mémoire justificatif* (corrigé, dit-on, par Calonne). La bombe cependant éclate en 1788.

Ce *Mémoire*, étendu, devint un véritable livre, *Vie* de

l'auteur, en deux volumes in-octavo. Nouvelle peur du roi, de la reine. Par une singulière imprudence, pour faire disparaître le livre, on envoie la personne la plus en vue, que suivaient les regards, Mme de Polignac. L'édition entière est achetée. Elle périt dans un four de Londres... moins un seul exemplaire que garda un de nos ministres et que la Convention a fait réimprimer.

La Valois ou ses rédacteurs avaient dans le *Mémoire*, d'extrême vraisemblance, mis un trait fort invraisemblable, romanesque et calomnieux (les rendez-vous nocturnes que la reine aurait donnés à Rohan). Les libellistes à gages ne suivirent que trop cette voie. Encouragés sans doute, payés des ennemis de la reine, ils firent de Marie-Antoinette, en quelques pages, une horrible légende, absurde, insensée, dégoûtante, où elle est à la fois Messaline et la Brinvilliers, empoisonnant Vergennes et tout ce qui lui fait obstacle, donnant à tout venant l'arsenic et la mort-aux-rats.

Il suffit de jeter un regard sur ces pages pour voir qu'elles n'ont nul rapport avec les vraies publications de la Valois. Pour mieux vendre, on y mit son nom. Elle eut beau protester, jurer que ce n'était pas d'elle. La masse passionnée avalait toute chose dans sa voracité crédule. Par contre, Burke et nos ennemis entreprenaient dès lors la canonisation de Marie-Antoinette. Les deux légendes étaient en face et les deux fanatismes. La Valois risquait de nouveau d'être prise entre, écrasée, aplatie.

Plusieurs fois, dès 1786, on avait essayé de tuer le mari. Combien plus elle avait à craindre! Elle avait trente-deux ans. Elle eût voulu finir. Elle pensa plusieurs fois au suicide.

Son mari, qui aussi a écrit des Mémoires, dit que les Orléans voulaient l'enlever, la traîner à Paris, la jeter à la barre de l'Assemblée, au risque de la faire poignarder par les royalistes.

Si l'on eut cette idée, les royalistes avaient intérêt à la prévenir, donc, à l'assassiner avant l'enlèvement.

Elle était entre deux dangers.

Elle était seule (le mari à Paris) dans ce noir infini de Londres, alors à peu près sans police. Pas de secours à espérer. Et elle n'aurait pas été quitte pour la mort. Elle avait un sort effroyable à attendre. Si Damiens, pour une égratignure au roi, fut tenaillé, que n'eût-on fait à celle-ci? Quelle fête c'eût été pour nos enragés (si atroces, de Vendée, de la Terreur blanche), quel joyeux carnaval, de l'enlever dans quelque maison sûre, de s'amuser du *monstre*, de la faire lentement mourir à coups d'épingles, qui sait, *chauffée*, disséquée vive!... Telles étaient du moins ses terreurs.

Un soir, trois ou quatre coquins entrent chez elle, et lui apprennent qu'elle doit venir avec eux, que l'un d'eux a juré sur l'Évangile qu'elle lui doit cent guinées, et que, selon, la loi de ce pays de liberté, il va l'emmener chez le juge. Elle leur verse à boire, parvient à se sauver dans la maison voisine, s'enferme dans une chambre du troisième étage. Les entendant monter, et décidée à tout pour ne pas tomber dans leurs mains, elle se pend par les mains au balcon. La porte de bois blanc éclate. Ils entrent... Elle lâche tout, elle tombe... Assommée et brisée... bras et cuisse cassés, un œil hors de la tête, et l'épine rompue... Elle mit trois semaines à mourir. (*Mém. de Lamotte*, 199; édit. Lacour, 1858.)

CHAPITRE XIX

Révolution dans la famille. — Mirabeau. (1776-1786.)

Le roi, fort contristé de l'affaire du collier, mécontent de Paris, peu content de la reine, fit une chose nouvelle et unique en son règne, rompit ses habitudes pour la première fois, voyagea. Plus il l'aimait, plus il était blessé. Il ne lui parla pas des nouveaux projets de Calonne; elle ne les connut qu'avec la Cour et tout le monde. Il alla voir Cherbourg, ses bons peuples des côtes.

Un triomphe lui fut arrangé. Il trôna un moment (sur ces énormes cônes que l'on coulait pour y asseoir la digue), comme un roi de la mer, entre la foule en barques et la flotte tonnante. Très imprudent triomphe qui aida fort à Londres nos ennemis dans leurs déclamations, irrita, effraya. Dans les fougueux discours de Burke, l'Angleterre croyait voir la France avancer (comme un crabe) deux pinces vers Plymouth et Portsmouth.

Gigantesque menace qui couvrait l'impuissance. Élevé par l'effort des emprunts usuraires, le prodige éphémère que la mer emporta, n'exprimait que trop bien notre grandeur croulante, la ruine que Calonne avoue au roi à son retour.

Ce triomphal voyage, un calcul du ministre, n'avait été qu'illusion. Le roi, le peuple, s'étaient trompés l'un l'autre. Leur attendrissement mutuel leur cacha la situation.

C'était un temps ému et de larmes faciles. La langue en témoignait. A chaque phrase, on lit *sensible* et *sensibilité*. Dans les actes, les pièces les plus froides de la diplomatie, les ministres, les rois, disent à propos de rien : « La sensibilité de mon cœur. » Tout livre est dans ce sens. Les *Confessions* viennent de faire comme un cataclysme de larmes (82). Bernardin de Saint-Pierre suit en 84. Toute la menue littérature, les Florian et les Berquin, montent leur lyre sur cette corde. Le théâtre s'y met dans les grands succès de Sedaine. Impulsion si forte que 89 même n'y fera rien. Même en pleine Terreur, on ne jouera que bergeries.

Le roi (quels qu'aient été les sourires échangés, les demi-railleries de la Cour) est bien l'*homme sensible* du temps. Un peu grotesquement, il a cependant du Gessner. Ses goûts d'intérieur, de famille, sa rondeur apparente, son obésité même, ses yeux qu'on croit myopes (et qui ne le sont point), tout cela donne au peuple l'idée d'un bonhomme de roi, d'un roi fermier (c'était le mot de mon père, qui le vit au

Temple). Ses cheveux, quoi qu'on fît, échappaient, et restaient incultes; cela plaisait au paysan. Sur la côte, on savait qu'il aimait la marine. Les foules affluèrent, s'empressèrent. On cria fort, et les femmes pleuraient. Le roi eut les yeux moites. Il se croyait très bon, rêvait du duc de Bourgogne.

Sa bonté justement était la plaie publique. Pendant qu'il se disait : « Je suis le père du peuple », sa sensibilité pour ce qui l'entourait, lui faisait gaspiller la vie, le sang du peuple, les trois quarts de l'impôt en largesses insensées. Son respect filial pour tous les vieux abus était la pierre d'achoppement, le Terme, la borne fatale où la France était accrochée. Ménageant les seigneurs, il maintint le servage et les corvées du paysan. Par égard pour les us, les droits des Parlements, il maintint le secret des débats, la torture (jusqu'en mai 88). Quand les Parlements mêmes, quittant leur esprit janséniste, proposèrent de donner l'état civil aux Protestants, le roi s'y refusa pour n'affliger pas le clergé.

Comment se fait-il que Malesherbes visitant les prisons et consolant les prisonniers, pourtant n'en élargit que deux? (*Sénac*, 103). Comment? On aurait cru manquer à Louis XV si l'on eût fait sortir tout ce monde au grand jour, si le public eût vu la face de Latude, ou de l'homme intrépide qui dénonça le Pacte de famine. Malesherbes du moins tire du roi la promessse qu'il n'y aura plus de Lettres de cachet. Ce ministre est fort dur; il est sourd aux familles qui voudraient enfermer les leurs. Mais le roi est très bon ; il ne résiste pas à leurs prières; les prisons se remplissent en 1777. C'est la vraie pente monarchique, et le retour à la tradition. Premier gentilhomme de France, comme disait très bien Henri IV, et protecteur de la Noblesse (ainsi que du Clergé), le roi pour les familles est *le gardien de l'honneur*, naturel défenseur de l'autorité conjugale, de l'autorité paternelle. L'unité des trois despotismes, État, Clergé, Famille, se maintient complète en ce règne.

L'essence et la vie même de ce Gouvernement était la Lettre de cachet. Elle ne put finir qu'avec lui. En vain Mirabeau l'attaqua. Trois ans après son livre, au procès du collier, la Cour parut s'en souvenir. L'homme de la reine, Breteuil, dans ce moment critique, pour regagner un peu de popularité, ordonne la mise en liberté des prisonniers enfermés à la prière de leur famille (31 oct. 1785). Mais après le collier, on ne s'en souvient plus; tout reprend sa marche ordinaire. En 1789, réveillé brusquement, le ministère demande ce que sont devenus tels de ses prisonniers, oubliés de lui-même. Ils sont morts, ou partis. (Joly, *Lettres de cachet*, p. 35, 36 *note*.) — La royauté mourante, tirée de son Versailles, prisonnière elle-même (qui le croirait ?) faisait encore des prisonniers, lançait des Lettres de cachet. En février 90, le roi en accorde une contre un Fontalard, qu'on envoie au *Grand Hôpital*, la plus dure des maisons de force. (Maurice, *Histoire des prisons*, 420.)

Le sceau, la clef de voûte du grand sépulcre monarchique, c'est le roi. — *Roi*, *Bastille*, sont deux mots synonymes. On le vit en 89; nul grand coup ne l'émeut; mais on prend la Bastille?... Il tressaille... c'était lui-même.

Qu'il soit bien entendu que ce mot seul *Bastille* comprend les mille prisons, bagnes, galères, vaisseaux et colonies. Joignez-y les couvents, où l'on envoie par Lettre de cachet.

Quelqu'un demande à Mirabeau le père, l'*Ami des hommes*, des nouvelles de sa femme et de sa famille : « Où est madame la Marquise? — Au couvent. — Et monsieur votre fils? — Au couvent. — Et votre fille de Provence? — Au couvent. — Vous avez donc juré de peupler les couvents? — Oui, monsieur. Et, si vous étiez mon fils, il y a longtemps que vous y seriez. » (*Mém.*, II, 185.) De cinq enfants, l'Ami des hommes en tient quatre enfermés, sans parler de la mère[1]. (*Ibid.*, 306.)

[1]. La mère est le plus fort. Il est affreux de voir, chez ce dur patriarche, Agar chassant Sarah, les servantes-maîtresses mettant la maîtresse à la porte, une mère de onze enfants qui lui a apporté soixante mille livres de rentes. Plus tard, il veut qu'elle reçoive une intrigante dans sa chambre, son lit. Il la fait *interner*, il la fait enfermer. Il la fait enlever pour la mettre (à son âge!) à la cruelle maison de Saint-Michel. Elle y serait restée à jamais ignorée, ne pouvant pas écrire, si sa fille n'eût intrépidement dénoncé la chose au Parlement. — C'est la mère qu'il hait et poursuit dans la fille, le fils aîné. Rien de plus vain que ses accusations contre son fils; ses dettes étaient fort peu de chose et ses désordres moindres que ceux des autres officiers du temps. Quant à Sophie, il ne l'enleva pas; c'est elle plutôt qui l'enleva. Elle avait, à dix-huit ans, épousé un octogénaire, qui souffrait très bien le jeune homme, l'allait chercher quand il ne venait pas. Sophie n'endura pas cet indigne partage. Elle se serait tuée si elle n'avait fui et rejoint Mirabeau. — Le fils est cent fois moins libertin que le père. Celui-ci, avec son orgueil sauvage et ses formes austères, son dur génie de style qui fait illusion, a un côté bien bas qu'on ne peut oublier. Il gagne à les faire enfermer, mange leur bien avec ses coquines. — Histoire commune alors. Elle explique pourquoi on jetait ses enfants si aisément par la fenêtre, aux cou-

Ce père était-il unique, un être extraordinaire? Point du tout. Fort peu rare au dix-huitième siècle. Dans un tout petit cercle, je vois des familles analogues. La jeune femme de Mirabeau se marie parce qu'elle est maltraitée de sa mère. Sa célèbre amante, Sophie, a une telle frayeur de son père qu'à dix-huit ans elle accepte de lui un mari de soixante-quinze ans. Dira-t-on qu'il s'agit de la noblesse uniquement?

Erreur, très grave erreur (Voy. Joly, *passim*). L'austère famille janséniste, la dure maison parlementaire, de mœurs si différentes, suivaient pourtant même modèle. L'arbitraire monarchique se copiait au plus humble foyer. L'aîné sur les cadets, et le frère sur la sœur reproduisaient la dureté du père, plus vexatoire encore. On le voit dans les lettres de la pauvre Sophie

---

vents, aux prisons, aux colonies, etc. Pour suffire aux dépenses insensées, aux désordres, il faut des sacrifices humains. La Famille représente exactement l'État. Folie des deux côtés, et des deux côtés *Déficit*. — On fait grand bruit pour l'ancien monde des enfants que Tyr ou Carthage, dans de rares circonstances, dans les dangers extrêmes, jetaient au brasier de Moloch. Et l'on rappelle à peine que, bien plus de mille ans, la famille chrétienne jetait ses enfants au sépulcre. Long supplice, plus cruel peut-être. J'ai dit au dix-septième siècle l'immense extension des sacrifices humains. J'ai cité la famille des Arnauld. Chez le premier, sur quinze enfants *sept filles religieuses*, et qui *meurent jeunes*. Chez le second, sur douze enfants, *six filles religieuses*, qui la plupart *meurent jeunes*, etc. C'est bientôt dit, mais qui saura jamais ce que ces simples mots contiennent de désespoir et de dépravation. *La Religieuse*, de Diderot (imprimée tard, à la Révolution), en est un portrait faible encore. Les grands procès (*Aix*, *Loudun*, *Louviers*, *La Cadière*, etc.) sont des percées dans ces ténèbres. — Mais rien n'éclaire l'histoire des mœurs autant que les procès des Mirabeau. Écrivant ceci en Provence, j'ai pu (grâce à mes amis d'Aix, Marseille et Toulon) lire les Mémoires et plaidoyers contradictoires de Mirabeau et de Portalis. Pièces infiniment curieuses qu'on devrait réunir, réimprimer d'ensemble. On peut y voir combien la piété filiale de M. Lucas de Montigny a atténué, adouci, supprimé.

(*Mém. de Mir.*, II, 118); on croirait lire des pages arrachées de *Clarisse Harlowe*.

Les Mirabeau, bruyants, retentissants, dans leurs scandales, leurs procès, leurs clameurs, nous ont rendu un grand service. Tout ce qui s'éteignait, s'étouffait entre quatre murs, éclata. Le foyer apparut, et sa guerre intestine. — On vit combien l'État corrompait la Famille par la facilité avec laquelle le roi appuyait, secondait toutes les tyrannies domestiques. On vit qu'en haut, en bas, ce terrible gouvernement de la faveur et de la Grâce, ennemi du jour et de la Loi, s'accordait, se reproduisait. Dix ans passèrent à peine, et le grand fruit du temps que le temps n'a pu enlever, fut donné à la France, *la Révolution de la famille*, la vraie famille enfin, créée et fondée dans la Loi selon le cœur et la nature. C'est le Code civil de la Convention (1794). Les mœurs suivirent la Loi. Quelle douceur aujourd'hui au prix de cette époque, pourtant si rapprochée de nous !

Le point de départ fut Vincennes. De là pendant plusieurs années, une voix éclatait, à soulever les voûtes (et tous les siècles l'entendront) : « Mon père, je suis tout nu ! Mon père, je suis aveugle ! Déjà, je ne vois plus qu'à travers des points noirs ! Mon père, je vais mourir des tortures de la néphrétique !... » Puis des rugissements, et de terribles pleurs. Puis, des aveux honteux, cruels, la nature aux abois, des délires effrénés. Va-t-il devenir fou ?

C'est l'adversaire de Mirabeau, c'est Portalis lui-même, l'avocat de sa femme, qui nous a conservé les lettres épouvantables du père contre le fils. Elles nous montrent de quelle rage il désira sa mort, pensant le faire périr à Surinam, à Rhé, en Corse, à If, à Joux, le poussant aux duels, et à la fin comptant qu'il crèverait à Vincennes. Haine profonde, car elle est de nature, d'antipathie, sans motif sérieux.

Mais la férocité du père semble encore moins atroce que la froideur de la femme de Mirabeau. Il lui écrit des lettres déchirantes, d'humbles supplications, un peu basses, il faut bien le dire (*Plaid. de Portalis*, p. 57). A genoux devant son beau-père qui le tient aussi enfermé, il lui demande la liberté, la vie.

Mme de Mirabeau n'avait guère le droit d'être sévère. Tête vaine et légère, à peine mariée, elle avait été prise en faute, avait été pardonnée, graciée, l'avait reconnu par écrit. Lui, il l'aima toujours, et l'eût préférée à toute autre. Dans ses prisons, à If, à Joux, il la priait toujours de venir le trouver. A Joux, lorsque Sophie, la charmante Sophie, se jeta, se donna à lui d'un tel élan, il conjura sa femme de venir et de le sauver de lui-même. Il fit plus, il pria son père et son beau-père d'ordonner à sa femme de venir le trouver. Cette tragique Sophie l'épouvantait. Elle avançait vers lui comme un abîme du destin, dans un funèbre attrait d'amour et de suicide. Il résiste, il implore sa femme. Mais la poupée n'a garde de quitter ses plaisirs. Elle passait sa vie de fête en fête. Elle dansa le jour où Mirabeau fut condamné à mort. Elle joua la comédie dans la chambre où son fils de deux ans venait de mourir. C'était la vaine idole, sans cœur et sans cervelle, de la noblesse de Provence. Elle finit par élire domicile chez les Galiffet (Voy. la lettre indignée de l'oncle). Un petit Galiffet la patronne contre son mari. A l'appel du mari, que répond-elle ? Un mot d'un froid mortel qui pouvait l'achever. Elle lui demande avec douceur « *s'il ne serait pas devenu fou!* »

Il y avait espoir. La prison fait des fous[1]. Ceux qu'on trouva à la Bastille, à Bicêtre, étaient hébétés. On a vu les fureurs de la Salpêtrière. Un fou épouvantable existait dans Vincennes, le venimeux De Sade, écrivant dans l'espoir « de corrompre les temps à venir ». On l'élargit bientôt. On garda Mirabeau.

Il est fort beau, étrange, que celui-ci, à travers une persécution si sauvage, ayant presque usé les prisons, ne devienne pas une bête féroce, qu'il reste à ce point *homme*, que son cœur soit si plein et d'amour, et d'humanité, que dis-je ? tendre pour son père même ! S'il a eu le tort grave d'écrire contre son père (en faveur de sa mère), il aime cependant ce barbare, il

---

[1] La folie était infaillible dans les prisons épouvantables qu'on employait depuis le Moyen-âge. La plupart furent certainement, dans l'origine, des *in-pace* ecclésiastiques. La tour de *Châti-moine*, à Caen, avait le sien à une profondeur de trente pieds, dans une cave, sans jour, presque sans air. Autour, de petites cellules où l'on était comme scellé dans le mur. Chacune à sa porte de fer avait un petit trou où passaient le pain, les ordures. Dans cet horrible lieu, visité en 85, on trouve une femme toute nue. Une autre de dix-neuf ans y est dans une basse fosse, les jambes dans l'eau, au milieu des reptiles. — A Saint-Michel-en-Grève, cette funèbre abbaye, la fameuse cage de fer était placée dans le vieil *in-pace* des moines, cave voûtée, pratiquée sous leur cimetière. Le prisonnier avait sur lui les morts. Du cimetière à travers la voûte, l'eau filtrait ; il recevait la pluie glacée. Voy. MM. Le Héricher, Joly, Hippeau (*Archives d'Harcourt*), Beaurepaire (*Antiq. norm.*, XXIV, 479).

l'exalte, lui croit du génie. Il s'attendrit pour lui. Sortant à trente-trois ans de sa longue prison, voyant chez un ami le portrait du tyran, il le regarde et pleure, et s'écrie : « Pauvre père ! »

En mourant, il demande à être enterré près de lui.

Sophie n'est pas moins bonne. Quand le tyran cruel a perdu ses procès, est presque ruiné, voilà qu'elle est touchée, s'attendrit, pleure aussi.

Cette pauvre Sophie, enfermée au couvent, qui y a accouché et qui y meurt de faim, Mirabeau la nourrit. Nuit et jour, il travaille. Sans feu, sans bas, sans pain pour ainsi dire, il écrit cent volumes. Inspiration, compilation, les livres érotiques ou révolutionnaires, flamme et fange, tout va par torrents. Les échappées cyniques, les aveugles fureurs, désespérées, des sens, ne peuvent empêcher de le dire : Cet homme est très grand à Vincennes... Oh! que je l'aime mieux là qu'en ses fameux triomphes, mêlés de menées équivoques!

L'histoire est admirable. Elle agit presque autant que les *Confessions* de Rousseau. Mirabeau, dans ses lettres, ses procès, ses Mémoires (bien plus forts que tous ses discours), ouvrit un jour nouveau sur l'âme humaine. Ce qui est curieux, c'est qu'à chaque prison ses gardiens sont à lui. Les exempts qui l'arrêtent, deviennent ses zélés serviteurs. Tous pleurent, geôliers et porte-clés. Lenoir, le lieutenant de police, agit pour lui et le protège. Le *chef du secret* même, un homme qui sait tant et voit tant, qui doit être endurci, Boucher, devient l'intermédiaire des deux infortunés. Sans lui, il serait mort. Boucher court les libraires pour lui placer ses manuscrits. Il est infatigable. Il intercède auprès du père, lui écrit, le poursuit au fond du Limousin, il arrache la grâce, il amène le fils, il sanglote... Gloire à la nature !

Gloire à l'esprit du temps ! au grand élan de cœur qu'avaient produit surtout les livres de Rousseau. On sent à quel point ils sont maîtres, et comme ils ont percé partout. Quelle transformation générale ! Quoi ! l'humanité, la pitié, les meilleurs sentiments de l'homme, ont changé, ont dissous la Police à ce point!... Mais s'il en est ainsi, la Police n'est plus, et le Despotisme n'est plus ! Et la Révolution est faite.

Quelle étonnante chose que ce soit à Lenoir, à Boucher, que le prisonnier adresse pour le faire imprimer ce livre des *Prisons*, des *Lettres de cachet*, écrit de si grand cœur, de si haute liberté d'âme ! Comment l'ancien régime, du sommet à la base, ne frémit-il à ces mots intrépides : « Mon âme, enhardie par la persécution, a élevé mon génie abattu par les souffrances... Sans papiers, sans société, n'ayant que très peu de livres, privé de correspondance, de liberté, de santé !... On ne peut avoir plus d'entraves... Libre ou non, je réclamerai jusqu'à mon dernier soupir les droits de l'espèce humaine. »

Mot fort et vrai. Je ne vois aucun homme dans l'histoire qui ait plus constamment prêté appui aux faibles. Il plaide pour les Corses, pour Genève opprimée, pour les Hessois vendus par leur indigne maître. Il plaide pour les Juifs auprès de Frédéric, et il obtient leur émancipation.

« Mais Mirabeau, sans doute, au livre des *Prisons*, aura du moins tourné, éludé l'actuel, se tenant aux limites resserrées de la question? » Vous le connaissez peu. Le Mirabeau d'alors a beaucoup de Danton. L'Amérique envoyant sa grande Déclaration des droits, il écrit sans détour : Tout gouvernement est déchu. Il va plus loin encore : George a moins fait que les Capets.

Ces deux mots mis ensemble destituent Louis XVI.

Cela est grand, hardi. Mais voyons le dessous. Regardons dedans, l'homme même.

Et d'abord écartons les exagérations grotesques, je ne sais quelle tradition monstrueuse qu'on a faite à plaisir, d'après les effets de tribune, l'illusion d'optique, les éclairs, les tonnerres, dont s'entourait le grand acteur. C'est commun au théâtre. Mlle Clairon, fort petite, à la scène devenait colossale. A la tribune, Mirabeau se gonflait, paraissait énorme. La fantasmagorie de ses cheveux ébouriffés faisait parfois un lion, parfois une tête de Méduse. Un jeune homme raconte qu'il dînait près de lui. Mirabeau lui parla, et lui mit la main sur l'épaule. « Je la sentis immense! » Il l'avait très petite, la fine main de l'artiste et du gentilhomme.

Un document très sûr, irrécusable, c'est le plâtre pris sur le mort. Je l'ai vu plusieurs fois, regardé de très près, au regrettable Musée de la Révolution qu'avait fait M. de Saint-Albin. Au bout de quinze années, il me reste présent; il est fixé dans mon esprit.

Rien d'énorme, rien de monstrueux. Ce qui marque

et qui saute aux yeux, c'est l'audace, la familiarité hardie, et la légèreté libertine. Il a l'air *bon vivant*, *bon diable*. Beaucoup certes d'esprit et de facilité. Tout cela en dehors, donc, bien loin du génie, des dons de profondeur qui supposent l'incubation.

Une bouche menteuse, non par hypocrisie, mais pour l'effet et l'exagération, voulant séduire, étonner, effrayer. Un fanfaron de crimes, ravi qu'on le suppose un profond scélérat (Voy. *Corr. de La Marck*). Effréné en paroles, heureux qu'on le croie un satyre. Il n'en a pas le masque. L'aiguillon bestial visiblement lui manque. Son visage gravé semble impur, il est vrai, mais impur de pensée, de fantaisie lubrique, d'un priapisme cérébral. Qu'une sœur, une mère, l'aient corrompu enfant, on n'a pour le prouver que les allégations du père. Ce qui est plus certain, c'est que ce libertin (tout au rebours des jeunes gens d'alors), garda toujours l'horreur des filles publiques, fut toujours amoureux dans ses libertinages, et même assez fidèle. De vingt ans à quarante, il a eu trois amours (sa femme, Sophie et Nehra). S'il a tombé très bas (en amour, comme en politique), c'est vers sa triste fin, où il répond trop bien au sort cruel que lui jeta son père, disant « que pour la terre il prendrait le bourbier ».

La haine est clairvoyante aussi bien que l'amour. Elle donne une seconde vue. Montaigne, Saint-Simon, les grands observateurs n'ont rien de supérieur ni peut-être d'égal aux traits forts et profonds dont le père a marqué son fils.

Il en a un terrible, et bien paradoxal : « Nul en idées. Tout est d'emprunt et de réminiscence. C'est une ombre. *Et il n'a aucune passion (Mém.*, III, 176). Il est vorace et inégal, mais ni gourmand ni aimant le vin. Pour les femmes, par ma foi, ce fut pure exubérance et jactance. Ni tendre, ni galant, ni efféminé, ni voluptueux. — Cette tête sera toujours enfant. C'est le meilleur diable du monde, sauf mauvaise compagnie.

« Pour le talent sans pair. Quand le diable nous avertirait cent fois par heure, il est impossible de ne pas s'y prendre; d'autant qu'étant capable et du pis et du mieux, cela lui est égal; *le vrai, le faux lui étant absolument un,* le droit, le tortu tout de même, je crois (Dieu me pardonne) qu'il en pense alors la moitié. » (*Mém.*, IV, 318.)

« Dès douze ans, un matamore ébouriffé à avaler le monde. »

Trente-trois ans : « Un tonneau boursouflé, gavé et vieux, qui dit : « Papa » (171). Laideur amère, sourcil atroce, un épouvantail de coton. Tout le farouche dont il a su environner sa personne, sa réputation, tout cela n'est que vapeur. Au fond, c'est peut-être l'homme du royaume le plus incapable d'une méchanceté réfléchie. » (174.)

Il n'eut rien de son père, le dur et bilieux Provençal. Il a la fougue, mais sanguine (tempérée par l'hémorragie). Né Limousin et de mère limousine, il a de la pléthore du Nord, une ampleur rare dans le Midi. De son père il n'a pas les dards, l'exquis, l'atroce, mais une veine énorme, d'incroyables torrents.

Il naît déplaisant et baroque, déjà dentu, le frein à la langue et le pied tordu. Il naît scribe à quatre ans, cherchant partout du papier pour écrire. Il naît bouffon et mime, cynique et ne croyant à rien. « Il a toutes les qualités viles de sa souche maternelle », aime les petites gens (quoique fort gentilhomme au fond), et mange avec ses paysans.

Mais ce qui en fait pour son père un véritable objet d'horreur, c'est un terrible don de familiarité (faut-il dire, d'audace impudente?) qu'il apporte en naissant. Ce père, « oiseau hagard entre quatre tourelles », est tout effarouché. Les barrières qu'il met entre, l'enfant terrible les saute sans s'en apercevoir.

Quand son père n'a pas pu en trente-trois ans l'exterminer, il recule un moment, l'admire (mais sans le haïr moins). C'est en effet alors qu'il est prodigieux (bien plus qu'à la Constituante). Ses deux procès sont des miracles. Au premier, il s'agit d'aller, au sortir de prison, se remettre en prison à Pontarlier, où il fut condamné à mort, et remettre sa tête sur le billot, sous le coup de ses ennemis. « Depuis feu César, dit son père, l'audace ne fut nulle part comme chez lui. Il dit avoir de son étoile. Il a moins de génie, mais bien autant d'esprit. »

Et c'est bien pis à Aix, au procès de 83, ou il redemande sa femme. Grande terreur, ligue furieuse de tous les galants de Provence, de ces nobles insolents, de ces riches impudents, qui veulent à tout prix la garder. Lui, il est fort et doux, très charmant de bonté pour elle, tenant, ne montrant pas cette lettre d'aveu, qui aurait trop prouvé qu'elle eut les premiers torts. Les amants au contraire firent par leur avocat (Portalis) employer le poignard, les lettres folles, atroces, du père de Mirabeau, où il le qualifie d'empoisonneur et d'assassin. A Aix, ainsi qu'à Pontarlier, le père étrangle son fils.

Tout le public était pour Mirabeau. Malgré la triple garde, portes, barrières, fenêtres, furent enfoncées. On monta sur les toits. Il dépassa l'attente, troubla, attendrit tout le monde.

Quand, au nom de sa femme, on vient de l'égorger, lui la ménage encore. Contraint de montrer son aveu, il craint d'en user trop; il lui ouvre son cœur, l'y rappelle, lui montre un infini d'amour, d'oubli et de pardon. Il arracha des larmes à ses adversaires même; le beau-père en versa; tout l'auditoire croyait qu'il allait se lever et donner la main à son gendre. Portalis, foudroyé, retomba sur son banc évanoui. Il fallut l'emporter.

Mirabeau avait dit : « L'issue de ce procès dira si le mariage existe encore. » L'arrêt définitif dit : « Non. » Le mariage eut tort. La femme est *séparée;* adjugée aux amants.

Mirabeau disait : « Que ferai-je ? Il me faudrait un coup d'épée. » Un duel, qu'après le procès il exigea de Galiffet, ne lui procura pas ce coup libérateur. C'est Mirabeau qui blessa l'autre.

Il avait grandi en tous sens, et d'autant plus était perdu. Son nom eut un éclat immense, mais effrayant, sinistre. Ni son père, ni son oncle, ne voulurent plus le recevoir. Ses pourvois, ses appels furent supprimés, tout lui fut impossible, tout fermé, excepté la mort. Il y avait pensé plus d'une fois, l'avait essayé même (1777). Mais sa sœur de Provence l'appela, l'obligea de vivre.

Cette sœur (la Cabris) était un Mirabeau, avec moins de douceur. Un prodige d'esprit et d'audace. C'est elle qui délivra sa mère en dénonçant son père. Enfermée par lui à son tour, elle brisa sa chaîne et plaida contre lui. Mariée à un fou, on l'eût crue un peu folle, propre au crime, propre à l'héroïsme. Mirabeau la peint franchement, très charmante « et très dépravée ». Le fils de Mirabeau avoue que Mme de Cabris eut sur lui un pouvoir terrible, et ne cache pas qu'en cette crise elle nous a sauvé Mirabeau.

Il était né très faible. S'il était resté là sous cette influence malsaine, il eût baissé toujours. Par bonheur, son pourvoi, sa lutte furieuse contre les nobles de Provence, le menaient à Paris. Il y était connu, dès longtemps annoncé par son beau livre des *Prisons*, par ses procès, surtout par une action fort généreuse qu'il fit dans ses embarras même, sa *Défense de Genève*, alors occupée, écrasée par une armée de Louis XVI. On allait bientôt reconnaître en lui la grande voix de l'époque. Demain il serait grand, s'il n'était mort de faim. Son père obstinément lui refusait sa pension alimentaire. Comment subsistait-il sur ce dur pavé de Paris? On ne le sait. Et il n'était pas seul. Un singulier bagage qu'un homme si mobile n'aime guère à traîner, le suivit partout, à Paris, à Londres, à Berlin. « Et quoi? une maîtresse?... » Un berceau, un enfant.

Grand mystère de sa vie qu'on n'a pu éclaircir. Cet enfant qui grandit, qui eut un vrai mérite, qui dans ses beaux *Mémoires* nous a révélé tant de choses, est resté lui-même une énigme. Mirabeau l'emportait partout avec inquiétude, « craignant qu'on ne le lui retirât ». Étrange position de mère et de nourrice pour l'homme d'aventures qui venait l'épée à la main se jeter à travers toutes les querelles du temps.

Rousseau et Mirabeau partirent du désespoir. Cela leur est commun. Comparons leur destin. Rousseau naît de ce jour (1756) où, délaissé, maudit de ses amis et de lui-même, il fut seul, sans famille, rejetant ses enfants, fort de sa liberté, de sa pauvreté solitaire, pour couver ses trois fils immortels, ses trois livres. Mirabeau n'est pas seul. Chez lui, la nature fut plus forte. Celui qu'on redoutait, l'emporté, le terrible, dans l'antre du lion cachait et nourrissait la molle créature qui fait mollir les lions, un enfant de deux ans (1784).

L'enfant influe beaucoup plus qu'on ne croit. Il lie, retient le père. Mirabeau sera-t-il le vrai Mirabeau de Vincennes? J'en doute. Il gardera, sous son orage et son tonnerre, des faiblesses de femme pour le passé, de grandes timidités d'opinion, — hélas! aussi sans doute les transactions peu scrupuleuses et les fatalités d'argent d'un foyer trop nécessiteux.

Est-ce que Mirabeau va bercer cet enfant? Il lui faut une mère. Il en trouve une à point. Une jeune orpheline hollandaise, Mlle Ahren (Nehra), était dans un couvent. Elle vit Mirabeau, subit son ascendant et le suivit. Voilà un ménage complet, un changement et de vie et d'âme. Notre homme, dégagé de sa terrible sœur, sous la jeune influence de la douce Hollandaise, ne rêve plus que travaux paisibles, les plus humbles, n'importe. Il veut pour les libraires faire des compilations. Refus. Tous les vents sont de guerre, et, pour gagner sa vie, il doit être une épée.

Si jamais une épée fut bénie, c'est celle-ci. Le pénétrant Franklin, sans s'arrêter à sa réputation, lui fit un grand honneur, le plus grand qu'eut jamais un homme, qui eût glorifié le plus pur!

L'Amérique en était à son second moment, — dangereux, — après la victoire. Elle tournait, virait, rétrogradait contre elle-même. Avait-elle expulsé tout à fait l'Angleterre? Non, elle la portait dans son sein. La vieillerie aristocratique ne demandait qu'à reparaître. Une chevalerie *héréditaire*, les Cincinnati se formaient. Funeste anomalie. Washington eut le tort de s'en laisser faire le prétexte, le centre. Quoi de plus dangereux? Si l'on disait un mot : Blasphème! « Vous parlez contre Washington! »

Qui serait assez grave pour plaider dans une telle cause? Ce n'eût été trop de Rousseau. Il était grand, hardi, de se porter entre deux mondes, d'avertir la jeune Amérique, la priant au nom de la France, de nous garder intact l'idéal de la liberté (1784).

Mirabeau, en 85, n'a pas baissé encore. On le paye, mais pour faire une guerre honorable à la Bourse, aux agioteurs. Entre ses amis genevois, les uns, comme Clavières, furent purement et vaillamment Français. Tels, Du Roveray, Dumont, furent peu à peu Anglais. Tel enfin, un habile, peu scrupuleux banquier, Panchaud, travaillait pour Calonne. Panchaud, qui était son meneur, l'auteur de ses premiers succès, de plus en plus dans ses emprunts, avait la concurrence des Compagnies, des grands boursiers, les Cabarrus, les Beaumarchais. Qui oserait contre ce Figaro tirer l'épée? On ne trouva qu'un homme, le désespéré Mirabeau.

Surprise singulière qui fit une ère nouvelle. Figaro voudrait rire, ne peut. Le diapason change. Sa voix ne s'entend plus. Contre la gravité de la basse profonde, il n'émet qu'un son faible, aigu, la voix des ombres, ce son grêle et sans souffle auquel on reconnaît les morts.

CHAPITRE XX

Calonne. — Comédie des Notables. (1787.)

« Calonne fut un danseur qu'on chargea pour un temps du rôle de roi de théâtre; quand il fut à bout d'haleine, quelqu'un lui suggéra le bon système (*d'assembler les Notables*), qu'il saisit avec la sagesse que nature a placée dans son occiput. Le tout n'est pas d'imprimer, enregistrer, etc.; il faut faire danser ces assemblées. En niais, il leur jette au nez un *déficit* qu'il ne sait pas lui-même, comme s'il avait besoin d'amasser des pierres pour le lapider. Il n'a pas imaginé qu'on pût demander : « A qui la faute ? » (Mirabeau père, *Mém.*, IV, I, 95).

Ce parleur, ce bavard, à qui on croyait tant d'esprit, il l'appelle de son nom : *un niais*. Très bien jugé. Exécution définitive.

Sur les Notables, il dit : « Vu de près, oh! que c'est bête!... Ce danseur, se trouvant à bout, assemble une troupe de *guillots* (c'est-à-dire les premiers venus), qu'il appelle la nation, dit : « Nous avons mangé les « pauvres, et nous en venons aux riches. Et, ces « riches, c'est vous, sachez-le. Dites-nous donc, amia- « blement, comment devons-nous vous manger? »

Il est plaisant de faire, comme quelqu'un l'essaye aujourd'hui, de faire de ce Calonne un profond révolutionnaire, qui ne jeta l'argent, qui ne gorgea la Cour, ne ruina la France « que pour les mener au bord d'un abîme si profond, si effrayant, que roi, clergé, noblesse, appelleraient de leurs cris les nouveautés libératrices ». Roman bizarre qu'on n'appuie de nulle preuve. Rien, absolument rien, dans les documents de l'époque.

Calonne fut créé, on l'a vu, par la coalition qui se fit un moment entre Trianon et les princes, entre les Polignac, Monsieur, d'Artois, Condé.

On ne le comprend bien qu'en envisageant dans l'ensemble les dix années des Polignac, les deux phases qu'offre leur long règne.

La fin de Maurepas doublant leur ascendant, ils crurent d'abord s'emparer de l'armée, firent ministre Ségur. Trois ans après, ils firent Calonne contrôleur général, et purent s'emparer de la caisse.

Par Ségur, ils obtiennent l'ordonnance de 81, qui monopolisa les hauts grades, les gros traitements pour la Cour et les favoris. Le roi ferme aux non-nobles la carrière militaire, que Louis XV ouvrit en 1750. Pour le plus petit grade (sous-lieutenant), il faut prouver quatre degrés de noblesse paternelle. Et les nobles eux mêmes ne sont jamais que capitaines.

Pour être officier général, il faut être admis à monter dans les carrosses du roi.

Pour suivre ce système, il faut que le trésor, aussi bien que l'armée, tombe aux mains de la Cour. Voilà le vrai sens de Calonne.

Un petit magistrat, taré et endetté, que les Parlements détestaient, que Maurepas appelait un panier percé, était juste celui que pour toute raison on aurait dû exclure. Étranger aux finances, il avait sa science dans la tête d'un homme équivoque, certain Panchaud, un banquier genevois, qui, après avoir fait de mauvaises affaires, se mêla des affaires publiques. Tout le duel du temps est en réalité entre deux Genevois, deux banquiers, ce Panchaud et Necker.

La machine arrangée par Panchaud pour éblouir, servir à la parade, était l'amortissement, qui, grossi *vingt-cinq ans* par l'intérêt composé, devait libérer le trésor, amortir douze cents millions. *Vingt-cinq ans!* en ces temps où tout changeait sans cesse, où l'on mit aux Finances trois ministres en trois mois (en 1787)! *Vingt-cinq ans!* un malhonnête homme pouvait seul faire de telles promesses.

Calonne, pour attirer des dupes, assurait que l'emprunt s'éteignant chaque année par remboursements, et le capital augmentant, les prêteurs qui resteraient à la vingt-cinquième année, recevraient plus de cent pour cent!

Nul charlatan de place, ni arracheur de dents, n'eut jamais tant d'audace. Ses préambules, austères, ne parlent que d'économie, d'ordre sage, de juste balance.

Ces affiches effrontées réussirent à ce point qu'en trois ans, les badauds avec empressement, lui apportèrent cinq cents millions.

A force de mentir, le menteur s'attrapa lui-même. Il crut que son Panchaud lui continuerait à jamais le miracle de pomper l'argent dans les poches. En 86, tout tarit. Voilà notre étourdi effaré, éperdu, qui, du péril, se sauve en un péril plus grand, croyant *fort niaisement* (dit Mirabeau, le père) qu'il resterait le maître d'un si grand mouvement, mystifierait la France, et payerait en monnaie de singe.

Que fait-il, l'imprudent? Il va fournir des pièces pour instruire son procès, pour préparer de loin le procès, qui finit au 21 janvier.

Qu'est-ce donc que la France va voir au fond du sac?

Disons-le franchement. Des chiffres? Non, des crimes.

Crimes de Calonne, crimes du roi, j'entends les fautes déplorables de la faiblesse étrange, qui dans ces trois années, donna, gaspilla, lâcha tout.

1° Mainte opération de Calonne était de telle nature que tout pays gouverné par les lois lui aurait décerné le bagne. Sur des emprunts déjà remplis, *furtivement* il négocia des rentes pour cent vingt-trois millions. *Sans autorisation* du roi, il lança dans l'agiotage, gaspilla et perdit pour douze millions de domaines, etc.

Mais ses opérations légales ne sont guère moins coupables. *Cinq cents millions d'emprunt en trois années de paix!*

Quoiqu'en dix ans le revenu public ait augmenté de cent quarante millions, ce furieux prodigue accroît le déficit annuel de trente-cinq millions.

Sous le plus mauvais roi, le plus mauvais ministre, Louis XV et Terray, l'impôt fut de trois cents millions. — Il est de cinq cents sous Calonne.

Où passait cet argent? En partie à la rente, mais aussi aux splendeurs de la bureaucratie, aux folies administratives. Sous Terray, un bureau coûtait trois cent mille francs; il coûte trois millions sous Calonne. On dédouble la Poste pour en donner moitié à Mme de Polignac, petit cadeau de deux millions.

Pour pourvoir aux dépenses de cette immense monarchie, que reste-t-il? Bien peu :

Cent quatre-vingts millions.

2° Ce qui suit est le plus pénible. Qui pourra croire dans l'avenir que, sur ce reste misérable, ce pauvre denier de la France, le roi en jetait les deux tiers en largesses insensées?

On veut tout rejeter sur Calonne, excuser le roi. Mais bien longtemps avant Calonne, depuis mai 76, le roi est retombé dans la vieille voie de Louis XV, le gaspillage des acquits-au-comptant.

Aux années les plus pauvres, le roi est le plus généreux.

En 1783, l'année qui suit la guerre, l'année d'épuisement, le roi, en acquits-au-comptant, donne cent quarante-cinq millions. (Bailly, *Hist. des Finances.*)

En 1785, l'année qui suit la sécheresse, la stérilité

de 84, une année presque de famine, le roi donne cent trente-six millions.

On objecte bien vite qu'il y a là-dessus quelques pensions diplomatiques, et l'intérêt des anticipations. C'est la moindre partie. La masse est en faveurs, en grâces pour la Cour, dots, établissements de famille, générosités fortuites.

A quoi allons-nous retomber? Sur les cinq cents millions de l'impôt annuel, en ôtant les frais et les dons, en dernière analyse, il en reste... *quarante!*

Rien de pareil sous Louis XV, qui cependant par an reçoit deux cents millions de moins. Rien de tel sous Louis XIV, aux pires temps de ses grandes guerres. Rien, rien de tel en aucun temps. Louis XVI, vraiment, à juger par les chiffres, est le pire des trente-deux Capets.

On voudrait nous faire croire qu'il fut surpris de la révélation du déficit, qu'il avait ignoré ou n'avait pas compris les actes déplorables qu'il signait tous les jours. C'est le mettre bien bas, dire qu'il n'avait gardé nul sens de ses devoirs. Il n'est pas si facile qu'on le croit de tout ignorer. Et, si l'on y parvient, c'est un crime déjà de se faire en s'étourdissant une fausse et coupable innocence.

Pouvait-il ignorer la somme épouvantable dont Calonne au début paya, gorgea ses frères? Pouvait-il ignorer l'achat de Rambouillet (si inutile), pour étendre ses chasses (quatorze millions)? Et les quinze millions de Saint-Cloud? Ignorait-il la succion terrible d'un poulpe insatiable, la société de Trianon, les pensions étranges de Coigny, Dillon et Fersen? les présents monstrueux entassés sur les Polignac? Ce qu'on en sait est effrayant.

Le roi n'a jamais eu de favori ni d'ami personnel. Il avait commencé par une grande défiance. Il écartait la Cour « par ses coups de boutoir ». Qui donc le changea à ce point? On impute tout à Calonne. Le roi le connaissait, et ne l'accepta qu'à regret. Il le trouva commode et agréable, ne l'estima jamais. La reine, il faut le dire, fut réellement la seule personne qui ait profondément agi sur lui. Par elle la Cour de Trianon, et même la grande Cour de Versailles, non seulement le domina, mais le changea, le transforma. On cherchera en vain ; on ne pourra trouver aucune autre puissance qui ait pu opérer cette étrange métamorphose.

On eût pu le prévoir, quand (en 74) elle lui fit chasser ceux qui l'éclairaient sur l'Autriche, et quand, deux ans plus tard, elle lui fit renvoyer Turgot. Les enfants l'attachèrent encore. Les fautes l'attachèrent, et le besoin de pardonner. Plus il souffrit par elle, plus il aima. Le procès du collier, qui lui fut si cruel, l'attrista, l'éloigna un instant, mais pour le ramener plus faible que jamais. Il l'aima pour sa honte, il l'aima pour ses larmes. Plus tard, pour son audace et sa témérité. Il arrive à ce point (en 1787) de ne pouvoir la quitter un moment. Quand elle va passer le jour à Trianon, quoiqu'elle n'y couche point et doive lui revenir le soir, il ne peut durer à Versailles et va à Trianon trois fois dans la journée. Au moindre mot qu'elle lui dit, on le voit ému, empressé (*Besenval*, II, 307). Quelle maîtresse eut jamais un pareil ascendant? La Pompadour se fit le chien de Louis XV, ne le garda qu'à force de bassesses. Louis XVI, au contraire, est le serf tremblant de la reine, observant son regard, redoutant sa parole hautaine. Tout ce qu'on a conté au Moyen-âge de la magie cruelle, des opérations diaboliques, où, gardant l'apparence, on perdait l'âme, ces histoires sont trop vraies : on les retrouve ici.

A la Fédération de 1790, un royaliste, M. de Virieu, voyant la reine sur l'estrade, l'admira, mais ne put garder un mot : « Voyez la magicienne! » Ce mot fut répété. Et la reine elle-même, dans la tragique année 91, n'ayant agi que trop sur Mirabeau, Barnave, s'appelle en souriant : « La Fée. »

Ses portraits successifs de plus en plus expriment cette énigmatique puissance, à part de la jeunesse, à part de la beauté. Suivez-les à Versailles. Au premier (de vingt ans), elle est éblouissante, mais cela paraît peu encore. Ce sont les deux derniers portraits (de trente et un et trente-deux ans), qui nous la donnent ainsi, triste, trouble, fort dangereuse. Ce n'est pas là la bonne fée. L'image est fantasmagorique, point naturelle, point rassurante. Est-ce Circé? Non pas. L'altier et le tendu en diminuent le charme. Est-ce Médée? Non pas. Elle n'a pas du tout l'obscène atrocité de la vraie Médée (Caroline). Après plusieurs grossesses, et à trente et un ans, dans le second portrait de Mme Lebrun (86-87), elle reste fort belle, garde sa peau nacrée, « si transparente qu'elle n'admettait nulle ombre ». Autour d'elle et sur ses genoux, elle a ses beaux enfants. On repense à Van Dyck, à son Henriette d'Angleterre. Moelleusement vêtue d'un très doux velours rouge, qui prête ses reflets au satin de la peau, elle séduirait fort, n'était le bleu trop bleu de l'œil, le regard fixe, à faire baisser les yeux.

Mais avec ses enfants, pourquoi se roidit-elle? Ces innocents gardiens la protègent. Ils devraient donner à ce tableau du calme. Il n'est point innocent, il n'est point rassuré. Il n'a pas la sécurité du noble tableau de Van Dyck. La fée y nuit trop à la mère. Elle fascine au lieu de toucher. L'artiste aussi, nerveuse et troublée de la reine, émue de l'avenir, travaillait inquiète, et la main, je crois, a tremblé.

Je ne crois pas du tout que le roi n'ait pas vu la pente sur laquelle sa cruelle passion le traînait. Sous sa morne figure que l'on eût cru insouciante, il avait de grands troubles. Un mot lui échappa qui peut en faire juger. Quand la mort de Vergennes (janvier 87) enleva les derniers moyens qu'il avait d'enrayer, le laissa faible et seul, il alla voir sa tombe au cimetière et dit : « Plût au ciel que déjà je pusse reposer à côté de vous! »

Grave parole! on croirait volontiers qu'il eut à ce moment l'affligeante lueur de tous les changements qui s'étaient faits en lui, de son énorme écart d'avec le premier Louis XVI. — Où est le scrupuleux dauphin, le roi si amoureux du bien public, et, ce qui est plus fort, *où est le roi chrétien?* Quelle trace en son règne de ce primitif idéal du duc de Bourgogne, dont il avait, lisait, relisait les papiers? Cet idéal du roi, quoique si favorable aux nobles et au clergé, implique le respect du devoir, l'intérêt du pasteur pour le troupeau que Dieu lui confia. L'âme de Fénelon y était contenue. Combien cette âme est loin, dans l'égoïste oubli où le roi est tombé! Que reste-t-il ici du sentiment chrétien, des tendresses du *Télémaque* pour les misères du pauvre peuple? Il avait été élevé par deux Jésuites, La Vauguyon, Radonvilliers, qui ne purent cependant fausser entièrement l'honnêteté de sa bonne nature allemande. S'il disait faux parfois, c'était faiblesse, ou bien respect humain. Nul doute que ses très mauvais maîtres ne lui aient de bonne heure donné la grande tradition monarchique, le droit des rois de tromper pour le bien. Ces leçons lui revinrent bien plus qu'on n'aurait cru en 1787. Par trois fois, il entra, avec Calonne, avec Brienne, dans leurs plans misérables, dans leurs ruses grossières qui ne pouvaient que l'avilir.

Voici ce que les faiseurs de Calonne avaient imaginé (son financier Panchaud, son parleur Mirabeau, etc.) : d'éblouir le public, à ce fâcheux moment, et de le dérouter par l'imprévu d'un grand spectacle, par une mise en scène dans le genre de Cagliostro. C'était l'évocation d'une ombre.

Contre le Parlement qui se disait la France, on faisait apparaître une certaine figure qu'on disait la France elle-même. Une fausse petite France, choisie, triée adroitement, d'une centaine de Notables.

Henri IV autrefois fit jouer cette comédie. Le fond était ceci : Ces Notables, arrivant sans droit, par simple choix du roi, pouvaient l'aider, mais ne le gênaient guère. Selon les occurrences, c'était peu ou beaucoup. Tantôt on disait : « C'est la France. » Tantôt on disait : « Ce n'est rien. »

Mirabeau nous assure que c'est lui qui donna l'idée à Calonne. Il avait besoin d'une place et se figurait être secrétaire des Notables. Si on l'en croit du reste, dans cette œuvre de ruse, il espérait mener Calonne plus loin qu'il ne voulait, des Notables aux États généraux, à l'Assemblée nationale. Il croyait tromper les trompeurs. Son second, dans la ruse, était l'abbé de Périgord, M. de Talleyrand, qui fort adroitement, d'un pied boiteux, marchait derrière le puissant orateur, s'en faisait remorquer. Mirabeau le donna à Calonne (5 juillet 86), le lui recommanda comme un jeune homme habile, discret, fort capable d'écrire « les très grandes idées conçues de son génie ». Nul plus apte en effet à vêtir le mensonge de forme décevante et menteuse. — Ce petit Talleyrand allait mieux à la chose que Mirabeau lui-même, trop bruyant, trop retentissant. De Mirabeau, Calonne prit l'avis et prit l'homme, mais l'éloigna lui-même, l'envoya à Berlin.

La singularité piquante de ce plan de Calonne, c'est qu'il offrait, article par article, les réformes les plus contraires à ce qu'on attendait de lui, les idées qu'on savait les plus antipathiques au roi.

1° *Unité administrative.* La monarchie, enfin tranquille, peut effacer les bigarrures parmi lesquelles elle a grandi. Proposition immense qui eût fait disparaître ces corps, ces privilèges antiques pour qui le roi avait tant de respect (lui-même l'écrivait en 1788 dans une note sur les plans de Turgot).

2° *Égalité d'impôts par la taxe territoriale*, que jadis Machault proposa.

On se rappelle le combat que Machault soutint cinq années (1749-1754) contre le Dauphin, père du roi. La terreur du Dauphin, la terreur du Clergé, était que, pour une telle taxe, il fallait préalablement *estimer tous les biens*. Machault voulait avoir un état des biens du Clergé. Proposition horrible qui crevait l'Arche sainte, renversait la religion. On eût vu ce que l'œil laïque ne devait voir jamais (que le clergé avait quatre milliards). Le Dauphin, pour une telle cause, fit une guerre désespérée, s'immola et ses sœurs, l'honneur et la conscience. Louis XVI, son fils, fidèle à sa mémoire, se réglant sur lui seul et lisant toujours ses papiers, put-il tout à coup agir contre dans le point le plus sérieux ? Était-il converti sur cela ? Point du tout. S'il fut l'invariable ennemi de la Révolution, ce fut moins pour ses droits que pour ceux du Clergé.

La taxe de Machault, qu'on mettait en avant, n'était rien qu'un épouvantail. Ce qui le prouve assez, c'est qu'on la proposait sous la forme la plus impossible, chimérique, enfantine : « Elle serait levée en denrées. » Mais avant on allait, en estimant les biens, sonder toute fortune, regarder dans les poches des deux ordres privilégiés. Qu'eût-on vu ? La richesse énorme du Clergé, le déshonneur des nobles, le désordre de leurs affaires. En leur donnant la peur de tout montrer au jour, on allait les forcer de composer avec le roi, d'accorder des subsides, d'autoriser l'emprunt refusé par le Parlement.

3° Le troisième mensonge du grand prestidigitateur, c'était une certaine ombre de représentation nationale. Turgot en 76, dans ses vastes idées d'éducation politique, pour préparer la France à se gouverner elle-même, imaginait un système d'assemblées communales, provinciales, couronné par l'assemblée des assemblées. Necker fit un petit essai des assemblées provinciales en 1778. Ces choses, bonnes alors, dix ans après avaient bien peu de sens. Au moment où l'esprit public voulait et exigeait une représentation sérieuse, où la France allait se lever en souveraine, en juge, ouvrir un sévère examen, le roi et le ministre, qui voulaient l'arrêter aux vieilleries, étaient jugés par là. On voyait des coupables occupés de gagner du temps.

Du premier coup on réclama contre ces ruses trop grossières. Les prétendues *Assemblées provinciales* de Calonne n'avaient rien de provincial. (Cela fut dit crûment à Besançon, à Grenoble, etc.) Tout émanait du roi. *Il nommait* d'abord trente personnes qui elles-mêmes en choisissaient trente. La Fayette, un des trente qu'on nomma d'abord pour l'Auvergne, explique cela parfaitement. Il ajoute : « *Nous nommons aussi la moitié des assemblées inférieures.* » Ainsi ces délégués du roi ne faisaient pas seulement l'assemblée provinciale, mais celles des communes ou paroisses. Donc nulle élection populaire. Et rien de sérieux. Du haut en bas, tout était faux.

Ces assemblées devaient répartir la taille, régler certains travaux, juger en premier ressort certains litiges. En réalité, l'intendant, le vrai roi administratif de la province, restait maître de garder par devers lui ce qu'il voulait, de les initier plus ou moins. Ce qui irritait, indignait, ce qui même à Grenoble fit repousser ces assemblées, c'est que le ministère, n'en donnant pas le règlement, laissait ainsi louche et douteuse la limite réelle de leurs attributions, ne voulait que créer par elles certaine opposition aux Parlements, mais se réservait en dessous de les tenir par l'intendant toujours faibles, mineures, ignorantes.

Un bienfait plus réel, mais tardif, c'étaient les réformes dont Calonne avait pris l'idée aux Économistes, à Turgot : Libre commerce des grains, — Plus de douanes intérieures, — Meilleur règlement des maîtrises, — Adoucissement de la gabelle, — Plus de corvée (mais en payant), — Belle promesse d'économie, même sur la Maison du Roi.

Surprenant travestissement. Le prodigue, l'effréné Calonne, tout à coup grimé en Turgot ! On ne voit plus sur sa table que les livres des Économistes. Ceux à qui il donne audience, lui trouvent en main l'*Ami des Hommes*, annoté en cent endroits. Comédie bien suspecte à ceux qui le soir voient ce Turgot chez les Polignac, leur ami et celui d'Artois, qui s'amusent de la parade, contemplent l'excellent acteur.

Le beau, c'est son austérité. Pour être secrétaire des Notables, Mirabeau n'est pas assez pur. Calonne ne veut plus que des saints. Il ne lui faut que des rosières. Il couronne l'innocence même dans l'ancien ami de Turgot : son premier commis des finances et le secrétaire des Notables, ce sera Dupont de Nemours.

On est surpris et triste de voir le roi couvrir, autoriser, accepter comme siennes ces idées de Turgot qu'il hait, méprise au fond (on le voit par les notes très aigres, de sa main, qu'il met au vieux plan de Turgot en 1788). Pour le décider au mensonge, il fallait que Calonne répondît, garantît que tout était illusion, un moyen de sortir d'affaire, une planche pour passer l'abîme, et qu'une fois passé, on jetterait du pied.

Le roi avait d'abord été surpris et alarmé. Il put se rassurer, quand on lui fit bien voir le secret de la chose. Tout en parlant de confiance, il ne confiait rien, gardait tout dans sa main, jouait à volonté de la fallacieuse machine. Les cent quarante-quatre Notables ne siégeaient pas ensemble. On les tenait parqués et divisés en sept bureaux, chacun présidé par un prince. Chaque bureau donnait une voix, quatre bureaux sur sept faisaient majorité. *Mais dans quatre bureaux on avait la majorité avec quarante-quatre Notables.* Avec les quatre voix de ces quatre bureaux (faux et déloyal avantage !), on primait la majorité réelle, fût-elle de cent voix. Donc, c'est affaires de rire. L'escamoteur attrape ce benêts de Notables, éblouis, hébétés et menés par le nez. Ils votent les impôts, autorisent l'emprunt ; ils remplissent la caisse, s'en vont... Et le tour est joué !

Un roi, lourd comme Louis XVI, était peu propre à ces manœuvres. Il accepta pourtant, il prit son petit rôle, s'efforça d'être gai, assuré, fit le brave. La veille, il écrit à Calonne : « Je n'ai pas dormi, mais c'est de plaisir. »

Calonne et sa tête légère, son profil de renard, sa petite perruque, était une mesquine figure pour la hâblerie redoutable qu'il apportait à l'Assemblée. Il exposait les maux publics avec sévérité, comme s'il n'y eût été pour rien. Il montrait l'impuissance des palliatifs, ajoutant ce mot solennel :

« Que reste-t-il qui supplée ?... LES ABUS.

« Oui, Messieurs, dans les abus se trouve un fonds de richesse que l'État a droit de réclamer. Dans la proscription des abus réside le seul moyen de subvenir aux besoins... Et le plus grand des abus serait de n'attaquer que les petits. Ce sont les plus considérables, les plus protégés qu'il s'agit d'anéantir. »

Là, l'Assemblée se regarda. Qui siégeait ? Les abus eux-mêmes.

Il poussa, s'expliqua... : « Abus qui pèsent sur la classe productive et laborieuse, privilèges pécuniaires, exemptions injustes qui ne peuvent décharger les uns qu'en aggravant le sort des autres. »

C'était accuser les Notables, les mettre au pied

du mur, les mettant en demeure de voter contre eux-mêmes, ou de se signaler à la haine publique. L'impopularité dont souffrait le gouvernement, elle aurait passé aux Notables.

Plus d'un dut regarder la porte, croire à un guet-apens. Le Clergé fut surtout inquiet, de se voir fortement désigné par un mot sur l'intolérance.

Ainsi, montrant les dents, Calonne, enveloppé de la peau du lion de Némée, ne pouvait pourtant éviter de montrer le bout de l'oreille. Mais il le fit avec talent. Dans un langage magnifique, il rappela le déficit, mal antique de l'État, qui se perd dans la nuit des temps. Sa poésie pompeuse brouilla tout. Ce qu'on en comprit, c'est que le déficit s'était accru sous Necker, qu'à son départ il fut de quatre-vingts millions par an.

Ainsi, il aurait mis le plus fort sur le dos de Necker, détourné le public sur un autre terrain, l'examen du *Compte rendu* de celui-ci, écarté, ajourné la chose capitale : le crime des cinq cents millions empruntés, et dissipés en trois années.

Plus tard, il osa dire que Necker, quittant la caisse, n'y avait rien laissé, qu'il n'avait pas pourvu aux dépenses de l'année.

Personne ne douta que le menteur ne fût Calonne. Il y eut un *tolle!* véhément contre lui, un cri universel pour Necker. L'effroi fut dans Versailles. Quelqu'un osa insinuer qu'il y aurait prudence à envoyer les Polignac à Londres. Quelqu'un ouvrit l'avis de se saisir de Necker et de le bâillonner.

Comment? en le faisant ministre. On sentait qu'à propos de sa défense personnelle il récriminerait, démontrerait les hontes de Calonne, du roi, de la Cour.

Des complices de Calonne, les premiers à coup sûr étaient les princes qui lui vendirent sa place et en tirèrent des sommes épouvantables (*Augeard*). En faisant Monsieur, d'Artois et Condé présidents des Notables, Calonne avait bien droit de croire qu'il avait là de solides compères qui plaideraient, mentiraient pour lui. Mais ayant tant reçu, se sentant si véreux, ils furent sous la panique. Ils cherchèrent un abri, la popularité. Des Notables disaient que l'ordre populaire devait avoir *autant* de délégués que les deux autres réunis. Monsieur et le comte d'Artois le dirent et dirent bien plus : que les deux ordres privilégiés ne devaient avoir *que le tiers des voix !*

Mais Monsieur enfonça dans le cœur de Calonne un coup plus direct... *Tu quoque, mi fili !*... Il dit qu'avant d'examiner l'impôt nouveau, il faut juger l'ancien et regarder *les comptes*.

Simple menace. S'il osa dire cela, c'est qu'il était bien sûr que le roi, que Calonne n'oseraient exposer ce fumier. Réellement le roi avait peur. Il renia son fripon de ministre, l'accusa, se mit en fureur. Il invectiva violemment « contre ce coquin de Calonne, qu'il aurait dû faire pendre ! » Il saisit une chaise, la maltraita, brisa, extermina.

Les évêques, voyant que le roi même enfonçait son ministre, le poussèrent vivement. « Nul impôt, lui dirent-ils, que par les États généraux. » Sorte d'appel au peuple. Calonne y répondit par un semblable appel. Il imprima ses plans, il donna à grand bruit l'exposé des bienfaits que les Notables repoussaient. Manifeste de guerre que durent lire partout les curés. Deux ans plus tard, c'eût été un tocsin. Mais rien encore n'est éveillé.

D'autre part, il rappelle de Berlin son dogue de combat, Mirabeau, pour lui faire mordre Necker, comme il a mordu Beaumarchais. Mirabeau, sans scrupule, usa d'un véhément pamphlet qu'il avait fait jadis contre Calonne, biffa *Calonne* et mit *Necker* à la place. Très mauvaise action. Il ne tenait nul compte dans ce livre de ce qui excusait les grands emprunts de Necker (la guerre), de ce qui condamnait les emprunts de Calonne (la paix). Le livre réussit par-dessus les nuées. Le roi en fut ravi (Mir., *Mém.*, IV, 404), croyant Necker tué pour toujours.

Calonne y gagna peu. Son improbité le coulait. On sentait trop que même les plus belles réformes, dans une telle bouche, étaient un leurre. On n'eût rien accepté de lui. On sentit qu'il fallait à tout prix purger le terrain. On le mit sur un point qui eût commencé son procès : les échanges qu'il avait faits au préjudice du domaine. L'accusation, dressée, fut signée : *La Fayette*.

Le roi, travaillé fortement contre Calonne par la reine et Miromesnil, reçut et lui montra avec sévérité une pièce qui prouvait son mensonge. Joly, le successeur de Necker, témoignait qu'en effet Necker, partant en 81, avait fait les fonds de l'année. Calonne, au lieu de se défendre, attaque et récrimine. Il accuse Miromesnil d'agir contre le ministère. « Quel succès espérer, si l'on n'agit d'ensemble, si l'on n'assure l'unité du pouvoir?... » Cela frappe le roi... Mais qui pourrait-on mettre à la place de Miromesnil? Calonne désigna Lamoignon.

Il ne s'en tint pas là : voyant le roi facile, il saisit l'occasion, dit qu'on n'obtiendrait pas cette unité sans renvoyer aussi Breteuil.

Breteuil! proposition hardie. C'était toucher la reine même. Breteuil, c'était l'Autriche, c'était l'homme de la famille adopté de Marie-Thérèse. Le roi devint rêveur; il ne refusa pas, mais dit qu'il fallait en parler à la reine.

L'orage fut plus grand qu'il ne prévoyait même. Au premier mot, elle bondit, s'étonna, s'emporta épouvantablement, invectiva contre Calonne. Le roi lui parlant d'unité, elle dit que le vrai moyen de l'établir, c'était de chasser ce Calonne qui avait tout gâté par son assemblée des Notables. Le roi restait muet; l'excès de la colère tourna en déluge de larmes. Elle avait perdu un enfant. Elle craignait de perdre le Dauphin, qui maigrissait, se déformait (*Arneth*). Tout l'accablait dans la famille! et on lui enlèverait son plus cher serviteur!...

Le roi est interdit, accablé, n'ose répliquer. Venu pour renvoyer Breteuil, il signe sans mot dire le renvoi de Calonne (7 avril).

Comment le remplacer? Plusieurs proposaient Necker; mais le roi justement venait de l'exiler, pour avoir publié sa réponse à Calonne. La reine proposait Loménie de Brienne, un homme antipathique au roi (créature de celui qu'il haït tant, Choiseul!), un prêtre galantin, frétillant, malgré l'âge, dans les salons, l'intrigue, et se mêlant de tout, — de plus (comble d'horreur!) fort impudemment philosophe, affichant le matérialisme. On avait osé en parler pour l'archevêché de Paris, et le roi avait dit ce mot amer qui paraissait devoir l'éloigner pour toujours : « Mais ne faudrait-il pas au moins qu'un archevêque de Paris crût en Dieu? »

Faible sur tout le reste, le roi sur cette corde, semblait fort arrêté, ne pouvoir changer guère. Ici, chose imprévue, il mollit, immola sa foi, sa conscience chrétienne, et pour ministre il prit le prêtre athée. « On le veut, mais, dit-il, on s'en repentira. » Son accablement fut extrême, profond son découragement.

CHAPITRE XXI

La reine et Brienne. — Fera-t-on la banqueroute? (1787.)

La reine, toute sa vie, fidèle à sa famille, dès octobre 83, voulait nommer Brienne, agréable à l'Autriche, créature de Choiseul, ami de Vermond et Mercy. La Polignac, d'accord avec d'Artois, l'obligea de subir Calonne.

L'avènement de Brienne était une défaite pour la société de Trianon, un affranchissement pour la reine. Elle avait pu enfin rompre ses habitudes, reconquérir son cœur. Sa longue servitude de dix ans finissait. Nul avis de sa mère, nulle risée du public, nulle froideur, nul orage, nulle humiliation n'y avaient réussi. Il y fallut le temps, et que l'amie vieillît. Il y fallut la très amère expérience que la reine eut des Polignac. Quand elle rompit avec Calonne, quand il lui fit sous main une guerre si atroce, ils restèrent avec lui, infidèles à la reine, et fidèles à la caisse.

Elle prit sa revanche au 1ᵉʳ mai. Faisant Brienne chef des finances, elle dit fièrement devant toute la Cour : « Ne vous y trompez pas, messieurs, c'est un premier ministre. »

Le divorce éclata au point le plus sensible, au sujet de Vaudreuil, cet ami de la bien-aimée, tyran de Trianon, le bruyant, l'emporté, le fougueux personnage dont on redoutait les colères, et dont le caractère malheureusement donnait le ton. Il venait de tirer un million de Calonne pour je ne sais quel bien de Saint-Domingue. Mais cela n'était rien. Il exigeait encore que le roi lui payât ses dettes. Pour la première fois la reine eut l'intrépidité de dire « Non », ou de le faire dire. Le furieux créole, fait à être obéi, considéra cela comme une révolte, et passa droit à l'ennemi, je veux dire à Calonne, à l'atroce cabale des premiers émigrés, si cruels pour la reine, qui voulaient l'enfermer, la voiler, la raser. Ils étaient sa terreur plus que la Terreur même, au point qu'elle aima mieux se perdre que de tomber vivante dans leurs mains.

Il semble qu'en 87, elle ait eu un bon mouvement, un élan de fierté, un souvenir de Marie-Thérèse. C'était tard. Après le collier, un tel déchaînement, chansonnée, déconsidérée, elle hasardait beaucoup à prendre le pouvoir. Deux ans entiers, elle avait défrayé les conversations des cafés. La d'Arnoult, la Duthé, la Contat, étaient oubliées. On ne parlait que de la reine. Versailles avait été plus amer encore que Paris. Mesdames avaient dit un mot dur (prophétique pour le destin du roi) : « Elle serait mieux sur terre d'Autriche. » Mainte fois, Madame Louise, la violente religieuse, s'était jetée aux pieds du roi pour qu'il lui fît faire pénitence, la mît un peu au Val-de-Grâce.

Les meilleurs serviteurs du roi croyaient eux-mêmes qu'aimé comme il était encore, il lui serait toujours possible de remonter en se séparant de la reine. Lui seul la défendait, et pouvait la sauvegarder. Et, juste à ce moment, elle éclipse le roi, seule occupe hardiment la scène. Ses amis en tremblaient, et Besenval lui-même lui dit qu'on l'accusait d'annuler trop le roi.

Brienne était-il l'homme de poids et d'apparence derrière qui elle pût agir? Nullement. Il était transparent. Derrière, on voyait trop la reine. Petit prêtre vieillot, sous sa jolie figure de femme usée, faiblet, poitrinaire, il n'exprimait que l'impuissance. Son talent, disait-on, était la comédie qu'il jouait à huis clos. Tout était faux en lui. Il prenait tous les masques, moins par hypocrisie que par indécision. Jésuite et philosophe, créature de Choiseul, il n'en jouait pas moins le disciple de Turgot, il jouait l'administrateur dans son archevêché de Toulouse. Aux Notables contre Calonne, il joua le chef de parti. Il arrive fini au ministère. A cette femme il faudra un homme. Et cet homme sera-ce la reine?

Elle avait du courage et des moments de volonté. Mais quel défaut de suite! quelle profonde ignorance de la situation! Quelle empreinte funeste (de vingt ans à trente ans) elle reçut de ses Polignac, Diane, Vaudreuil, etc., esprits faux, violents, insolents, provoquants, et de la petite cour militaire du comte d'Artois! Ses nouveaux conducteurs, Mercy, Vermond, Breteuil, plus vieux, n'en étaient pas plus graves. Elle-même incapable de juger entre deux avis. Telle son frère la dépeint vers 1778, frivole et étourdie, telle Besenval la trouve dix ans après, absolument la même, ne lisant point, ne réfléchissant point, incapable de conversation suivie.

Elle était fort bizarre, en certains points baroque, sans souci de l'opinion. Au moment où elle entre au pouvoir, devient vrai roi de France, et devrait se montrer Française, elle rappelle qu'elle est Autrichienne, elle prend un maître d'allemand. (*Campan.*)

Le coup pour l'achever, c'était qu'elle se fît Anglaise, qu'elle eût un favori anglais. L'adroite et dépravée Diane, pour la tenir encore par un fil chez les Polignac, attira et fixa chez eux le bel Anglais Dorset, qui (routine grossière, connue de la diplomatie) faisait l'admirateur et quasi l'amoureux.

Dès la guerre d'Amérique, quand la France parut de cœur américaine, la reine avait aimé et favorisé les Anglais. Mais prendre le moment du traité qui nous inonda de leurs produits et tua nos fabriques, le moment où l'on fit Cherbourg, prendre ce moment, dis-je, pour traîner partout ce Dorset, écouter ce vain badinage (qui menait cependant à une très réelle influence), il semblait que ce fût vouloir braver la France, vouloir exaspérer, ulcérer la haine publique.

Agent de la vengeance anglaise, ce cruel Lovelace, en 1790, se démasqua contre la reine, l'un des premiers lui mit la corde au cou. Ce qu'on a dit de ses sourdes menées pour brouiller tout et pousser à la crise, n'est que trop vraisemblable. Il n'y aida pas peu en se chargeant (lui étranger!) d'insulter, pour la reine, le duc d'Orléans; il le lui rendit implacable. En 1787, il réussit à faire faire à la reine, alors toute-puissante, une chose funeste : l'abandon de la Hollande, à qui la France devait protection. Quand l'Angleterre payait les émeutes orangistes pour y tuer la République et l'influence française, elle écrit : « Que nous font ces gens-là ? Et qu'importe qu'ils se battent entre eux ? » (Arneth., *Jos.*, 108.)

La calomnie aida. La femme du stathouder, sœur de roi, veut son mari roi. Pour décider son frère le roi de Prusse à l'aider dans ce crime, elle emploie la ruse grossière de dire qu'elle a été arrêtée, insultée. Ce frère voudrait agir. Calonne et Ségur, nos ministres, ne peuvent manquer à la Hollande. Calonne fait les fonds d'un camp qui sera à Givet. Démonstration peu dangereuse. La Prusse n'aurait pas fait un pas. Mais dès que la reine est maîtresse, plus de camp. « *L'argent manque.* » Fausse et menteuse excuse. Ségur ne demandait que deux millions. Est-ce que la Hollande, si riche en numéraire, la Hollande qui va s'inonder (noyer cinq cents millions peut-être) n'eût pas été heureuse d'avancer deux millions qui lui eussent sauvé ce naufrage?

Dorset en septembre put rire. La catastrophe eut lieu. La Hollande en vain s'inonda. Les Prussiens entrèrent, vinrent soutenir la canaille payée du stathouder. Une atroce anarchie fonda le despotisme. Ce beau pays (si sage) de l'ordre et des mœurs graves fut, par son premier magistrat, le stathouder, mis à sac, livré aux brigands. Il les lâcha dans ces riches villes, pillées de fond en comble. Le ministre anglais à La Haye, Harris, et Dorset à Versailles arrivèrent ainsi à leur but. Ils perdirent la Hollande, déshonorèrent la France. En janvier, le stathouder s'inféode à ses maîtres, le Prussien, l'Anglais. La Hollande sombre pour toujours. — « La France aussi! » s'écria Joseph II.

Des villes entières de Hollande émigrèrent, des populations de la classe riche, intelligente, active. Excellent élément qui, quelque part qu'il vînt, apportait le bien-être, qui, autrefois, avait créé Berlin, et qui, en Angleterre, a tellement augmenté chez ce peuple les qualités moyennes (qu'il n'avait nullement, ni chez les Cavaliers, ni chez les Puritains). Ces pauvres Hollandais, justement indignés contre la Prusse et l'Angleterre, amies de leur tyran, venaient chercher abri en France. Les ayant protégés si mal dans leur pays, on aurait dû ici les accueillir, les bien établir à tout prix. Dumouriez, alors à Cherbourg, proposait de leur faire près de là une Hollande sur des terrains disputés par la mer, qu'ils auraient exploités avec leurs propres capitaux, de leur faire une ville qu'on eût nommée Batavia. On n'eût fait là que son devoir, une légitime expiation. On pouvait croire que Louis XVI, qui connaissait les lieux, et qui aimait Cherbourg, on devait croire surtout que la reine et Brienne, réellement coupables de l'abandon de la Hollande, feraient cette bonne œuvre si utile et qui eût attiré de plus en plus les émigrés. On ne fit rien, on ne voulut rien.

Revenons en avril. Brienne, tant aimé des Notables, leur chef contre Calonne, n'y échoue pas moins tout à plat. En vain il leur livre les comptes, promet l'économie de quarante millions, en vain s'appuie du bon Malesherbes qui se laisse mettre au ministère. La seule ombre de l'égalité, de suppression de privilège, les glace. Au premier mot de subvention, d'emprunt, ils ne savent que dire; ils n'ont pas d'instructions de leurs provinces. Tels lancent le grand mot : « Aux *États généraux* seuls il appartient de décider. » L'Assemblée, en définitive, se croit incompétente, dit que, pour tout impôt, elle s'en remet à la sagesse du roi.

Autrement dit, avec respect, elle le laisse dans le bourbier, devant les Parlements irrités plus qu'avant, ou devant l'inconnu, les États généraux.

Brienne, il est vrai, pouvait croire que ces États apparaissaient redoutables au Parlement, autant et plus qu'à lui, et qu'il aimerait mieux mollir que de laisser venir son grand successeur légitime, l'assemblée de la Nation. Comment le Parlement, ce corps judiciaire, s'était-il élevé à une telle importance politique? En usurpant le rôle des États généraux, en parlant à leur place, en se constituant lui-même ce qu'ils étaient : *la voix du peuple.* Le Roi, le Clergé, la Noblesse, avaient toujours primé dans ces États : qu'avaient-ils à en craindre? Mais on voyait fort bien que, les États venant, le Parlement allait se retrouver obscur, subalterne, rentrer dans la poudre des greffes, renvoyé à ses sacs, ses dossiers, ses procès. C'était le Parlement surtout que menaçait ce cri universel : Les États généraux!

S'il suivait sa vraie politique, sa voie était toute tracée : lutter modérément, et ne pas trop pousser le ministère. C'est ce qu'il fit d'abord. Il enregistra les édits sur les grains, la corvée, les assemblées provinciales. Pour la Subvention, Brienne avait à craindre; il présenta plutôt un édit sur le timbre. Là commença la résistance. Le Parlement imita les Notables, et voulut avant tout qu'on lui montrât les comptes. Les lui livrer, c'était le faire assemblée souveraine, à l'égal des États. On refuse (7 juillet). Et alors, élevé par la lutte, emporté, entraîné, le Parlement donne un spectacle inattendu. Ce corps, jusque-là si tenace à défendre ses droits, vrais ou faux, tout à coup s'immole et s'oublie, abdique brusquement sa tradition de trois cents ans. Toutes ces prétentions qui lui étaient si chères, il les met sous ses pieds. Lui aussi il appelle... les États généraux!

Le Parlement fut lui-même surpris d'un si beau mouvement, aveugle et désintéressé, du pas immense qu'il avait fait d'élan. Il avança, recula, avança.

Le roi double l'orage, au lieu de le calmer. Au Timbre qu'on refuse, il ajoute la Subvention, l'envoie au Parlement. Le 6 août, en Lit de justice, il fait enregistrer les impôts refusés, il déclare qu'il est seul administrateur du royaume, qu'à lui seul appartient d'appeler, *quand il veut*, les États généraux.

Le Parlement alors, justement irrité, se souvenant de son métier de juge, tire l'épée de justice. Il ne peut, dit-il, conniver au vol, *à la déprédation*. La déprédation, c'est Calonne. Adrien Duport le dénonce, et l'accusation est reçue (10 août). Calonne se garde bien de venir ; il s'enfuit de France. La Cour est alarmée. Elle publie enfin (si tard!) l'économie qu'on fait sur la maison royale[1]. Elle allègue (si tard! et quand il n'est plus temps) l'affaire de la Hollande, les dépenses qu'elle exigerait. Le Parlement est sourd, défend expressément de percevoir l'impôt.

Le 15 août, les Parlementaires apprennent, non pas qu'on les exile, mais qu'ils *continueront à Troyes* d'exercer leurs fonctions. Brienne concentre le pouvoir, se fait premier ministre, donne à son frère la

---

1. La Maison de la Reine, plus splendide que celle du roi, coûtait 4 millions 700.000 livres. (Voy. le budget de 1785, *État de la France en 89*, par Boiteau, p. 412.) Ajoutez-y les pensions de certains amis personnels : Dillon, 160.000 ; Fersen, 150.000 ; Coigny, 1 million par an. (*Ibidem*, p. 355, d'après le *Recueil des pensions*, imprimé en 90 à l'encre rouge.) Coigny avait de plus la Petite Écurie, qu'on supprima ; il y perdit 100.000 livres de rentes. — La reine réduisit 1 million sur sa Maison. Le roi en fit autant sur ses gardes, ses chasses, etc. Cette réforme pénible traîna fort, n'arriva qu'au 11 août ; l'effet fut manqué. — La reine imaginait qu'une si noble société prendrait bien tout cela. Le contraire arriva, Coigny fit une scène épouvantable au roi et lui lava la tête. Tous parlaient, clabaudaient. Besenval, assez durement, dit à la reine : « Il est affreux de vivre dans un pays où on n'est sûr de rien. Cela ne se voit qu'en Turquie. » (II, 256.)

Guerre, et des hommes à lui prennent la Marine et les Finances. Castries, Ségur s'en vont, et, avec eux, la considération du ministère.

Brienne est au plus haut, mais très parfaitement délaissé, solitaire. Tout court à Troyes. Parlements de provinces, tribunaux inférieurs, les grandes Compagnies (Aides et Comptes), tout se déclare pour Troyes. Un immense concert s'établit sur ce mot : Les États généraux !

Les procès suspendus et l'interruption des affaires irritaient fort Paris. Le monde du Palais, les clercs, le petit peuple s'agitaient. Le ministre fit des avances au Parlement. Une dame fut son médiateur auprès du premier président. Il mollissait, offrait de substituer à la Subvention deux vingtièmes, *et pour cinq années seulement*. Donc, pas d'impôt perpétuel, *pas d'emprunt*, si l'on n'a guerre.

Point d'emprunt ! En leurrant le Parlement de ce mensonge, Brienne l'apprivoise et le rappelle ici. Grande joie dans Paris. On brûle Calonne et Polignac. On crie : « Les États généraux ! » Brienne espérait bien profiter de ce cri, de ce grand désir populaire. Il méditait un coup. En septembre et octobre, dans toutes les vacances, il tâta, travailla le Parlement, et, en novembre, il crut le mettre dans le sac.

Ce corps, fort divisé, par cela même offrait des prises. L'élément janséniste, sans y être amorti, y était faible en nombre. L'élément des rêveurs (d'un d'Espreménil, par exemple) qui voulaient restaurer les libertés du Moyen-âge, les libertés privilégiées, y était assez fort. Enfin, sous Adrien Duport, le futur créateur de la Société Jacobine, l'élément révolutionnaire se groupait, ardent et actif. Tous voulaient, demandaient les États généraux, en plaçant sous ce mot des idées différentes : les premiers y voyaient la machine gothique dont se jouerait la monarchie; les derniers comptaient bien y trouver un levier qui la démolît, et permît de la refaire de fond en comble.

La Fayette les avait demandés pour 92. Ce fut une lueur pour Brienne. Dans un délai si long, il dit comme le fabuliste : « D'ici là, le roi, l'âne ou moi, nous mourrons. » Quel danger de promettre? Avec ce vœu ardent, cette passion devenue (par le refus) si violente, on pouvait enchérir, mettre très haut le prix des États généraux et les vendre très cher. La masse et les meneurs eux-mêmes s'en vont mordre à l'appât, ne croyant pas pouvoir payer trop ces États par qui la France enfin doit se reconquérir. On ne peut marchander la rançon de la France.

Combien? cinq cents millions? Cela effrayerait trop. Divisons : cent vingt d'abord pour 1788, quatre-vingt-dix pour 1789, et toujours en diminuant. *Au total, pour cinq ans quatre cent vingt millions!*

Mais pour avoir le temps, le calme, pour bien préparer les États, le tout sera *voté en une fois!*

Proposition étrange, étonnante! Brienne, n'ayant pu obtenir peu, demandait hardiment beaucoup, infiniment, la somme énorme et folle qui l'aurait rendu maître. Au roi et à la reine alarmés il disait qu'ayant palpé l'argent, on serait bien à l'aise d'oublier sa parole, de donner les États ou de les éluder.

Avec ce leurre lointain et vain probablement, Brienne offrait un autre leurre, *l'émancipation protestante*, tant demandée des philosophes. Le roi l'a refusée deux fois aux Parlements. Il l'accorde ici, mensongère, même effrayante aux protestants. Le curé aura leur registre. Leurs naissances, morts et mariages, jusque-là inconnus, et libres au désert, seront enregistrés par le curé, leur ennemi.

Avec ces deux mensonges si grossiers, on parvint pourtant à éblouir, à fasciner des hommes ardents, crédules par l'excès du désir. On accuse la Révolution d'avoir été trop défiante. Mon Dieu! qu'il y fallut du temps! combien de dures expériences! Qu'ils étaient jeunes alors, crédules, ces redoutés meneurs! On assure que Duport, Duport qui tout à l'heure créera les Jacobins, s'était laissé duper par ces facéties de Brienne, et qu'avec ses amis il eût donné dans le panneau.

Ce qui prouve pourtant qu'on n'était sûr de rien, c'est que, pour emporter la chose, on prenait un moment vraiment honteux, furtif, ces premiers jours de la rentrée où le Parlement incomplet a nombre de ses membres encore à la vendange, à leurs affaires rurales. On ne rougissait pas d'apporter à la salle vide encore et aux bancs déserts la grande affaire d'argent qu'on voulait escroquer.

Un pareil filoutage aurait eu besoin du secret. Mais on avait tâté beaucoup de gens qui ne furent pas discrets. Le coup était pour le 19. Le 10 et le 18, certaines lettres, fort vives et menaçantes, purent faire songer le Parlement.

Grande initiative. Mirabeau qui la prit, avait bien des raisons d'hésiter, de se taire. Revenu de Berlin, alors fort misérable, ayant Nehra malade (il le devint lui-même en la soignant), il eût voulu pouvoir se placer au loin dans la diplomatie, mais nullement écrire pour un ministère qui sombrait. Les 10 et 18 novembre, voyant le tour ignoble qu'on arrangeait, il en fut indigné, sa grandeur naturelle se réveilla. Par deux lettres terribles, il menaça, il avertit. En voici à peu près le sens :

1° Les États généraux, qu'on le veuille ou non, vont venir. Fait certain et fatal : ils arrivent pour 89.

2° Voter cinq cents millions sur un mot captieux qui remet à cinq ans les États, c'est d'un malhonnête homme. C'est chose périlleuse pour la magistrature. On jugera fort mal ce pacte de la Cour avec le Parlement; on dira qu'ils s'entendent pour gouverner ensemble et pour se passer de la France.

3° Le projet n'aura pour lui qu'une minorité honteuse. On ne peut expliquer l'audace de Brienne qu'en supposant qu'il veut un prétexte pour la banqueroute.

4° Mais que pourra-t-il? Rien. Il ne peut même la banqueroute. Proscrira-t-il? Moyens d'un autre temps! Richelieu y serait, que le siècle n'est plus à cela. Va-t-il entrer en guerre contre la nation? un tel procès serait bientôt jugé.

Il ne peut rien, ne fera rien, que reculer, tomber, périr. (Mir., *Mém.*, IV, 459-465.)

Dans de pareils moments, prophétiser, c'est faire déterminer l'événement. Le Parlement dut y bien regarder. On soulevait son masque populaire, qui tenait mal à son visage. Il avait laissé voir déjà à ses adorateurs qu'il était fort peu digne de leur idolâtrie, contraire à leurs pensées d'égalité d'impôt, et défenseur du privilège. Qu'il votât pour Brienne, il se précipitait, il roulait du ciel au ruisseau.

D'autre part, Mirabeau avait percé les murs. Il avait très bien vu, comme s'il eût été au fond de Trianon, que derrière lui Brienne avait un parti violent, la petite cour militaire d'Artois et de la reine, qui méprisait ces ruses, vantait la banqueroute, se croyait assez fort pour payer en coups de bâton.

La surprise attendue fut tentée le 19. Le roi tient brusquement une séance royale. Ce n'est pas un Lit de justice. Nul appareil n'indique que rien soit imposé, forcé. Le débat est ouvert. Il semble que l'on veuille écouter, s'éclairer. Seulement, pour marquer le cercle où il faut se tenir, le roi et Lamoignon prêchent d'en haut le dogme monarchique : « Le roi est seul législateur, juge des doléances des États généraux. La France libérée, seul il avisera à ce qui reste à faire. » Préface altière pour étourdir sans doute. On crut que d'autant moins on attendrait l'œuvre de ruse. Jupin tonne d'abord pour finir en Scapin.

La séance ne fut ni violente, ni inconvenante (dit M. Droz d'après des témoins oculaires). Un janséniste seul, Robert de Saint-Vincent, s'exprima avec véhémence. Il dit que l'acte proposé était tel que, si un fils de famille en faisait un pareil, tout tribunal l'annulerait.

Cent millions accordés — les États en 89 — c'était l'avis très général et fort sensé de l'assemblée. D'Espreménil n'eut rien de sa fougue ordinaire. Vrai royaliste, il fut attendri pour le roi autant que pour la France, sentit qu'en ce moment il se perdait ou se sauvait. Il parla à son cœur avec une onction admirable. Tous furent touchés, et crurent le roi touché. L'était-il? C'est possible. Mais eût-il pu changer le rôle convenu le matin, prendre seul un si grand parti?

Dans le plan de Brienne il était excellent de lasser l'assemblée, d'épuiser les poitrines, la verbeuse éloquence de ces gens de barreau, de la tarir patiemment jusqu'à l'heure où Nature parle à son tour, dit qu'on n'a pas dîné. Tout fini, chacun crut que, comme à l'ordinaire, le président allait prendre et compter les voix. La surprise fut forte quand on vit Lamoignon qui montait vers le trône, et parlait bas au roi. Ayant reçu son ordre, il se tourne, il prononce l'enregistrement des édits.

Chacun se regardait. « Mais c'est donc un Lit de justice ? qui le savait ? qui l'aurait cru ? Quelle longue comédie d'écouter ces discours pendant six heures, puisqu'on ne veut rien qu'ordonner ! »

Odieuse surprise ! mais frauduleuse ici, basse, en matière d'argent. Empocher un demi-milliard !

Qui allait protester ? L'universel murmure était déjà une protestation.

Mais qui allait parler? s'avancer? On y répugnait. Plus la chose était basse et le rôle du roi pitoyable, plus il était pénible de le prendre en flagrant délit.

Conti, tant qu'il vécut, s'était mis volontiers en avant pour des coups fourrés, d'imprévues résistances. Eût-il hasardé celle-ci, qui, quelle qu'en fût la forme, contenait un affront? Il était évident que ce gros roi, mis en avant (plus faible que coupable, et de tant d'hommes aimé encore!), recevrait là un coup sanglant.

Quel serait le désespéré, l'envenimé, qui frapperait? Il faut le dire : celui qu'à force d'insolences la Cour avait fait tel. La folle violence de la reine, de ses militaires de salon, s'était épuisée en outrages sur le duc d'Orléans. Ses démarches obstinées pour revenir en grâce n'avaient fait que les enhardir à redoubler d'indignités. On l'insulte en lui-même. On l'insulte en sa fille, la très charmante Adélaïde, par un projet de mariage qui n'est qu'une mystification. Il était fort timide, un bellâtre, encore élégant, d'un visage rouge, et déformé par ses excès. On le croyait fini, incapable d'agir. Il agit cependant, sans doute remorqué, dressé pour ce terrible coup.

Non sans hésitation, et non sans grâce, avec la funèbre douceur du matador, qui, la mort dans la main, marche au taureau, — il dit : « Sire, je demande à Votre Majesté la permission de déposer à ses pieds ma déclaration. Je regarde cet enregistrement comme illégal. *Il serait nécessaire pour la décharge* des personnes qui seraient censées avoir délibéré, d'ajouter qu'il est fait par très exprès commandement de Votre Majesté. »

Traduit brutalement, cela disait : « Nous nous lavons les mains de l'infamie. » Et encore : « Point d'argent! Personne ne remplira l'emprunt. »

Le roi sentit la pierre qui frappait droit au front. Il se troubla, et fort trivialement, il bredouilla : « Ça m'est égal... Vous êtes bien le maître... »

Et puis, se ravisant et se souvenant qu'il est roi, il dit avec colère : « Si ! c'est légal, parce que je le veux ! »

Il fit signe au Garde des sceaux, lui parla d'enlever Orléans de son siège, de l'arracher du Parlement. Lamoignon éluda, dit qu'on n'avait pas sous la main les moyens d'une telle violence. Le roi ne se connaissait plus. Surpris quand il croyait surprendre, arrêté au moment honteux, il avait eu besoin pour se remettre (contre son reproche intérieur, sa trouble conscience) de se reprendre à la formule grossière de la foi monarchique qui fait le fond du cœur des rois : « Si ! C'est la loi ! car je le veux. »

Adieu l'argent, les quatre cents millions ! La consolation de la Cour, ce fut de jeter deux parlementaires aux forteresses, d'exiler Orléans. Éloigné à vingt lieues de son Palais-Royal, de ses orgies du soir, il se désespéra tout d'abord et demanda grâce. La reine se montra très haineuse. Elle ne céda pas qu'il n'eût l'amertume, la honte de sa lâcheté. Elle voulut qu'il lui écrivît à elle-même. Il le fit, et resta avili à ses propres yeux, gardant de noires pensées. Elle avait réussi à donner à ses ennemis, sinon un chef, au moins un centre, à donner pour caissier à l'intrigue, à l'émeute, un prince de vingt millions de rentes. S'il n'agit pas contre elle encore directement, dès lors il la regarde, la suit de l'œil dans sa course à l'abîme.

Les amis de la reine l'y poussaient de leur mieux. Ayant décidément manqué l'escamotage de leur demi-milliard, arrêtés dans l'emprunt, arrêtés dans l'impôt, ils prenaient leur parti vaillamment, militairement, et conseillaient la banqueroute.

Vraie tradition de gentilhomme. L'illustre Saint-Simon, le grand seigneur austère, la glorifie et la prêche au Régent, en la sanctifiant « et la canonisant avec les États généraux ». Mais pourquoi les États ? La banqueroute, tellement usitée au grand siècle, semble chose royale, une institution monarchique.

Besenval, toujours jeune (près de soixante-dix ans), aimable étourdi, vrai hussard, tête chaude de Pologne et Savoie, qui naquit par hasard en Suisse, n'a pas tenu sa langue. Il nous a révélé ce qu'on eût deviné fort bien sans lui, l'opinion de Trianon, l'estime et l'engouement qu'on avait pour la banqueroute. « Vain propos ? » Point du tout. La fine oreille, Mirabeau, habile à écouter aux portes, et qui a des amis en cour, écrit au moment même (20 nov.) une lettre très vive qui affirme trois fois la chose.

« Dépend-il d'un gouvernement d'enchérir sur la guerre, la peste et la famine ? Le forfait qu'on prépare, l'horrible proposition qu'on apporte au Conseil, c'est la mort de deux cent mille hommes ! Mais, par-dessus ceux-là on met à mort encore tout un monde de leurs créanciers qu'ils ne pourront payer et qui seront sans pain.

« Faire cela, n'est-ce pas renoncer à tout droit que l'on a sur un peuple? »

Puis, à ce roi déchu, il a l'air d'annoncer un Clément ou un Ravaillac :

Conspués de l'Europe, en horreur à nous-mêmes, dangereux à nos chefs, tels nous serons, contre l'État, le roi... Craignez le fanatisme!... La fureur de la faim vaut bien la fureur de la foi... Qui osera répondre de la vie du roi, *de tout ce qui est près du trône?*

Le parti militaire pouvait dire à cela que « le pâle rentier » (Boileau le nomme ainsi), l'homme ruiné, affamé, épuisé, a bien peu d'énergie. Ces misérables encore dans la Fronde avaient pris les armes. Mais depuis ils n'ont pas la force de crier. Les noyés du *Système* moururent fort décemment. Aux plus cruelles opérations, Fleury n'entendit rien, Choiseul rien, Terray rien. — Aujourd'hui, c'est un peuple, il est vrai, qui peut faire du bruit... Eh! tant mieux! Montons à cheval! et sus à la canaille!... Paris a besoin de leçon.

Petit mal! et grand bien! Quel bienfait que la banqueroute! L'État, libre, léger, dès lors, agira dans sa force. Paris perdra, c'est vrai. La France y gagnera. L'argent et la population y reflueront; ce gouffre de Paris n'absorbera plus le royaume, etc. C'est ce que Besenval dit, non pas de sa tête, — d'après « un publiciste, peu scrupuleux, assez profond ».

Ce publiciste me semble être Linguet. Son journal, imprimé à Londres, est l'apôtre de la banqueroute. (*Annales politiq. et litt.*, XV.) Combien le payait-on ? L'arrêt qui le condamne en 1788 fait entendre que « l'homme vénal » avait le mot d'en haut, était ainsi lancé pour préparer les choses et pour tâter l'opinion.

Sans détour il exalte, il divinise la banqueroute, l'appelle « cette grande et salutaire opération ». Elle peut être mauvaise en Angleterre, car c'est le peuple qui s'engage. Mais en France, *ce n'est que le roi*. L'anéantissement de la dette publique, à chaque avènement, serait *sage et très légitime*. — Ingénieuse idée. La banqueroute, criée au milieu des fanfares, serait apparemment une des cérémonies du sacre.

On est émerveillé, non de l'effronterie de ce paradoxal Linguet, mais de l'aimable aisance avec laquelle la Cour, nos loyaux gentilshommes (délicats aux duels et aux dettes de jeu) acceptent et vantent ces doctrines. De l'honneur pas un mot. Où donc est cet honneur qui, selon Montesquieu, faisait l'âme des monarchies ? Un roi *failli*, fripon, dévalisant son peuple pour enrichir la Cour, cela leur paraît naturel.

Grand et étonnant contraste avec la vieille France, qui même n'eut jamais le mot de banqueroute, emprunta aux Lombards le vil mot de *banca rotta*. L'austérité bourgeoise de nos vieilles Coutumes marquait de traits atroces ceux qui en venaient là. Elles ne tiennent le banqueroutier quitte qu'au prix d'une infamante exhibition. Parant sa folle tête du bonnet vert des fous, il ira, demi-nu et la chemise au vent, sur la place, siéger et frapper par trois fois la pierre.

Si la veuve ne veut pas payer pour son mari défunt, il faut qu'impudemment elle renie son mariage. Avant qu'il entre en terre, elle va devant tous insulter ce corps mort, lui jette au nez les clés de la maison.

Conseillers admirables ! chevaliers scrupuleux ! Voilà donc leur avis !... Que le roi vienne aussi, banqueroutier frauduleux, orné du vert bonnet, narguer les affamés, jeter les clés sur le corps de la France.

CHAPITRE XXII

Le coup d'État. — Les résistances de Bretagne, Dauphiné, etc. Convocation des États généraux. — Mai-Août 1788.

Brienne était perdu s'il n'eût eu un solide appui dans la reine et son extrême irritation. La honte du tour de passe-passe qui avait si mal réussi, l'exalta, et pour mieux braver, elle siégea dès lors aux comités et aux conseils. Elle opina, et prit la voix prépondérante. Ainsi, elle trôna, se découvrit entièrement, comme avait fait depuis dix ans sa sœur, la Caroline de Naples, tant louée de Marie-Thérèse et donnée pour exemple à Marie-Antoinette.

Brienne, encore plus mal à la Cour que dans le public, succombait sous le faix. Il devint très malade, sa poitrine se prit; on lui mit trois cautères. Autour de lui ce n'étaient qu'ennemis. Sa réforme, pourtant bien modérée, sur la Maison du Roi, son refus de payer les dettes de Vaudreuil, ses sages retranchements sur les Coigny, les Polignac, avaient exaspéré. Qu'est devenu le grand, le généreux Calonne? Ce

Brienne est si sec ! La jeune cour d'Artois l'aurait bien volontiers jeté par les fenêtres. Que faire avec ce prêtre ? Il est temps, disait-on, de déployer la force.

Ce qui pouvait le plus y faire penser la reine, c'était le rude accueil qu'elle avait reçu dans Paris. Ayant hasardé de venir à l'Opéra, elle y fut presque huée. Elle dut se sentir comme excommuniée de la France. De tous côtés un cri lui déchira l'oreille, ce nom : « Madame Déficit ! » Le ministre de Paris fut effrayé, la supplia de ne plus s'y montrer. Son image y était proscrite. Le beau tableau de Mme Lebrun resta comme captif à Versailles ; s'il se fût hasardé de paraître à l'Exposition, il eût été insulté ou crevé. Dans Versailles même, elle fut avertie, et par ses gens ! En allant aux Conseils, elle entendit un musicien de la chapelle dire tout haut : « Une reine doit rester à filer. » (*Campan.*)

Elle avait été très longtemps sous la détestable influence des bravaches étourdis, insolents, provoquants, qui contribuèrent tant à faire précipiter la crise. Le premier goût qu'elle eut à vingt ans, fut un officier de marine, un homme de ce corps odieux qui concentrait en lui tout ce que la noblesse eut de plus haïssable. Trianon, on l'a vu, et la Polignac, et la reine, subirent dix ans Vaudreuil, frère du marin célèbre, homme cassant, emporté, d'humeur folle, usant de son droit de créole de passer en tout la mesure, de mépriser, écraser tout. Par bonheur, elle n'était plus sous ces funestes influences. Vaudreuil, avec Calonne, et tous les violents, s'étaient groupés autour d'Artois. Elle voyait chez lui ses ennemis. Cependant elle hésitait fort, semblait se demander parfois s'il ne vaudrait pas mieux essayer de la violence. Pensant tout haut, dans l'intime intérieur, devant ses femmes et familiers, elle dit un jour à Augeard, son secrétaire, comme en l'interrogeant : « Tout cela sera bientôt fini... Mais il faudrait verser du sang ?... »

Augeard, secrétaire-chancelier, en même temps Fermier général, gros financier colère, un Ajax, un Achille, répondit sèchement : « Oui, Madame. »

Quelle était la force réelle dont disposait la Cour ? Considérable et imposante. Si Brienne et la reine en avaient fait usage, ils eussent pu verser bien du sang.

La force la plus sûre était celle des vingt régiments étrangers. Arme fort dangereuse. Ces mercenaires, surtout les Suisses, se piquaient d'être au roi, de ne pas connaître la France. Mangeant le pain du roi, ne connaissant que lui, à Paris comme à Naples, ils eussent loyalement tué. Les régiments dits allemands, fort mêlés, n'étaient d'aucun peuple. Ces barbares, barbouilleurs, massacrant les deux langues, fort repus, souvent ivres, meute aveugle et grossière, auraient certainement sabré sans regarder, écrasé et femmes et enfants.

La belle cavalerie de la Maison du Roi, ce corps hautain, superbe, tant payé et privilégié, n'eût été guère moins sûre. Mais les Gardes françaises pouvaient vaciller davantage, ayant des rapports dans Paris, où plusieurs étaient mariés.

L'armée, depuis 81, s'était fort transformée. *Nul officier que noble.* De là haine et envie du sous-officier roturier, à qui on fermait l'avenir. Au moins on avait supposé que les officiers seraient sûrs... Eh bien le contraire arriva.

Les Polignac, qui firent cette ordonnance (par Ségur, nommé tout exprès), n'y favorisèrent la noblesse que dans une petite mesure. Les nobles de province qui entraient au service, n'avaient rien à attendre que de devenir capitaines. Tout grade supérieur fut pour l'autre noblesse, celle de cour, avec tous les gros traitements. Les simples officiers étaient très peu payés, s'endettaient. Au service, leur perspective était de n'arriver à rien et de mourir de faim.

Les colonels et autres supérieurs traitaient fort lestement ce peuple de petits officiers (souvent plus nobles qu'eux). Ils commandaient, ils punissaient avec l'insolence outrageante de hauts seigneurs posés en cour, pour qui la noble populace de ces provinciaux pesait peu. Ceux-ci, pour de légers motifs, étaient brisés, chassés piteusement. « Un colonel qui a besoin d'argent, disait-on, sait s'en faire. Il casse un officier, vend son grade à un autre. » (Voy. Servan, et Chassin, *l'Armée.*)

Voilà comment la Cour se trouva avoir mis contre elle non seulement le sous-officier non noble qui ne pouvait monter, mais l'officier lui-même, le noble, écrasé par le favori, le colonel de l'Œil-de-bœuf.

Cette première révolution de 1788, ce fut celle de la noblesse.

Chose plus forte encore : la Cour n'avait pas la Cour même. Les grands noms, les hautes fortunes, les pairs de France, la vraie Cour du royaume allait agir à part, contre la Cour de Trianon. Celle-ci put s'apercevoir de sa grande solitude. Les pairs que Louis XV avait pu écarter et séparer du Parlement, y siègent aujourd'hui malgré le roi.

Tout va vers une crise.

D'une part le Parlement (par la voix d'Adrien Duport), veut désarmer le roi, s'attaque aux Lettres de cachet. — Repoussé durement, il remonte plus haut; accuse (sans la nommer) la reine.

Donc, mort au Parlement. Versailles hasarde un coup. Des ouvriers, gardés à vue, impriment au château les dépêches qui vont porter partout la foudre. Profond secret qui n'en transpire pas moins. Une boulette de glaise, contenant une épreuve, part d'une des fenêtres, est portée à d'Espreménil.

Que trouva-t-on dans cette boule? Le plus monstrueux avorton qui peut-être fût jamais sorti de la cervelle humaine. — Un fou n'eût pas suffi. Il fallut trois fous. On y distingue à merveille l'influence, la main, le style de plusieurs auteurs différents.

Brienne était dans son lit, toussant fort et n'en pouvant plus, avec ses trois cautères. Je ne puis lui imputer la partie vaillante et brillante, jeune évidemment, du projet.

Le grand article capital était, on peut dire, signé

d'une écriture princière. Le roi pour conseil suprême d'enregistrement prenait... qui? Ses propres domestiques, le grand aumônier, le grand chambellan, le grand écuyer, le grand maître de sa Maison, et son capitaine des gardes! — Ajoutez quelques dignitaires, prélats, maréchaux, gouverneurs, chevaliers de Saint-Louis, quatre seigneurs titrés (en tout vingt et une personnes). Cela s'appelait *Cour plénière*. Louis XVI, en sa *Cour plénière*, renouvelait Charlemagne. Comme splendeur, comme costume, rien n'était plus éblouissant. Qui dit *Cour plénière* dit *fête* (selon tous les dictionnaires). La monarchie allait être une fête perpétuelle.

Quel dommage que le roi, si gauche, soit peu propre à jouer Charlemagne ou Philippe-Auguste! Combien ce rôle irait mieux à ce prince de roman, au jeune et brillant Galaor, le cousin d'Amadis de Gaule! On donnait volontiers ce nom au charmant comte d'Artois. Son agréable figure, qu'une bouche toujours entr'ouverte faisait paraître un peu niaise, promettait déjà à la France le héros de l'émigration, le roi pour qui 1815 a trouvé *le genre troubadour*.

La Sottise n'est que sotte, parfois modeste et prudente. Mais au delà, plus naïve s'étale largement la Bêtise. Elle parade, elle triomphe, fait la roue au soleil. C'est le caractère qui reluit dans la nouvelle institution. Elle est très bien combinée pour détruire ce qui reste de la religion monarchique. Le roi était dans celle-ci un être à part que Dieu souffle et inspire (c'est ce que Louis XIV dit expressément à son petit-fils). Ici, derrière le roi, on voit, au lieu de Dieu, la valetaille qui remue le mannequin.

Ce qui prouve que ces valets de Versailles travaillaient pour eux, c'est qu'ils se sont nommés *à vie*. Choisis irrévocablement, ils siègent dans leur dignité aussi fermes que le roi. Ceci répond à la plainte qu'avait faite l'un d'eux (*Besenval*) : « Qu'à Versailles, on n'est sûr de rien. »

Une chose admirable encore, d'inimitable insolence, que Lamoignon certainement n'écrivit que sous la dictée de ces fous, ce fut l'étrange article : « Les Parlements *ne jugent plus que les nobles et les prêtres*. Les roturiers sont désormais jugés par de simples bailliages. »

Cela fait deux nations. Hors des ordres privilégiés, la vie humaine est si peu comptée, que pour en décider il suffit des juges inférieurs.

Il va sans dire qu'après un tel outrage à la nation, les réformes de Lamoignon dans le droit criminel ne comptaient guère ; quelque bonnes qu'elles fussent, personne n'y fit attention.

Les Parlements étaient réduits à quelques membres. Le reste, supprimé, ruiné, remboursé quand et comment? En rentes apparemment sur ce trésor insolvable, qui va suspendre ses payements.

Ce que je crois de Brienne dans cette belle composition, c'est un article de ruse, d'une ruse maladroite, risible, invention d'un cerveau faible, que la maladie affaiblit encore.

Dans le cas de circonstances extraordinaires où nous

serions obligés d'établir de nouveaux impôts (mot plaisant pour un homme qui n'a pas cessé d'être dans cet état extraordinaire)... *d'établir de nouveaux impôts avant les États généraux, l'enregistrement de ces impôts par la Cour plénière n'aura qu'un effet provisoire jusqu'aux États que nous convoquons.*

Ainsi le roi à volonté va créer de nouveaux impôts. Pour les faire avaler, on confirme l'espoir d'avoir les États généraux. Mais cela est trop fin. La Cour est indignée de ces ménagements de Brienne. Elle reprend la plume. « Eh! quoi, Sire? La *Cour plénière* alors ne fera que du provisoire? Comment! Votre Majesté se subordonne à ces États?... » La reine, ou le comte d'Artois, ajoutent fièrement une ligne qui anéantit tout le reste, ôte espoir, détruit les États, même avant qu'on les ait donnés, qui défie la nation, ferme solidement les bourses et rend la banqueroute sûre :

Sur cette délibération des États, nous statuerons définitivement. Donc les États ne seront rien qu'une vaine cérémonie. On a soin ici de le dire, d'avertir la Nation.

Cette pièce extraordinaire, éclose une fois de sa boule, courut partout secrètement. Plusieurs Parlements de province la reçurent, protestèrent d'avance. Ici les pairs s'effrayèrent, et crurent, comme les magistrats, qu'autour de ce monde en délire, il fallait au plus tôt dresser des garde-fous. M. de La Rochefoucauld, admirateur et traducteur des constitutions américaines, fut probablement celui qui conseilla de faire une *Déclaration des droits*. Les pairs, unis au Parlement, déclarèrent que les « coups préparés contre la magistrature n'avaient de but que de couvrir les anciennes dissipations, sans recourir aux États généraux, que le système de *la volonté unique* manifesté par les ministres annonçait le projet d'anéantir *les principes de la monarchie.*

« Cela considéré, ils décident que : la France est une monarchie gouvernée suivant les lois. Ces lois fondamentales embrassent : 1° le droit de la maison régnante; 2° le droit de la nation d'accorder l'impôt; 3° les droits et coutumes des provinces; 4° l'inamovibilité des magistrats, leur droit de vérifier si les volontés du roi sont conformes aux lois fondamentales; 5° le droit du citoyen de n'être jugé que par ses juges naturels, de n'être arrêté que pour être remis sans délai aux juges compétents.

« Ils déclarent unanimement que si la force disperse le Parlement, elle remet le dépôt de ces principes entre les mains du roi et des États généraux. »

Déjà une tentative directe de désarmer la Cour en empêchant toute levée d'impôt, avait été faite par deux conseillers, Goislard et d'Espreménil. Le 4, ordre de les arrêter.

On n'avait vu que trop souvent de pareils enlèvements. Chez un peuple devenu si patient depuis deux siècles, l'insolence de la royauté, la brutalité militaire semblaient toutes naturelles. C'était la joie, la risée des gardes et des mousquetaires d'insulter les grandes robes. Ici, pour la première fois, l'homme d'épée hésita. Les deux conseillers menacés s'étant réfugiés dans le Parlement, le capitaine, M. d'Agoult, devant l'imposante assemblée, se sentit pris de respect, troublé dans sa conscience. Quand il demanda les deux membres, tous se levèrent, s'écrièrent : « Nous sommes tous Duval et Goislard ! » Un exempt qu'il fit entrer pour les lui désigner, s'obstina à ne pas les voir. M. d'Agoult, embarrassé et honteux de son rôle, envoya à Versailles demander de nouveaux ordres. La séance, de jour, de nuit, continua pendant trente heures. L'effet était obtenu ; l'esprit nouveau, le respect de la loi, l'horreur de la violer, avaient fortement éclaté. Cette grande scène dramatique où l'homme d'exécution avait rougi de lui-même, devint une grande leçon. Elle fut connue partout, et partout, comme on va voir, l'épée se trouva brisée. Duval et Goislard eux-mêmes terminèrent, se désignèrent, adressèrent au Parlement de pathétiques adieux, et suivirent fièrement d'Agoult, contristé et humilié.

Même avant cette grande scène, la mine était éventée. Des protestations foudroyantes partaient de tous les Parlements. Le plus éloigné de tous, le parlement de Navarre, éclata dès le 2 mai. Celui de Rouen le 5, Rennes et Nancy le 7, Aix et Besançon le 8, Bordeaux et Dijon le 9.

Ces pièces que j'ai sous les yeux, réunies dans une précieuse brochure (*Bibl. de Grenoble*), sortent de la banalité ordinaire ; elles sont des appels éloquents à la loi, à l'honneur. Le vrai danger des Parlements était que, par la création subite de quarante-sept baillages, le ministère allait tenter tout un peuple d'avocats et de gens de loi. Il tentait beaucoup de villes jalouses de l'importance des villes de parlements. Par exemple, il pouvait se faire en Bretagne que Nantes et Quimper, jalouses de Rennes, acceptassent les bailliages, et saisissent l'occasion de détrôner le Parlement.

Ces oppositions surgirent, mais plus tard. Pour le moment, avec un bon sens admirable, chacun ajourna, subordonna l'intérêt personnel. Personne n'accepta de places d'un gouvernement flétri. Il y avait alors, en cette France (tant légère, gâtée qu'elle fût), certaines délicatesses, certain sentiment de l'honneur qui ne s'est guère retrouvé aux temps soi-disant *positifs*.

Donc, le roi, le ministre, se trouvaient réellement dans une grande solitude. Le roi (sauf ses cinq ou six domestiques, chambellans, etc.), ne trouvait personne à mettre dans sa fameuse *Cour plénière*. Sa parade du 8 mai fut singulièrement ridicule.

Ceux qu'on traîna de force à cette *Cour plénière* protestèrent avant et après. Plaisante magistrature qu'il eût fallu garder à vue, lier sur ses chaises curules. Après un seul jour d'essai, on ajourne indéfiniment. Le 10 mai, le jour où partout (à Rennes, à Grenoble, Rouen, etc.), on fit l'exécution brutale de forcer les Parlements à enregistrer leur décès, la *Cour plénière* elle-même pour qui on faisait tout ce bruit, ce triste avorton déjà était mort et enterré.

Nul spectacle plus curieux que de voir en chaque province les formes diverses de la résistance. Elles donnent la mesure exacte de ce que chacune d'elles gardait de vitalité sous l'écrasement monarchique.

Le Midi était assommé. Les deux Terreurs épouvantables des massacres albigeois et des massacres protestants, tombant les uns sur les autres, avaient admirablement monarchisé le pays. Les États de Languedoc, tant vantés pour leur cadastre, répartition, etc., n'étaient pas moins épiscopaux, comme au lendemain de la conquête de Montfort. Le Tiers-état y votait, mais *il ne parlait jamais*. Toutes ces municipalités illustres étaient muettes.

La Bourgogne, tous les trois ans, se réunissait vingt jours en États pour baiser les bottes du gouverneur héréditaire, un Condé. Cinquante bourgeois, en présence de trois cents nobles et cent prêtres, ne soufflaient que pour voter des présents au gouvernement, aux premiers de l'assemblée.

Trois familles suffisaient pour jouer la comédie des petits États d'Artois. Ceux de Provence étaient nuls ; le pays avait maigri jusqu'à l'os et au squelette, à l'instar de ses montagnes, dévasté, dépouillé, chauve ; ses pauvres communautés, trop heureuses de vendre leurs voix, étaient toutes dans la main d'un seigneur, le consul d'Aix. L'imperceptible Navarre et le tout petit Béarn avaient seuls gardé quelque chose des libertés antiques. En Béarn, le peuple avait au moins un veto négatif. En Navarre, seul il votait dans les questions d'argent.

Rouen, Besançon, Grenoble, regrettaient amèrement, redemandaient leurs États, depuis longtemps supprimés.

La Bretagne avaient les siens, on l'a vu, orageux, troubles, dominés par un grand peuple de petits nobles turbulents. Ces dures têtes de silex n'en étaient pas moins bouillonnantes. Toujours quelques fous, du Régent à Louis XVI, rêvaient la séparation, la Bretagne libre de la France, seule en son trône de granit, comme un Arthur ressuscité, avec la monarchie celtique. Un grand peuple dispersé, curés, bourgeois, paysans, matelots, ne partageait pas ces songes, et se montrait plus docile, entraîné pourtant par moments aux emportements de la noblesse, aux audaces du Parlement. C'était le plus fier du royaume. Il rappelait incessament sa fameuse duchesse Anne et les droits de son contrat. Lui-même parfois représentait la trop quinteuse duchesse dans sa mauvaise humeur hautaine. En 1764, le roi ayant écrit qu'il cassait sa décision, le Parlement, sans voir la lettre, la lui renvoya par la poste.

La grande bataille de la France fut réellement soutenue par deux provinces, la Bretagne et le Dauphiné.

La Bretagne eut réellement quelque avance sur le Dauphiné. Rennes eut son combat le 10 mai, et Grenoble le 7 juin.

Ces deux provinces avaient fort préparé l'esprit

public. La Bretagne, dès Louis XV, dès l'affaire de La Chalotais qui fit vibrer toute la France. Le Dauphiné déjoua le mensonge des Assemblées provinciales. Le Parlement de Grenoble dit qu'on devait publier leur règlement, préciser leur mission; jusque-là, intrépidement, *il leur défendit de s'assembler* (15 décembre 1787).

La première scène décisive est celle de Rennes. Le Parlement ferme ses portes. C'est aux commissaires du roi, au gouverneur Thiard, à l'intendant Molleville, de les forcer. A leur sortie du Parlement, les pierres, les bûches et les bouteilles volent et menacent leurs têtes. L'intendant tombe, est frappé. Que ferait la troupe? Thiard était peu en force et défendait de tirer. Ses officiers, qui voyaient dans le peuple tant de gentilshommes, n'avaient nulle envie de tirer sur les leurs. Un d'eux, Blondel de Nonainville, dit : « Moi aussi, je suis citoyen! » On lui saute au cou; on le porte en triomphe. Et nombre d'officiers l'imitent. (*Duchatellier*, I, 43, 73.)

La Cour ne comprit pas encore. Elle expliqua l'événement par la mollesse de Thiard, qui n'avait pas voulu tirer sur la noblesse de Bretagne. La révolution de Rennes commandait quelques égards, étant surtout celle des nobles et des fils de la bonne bourgeoisie, des étudiants en droit de cette université. Ces nobles, nous les avons vus, dans l'affaire de Damiens, marquer entre tous les Français par la vive émotion, le violent amour du roi. Ils n'étaient pas suspects au fond. D'autant plus violents aussi dans leur attaque au ministère, ils dressèrent son accusation. Avec l'obstination bretonne, ils la portèrent à Versailles, par une, deux, trois députations. La première, douze gentilshommes, brutalement mise à la Bastille; la deuxième de dix-huit, arrêtés en route, n'empêchèrent pas cinquante-trois députés de pénétrer enfin au roi.

Thiard n'en réussit pas moins à disperser le Parlement et à l'exiler de Rennes. La chose fut plus difficile pour le Parlement de Grenoble.

Le Dauphiné, il faut le dire, ne ressemblait guère à la France. Il avait certains bonheurs qui le mettaient fort à part.

Le premier, c'est que sa vieille noblesse (l'*écarlate des gentilshommes*) avait eu le bon esprit de s'exterminer dans les guerres; nulle ne prodigua tant son sang. A Montlhéry, sur cent gentilshommes tués, cinquante étaient des Dauphinois. Et cela ne se refit pas. Les anoblis pesaient très peu. Un monde de petits nobliaux labourant l'épée au côté, nombre d'honorables bourgeois qui se croyaient bien plus que nobles, composaient un niveau commun rapproché de l'égalité. Le paysan, vaillant et fier, s'estimait, portait la tête haute.

L'histoire de leurs États est belle. On y voit la vigueur du Tiers qui surgit du fond de la terre, la soulève avec son front. Peu nombreux, ne formant pas le cinquième de l'assemblée, il monte. Il exige d'abord des procès-verbaux dans sa langue, écrits en français (1388). Il monte; il obtient d'avoir un veto négatif; s'il ne fait encore, il empêche (1554). Dans les questions qui lui sont propres, il vote double, il obtient la double représentation.

Un trait singulier du pays, c'est qu'en gravissant l'amphithéâtre des Alpes, on rencontrait sur les hauteurs la vénérable et modeste image de nos vieilles Gaules, de nos fédérations celtiques. Ces contrées froides et stériles n'eussent jamais été habitées si on n'y eût laissé régner le vrai gouvernement humain, la république et la raison. Tout ce que la France désirait (ou ne connaissait même pas), tout ce que le Dauphiné d'en bas conquérait lentement, ce pauvre Dauphiné d'en haut, sous le vent sévère des glaciers, l'avait toujours eu. La déraison féodale, la violence des gouvernements s'arrêtaient là; les intendants de Richelieu, de Colbert, comprenaient eux-mêmes que, s'ils se mêlaient de ce peuple, il descendrait, s'en irait, laissant un éternel désert. Il avait fait un bon cadastre; on lui laissait répartir l'impôt (payé très exactement). On le laissait faire ses routes, ses travaux, bref, se gouverner. Ils disent très fortement que, pour leurs charges, ils n'ont que faire d'aucune autorisation et n'ont pas à rendre compte, — qu'ils ont acheté ces droits, par maint sacrifices, « par des services à la patrie qu'ils rendirent et rendront encore ». (*Fauché-Prunelle*, 704.)

L'idéal américain, en bien des choses essentielles, était ainsi suspendu au-dessus du Dauphiné. A travers toutes les misères qu'il traversait avec la grosse monarchie, il n'avait qu'à regarder vers un certain point des neiges pour aspirer l'air meilleur, se redresser, se sentir homme. Dans les veines les plus royalistes, cet air gaillard de la montagne mettait du républicain.

Depuis l'enregistrement du 10 mai, fait à main armée, jusqu'au 7 juin, où le gouverneur Clermont-Tonnerre envoya aux magistrats les ordres d'exil, l'irritation alla croissant. Grenoble semblait ruinée par la perte du Parlement. La province se crut perdue. Un violent écrit du jeune avocat Barnave fut semé la nuit dans les rues. Le 20 mai, le Parlement avait lancé une vive provocation (qui semblait l'appel aux armes) : « Il faut enfin leur apprendre ce que peut une nation généreuse qu'on veut mettre aux fers. »

On pensait bien qu'il y aurait un soulèvement à Grenoble. On y avait envoyé deux solides régiments (Austrasie et Royal-Marine). L'ordre était ne pas tirer, mais charger à la baïonnette, n'employer que l'arme blanche, qui, sans bruit, n'en est que plus sûre dans la foule pour frapper de près.

J'ai sous les yeux huit ou dix relations de la journée du 7 juin; celle du Parlement, celle de l'Hôtel de Ville, les lettres du procureur du roi, les récits d'un procureur, d'un étudiant (M. Berriat-Saint-Prix), d'autres anonymes. Le meilleur, celui d'un religieux, est adorablement naïf. C'est un vieux cahier où le bonhomme qui jardine, écrit les vertus des plantes, des recettes de jardinage, de médecine, etc. Mais le tocsin a sonné. Il retourne son cahier, il écrit la Révolution. (*Bibl. de Grenoble.*)

Le matin, vers six heures, des soldats portèrent aux conseillers les lettres d'exil. Dès sept heures, très grand mouvement : tout le commerce, en ses quarante corps, va en procession faire compliment de condoléance au premier président. Puis, une autre procession, dramatique et d'effet lugubre, tout le barreau en robes noires. Devant ces images de deuil, les boutiques se fermèrent; toute vie parut suspendue.

Cela saisit terriblement l'esprit des femmes du peuple. Les vendeuses des marchés s'assemblaient par pelotons. Tout à coup voilà qu'elles fondent chez le premier président; elles se jettent sur les voitures attelées, détellent, déchargent les malles, coupent les harnais des chevaux. Mais pour que le Parlement ne sorte pas de la ville, il faut s'emparer des portes. Elles étaient fort bien gardées, chacune par trente soldats. Ces dames prennent chacune « une trique », et vont à l'assaut des portes. Quelques hommes déterminés se joignent à elles, armés de bâtons, de pierres, chassent la garde, et à sa place ils se constituent portiers. Les femmes rapportent les clés en triomphe, vont aux églises, montent dans tous les clochers et sonnent furieusement le tocsin.

Il était midi. Ce bruit sinistre, retentissant par les détours de la profonde vallée, les rudes paysans de la Tronche et des communes voisines, dans un terrible transport, saisirent leurs fusils, coururent.

Mais les portes étaient clouées. Ils vont chercher des échelles. Par malheur, elles sont courtes. Ils finissent par percer un mur qui fermait une fausse porte. C'est long, mais leur seule présence faisait voir que la campagne était une avec la ville.

La troupe n'avait pu reprendre les portes. On la réunit en bataille sur la place principale. Deux compagnies de Royal-Marine étaient en avant, engagées dans une rue. Il était environ deux heures. Le peuple (au premier rang les femmes) regardait fort de travers les soldats de Royal-Marine, insolents et provoquants autant que le noble corps de la Marine elle-même. Beaucoup, de mine singulière, étaient des Basques ou des Bretons. Celui qui était en tête, un sous-officier béarnais, à grand nez crochu d'épervier, oiseau de proie, oiseau de nuit, œil noir de ténèbres et de ruse, blessa au premier regard leur rude instinct de loyauté. Une des femmes n'y tint pas. Elle traverse la rue, va à lui, et, devant sa troupe, lui applique un hardi soufflet (récit d'un témoin oculaire). Ce Béarnais est Bernadotte. Le coup lui valut le salut de la sorcière. (Tu seras roi!). Il vit l'éclair de sa fortune, et fit commencer le feu.

Il avait une bonne chance de tout finir en deux minutes. Il n'avait réellement que vingt ou trente *hommes* en face, le reste femmes et curieux. Ces vingt ou trente, chargés vivement, s'enfuirent, comme il l'avait prévu. Mais ce qu'il ne prévoyait pas, c'est qu'ils revinrent peu à près avec une masse énorme, c'est que tout ce vaillant peuple se mit avec eux. Devant, derrière, sur les toits, partout on ne voyait que peuple. Tuiles, pierres, briques, pleuvent à la fois. Notre Béarnais est blessé, mais reste noté comme homme d'audace peu scrupuleuse, qui n'irait pas de main morte et pouvait monter à tout. L'affaire fut assez sanglante. Force blessés de part et d'autre. Un vieux portefaix est tué; un jeune homme a les deux cuisses traversées. Même un enfant de douze ans fut cruellement tué d'un coup de baïonnette.

Le peuple, ayant l'avantage, en vint à grands coups de pierres sur la masse des deux régiments en bataille sur la place. Au moment où M. de Boissieu, lieutenant-colonel, défend de tirer et veut s'expliquer avec la foule, une pierre lui frappe la tête. Il n'en persista pas moins dans son pacifique héroïsme. Cela émut fort le peuple. On vint lui faire réparation. Les femmes voulurent le panser et l'emportèrent dans leurs bras.

Même dans Royal-Marine, plusieurs officiers bretons (instruits très certainement de l'affaire de ceux de Rennes), ne voulaient pas qu'on se battît. Le colonel consentit à aller, avec une femme, au commandant Clermont-Tonnerre, qui donna de bonnes paroles, fit espérer que la troupe rentrerait dans ses quartiers. Mais cela ne suffisait pas. Un terrible flot de peuple arrivait pour prendre au commandant les clés du Palais de justice, et rétablir, faire siéger sur-le-champ le Parlement. L'hôtel est en vain fermé. On brise la porte extérieure, on brise une porte intérieure, et derrière on trouve M. de Clermont-Tonnerre avec quelques officiers.

Il faut ignorer tout à fait la nature humaine et ce que c'est que la foule, pour croire (avec M. Taulier) qu'on ménageât le commandant. Il fut dans un danger réel. On lui reprocha violemment l'effusion du sang du peuple. Plusieurs voulaient qu'il livrât celui qui avait fait tirer. D'autres, que lui-même expiât : un charpentier tint une hache levée sur sa tête. Un avocat la détourna. On a voulu douter du fait, mais le charpentier en fit gloire, ne se cacha pas, resta huit jours encore à Grenoble, et n'en partit qu'en recevant l'argent d'une souscription faite pour lui. (*Berthelon.*)

Dans ce danger du commandant, les consuls de la ville étaient venus à son secours. Eux-mêmes ils furent en danger. On leur arracha de la tête leurs chaperons municipaux. La foule cassait, brisait. Elle jeta par les fenêtres l'argenterie du commandant (qu'on porta chez le président). Elle ne prit rien dans l'hôtel que le dîner qui était prêt, à point, et qu'on avala, plus du vin bu dans les caves. Un seul lieu fut respecté, un cabinet d'histoire naturelle que possédait ce grand seigneur. On n'y prit qu'un aigle empaillé qu'on voulait faire figurer dans le solennel triomphe qu'on préparait au Parlement.

Le commandant, sous leur dictée, écrivit au président qu'il l'invitait à assembler le Parlement au plus tôt. Il livra les clés du Palais. Mais une femme ne voulait pas croire qu'il agît de bonne foi. Elle empoigna un inspecteur militaire qui était là, l'emmena pour qu'il témoignât avec elle que la lettre était sérieuse, venait bien du commandant. Elle le menait « trique en main, comme un patient qu'on mène au gibet » (cinq heures de l'après-midi).

Le président eut beau louvoyer et refuser. On ne lui donna qu'une heure. Le peuple se chargea lui-même d'avertir les conseillers. En attendant, il faisait l'ouverture du Parlement. Le président n'eût osé. On lui prit un de ses gens, qu'on habilla superbement d'une riche robe de chambre; on lui mit les clés en mains, et, afin qu'il fût mieux vu, un homme à califourchon l'enleva sur ses épaules. Derrière, on lui portait la queue. Ce majestueux personnage, que nul ne reconnaissait, représenta d'autant mieux le grand anonyme, le Peuple, faisant ses affaires lui-même, rouvrant son Palais de justice, fermé par la royauté.

Les membres du Parlement se cachaient, mais on en trouva suffisamment pour le cortège qu'on fit au Président, de son hôtel au Palais. Ces messieurs, dans leurs robes rouges, étaient galamment conduits par *les dames* portant *leur trique*, de l'autre main des branches vertes. Le tocsin ne sonnait plus, mais les cloches, à volée, joyeuses et toutes en branle. « Les clochers jusqu'au sommet étaient remplis de femmes bondissantes comme des chèvres. » C'était six heures du soir (en juin). Partout des rameaux, des roses. Le carrosse du président traîné lestement par des hommes (et plus vite que par des chevaux) avançait couvert de fleurs, royalement couronné de l'aigle prisonnier du peuple, la seule et noble dépouille qu'il emporta de sa victoire. Une fraîche couronne de roses (assez ridiculement) avait été préparée pour la vieille tête chenue du premier président. Il tremblait de se compromettre, la repoussa. Mais on la portait devant lui. Un énorme feu de joie était dressé sur la place, le Palais enguirlandé de banderoles ou drapeaux. « Enfin des cris incroyables, une telle fête (dit le bonhomme) que jamais les fastes de Rome n'ont fourni de pareils exemples. »

Le président, effrayé de son succès, trouva moyen d'écrire à l'instant en cour que tout se faisait malgré lui. Le commandant écrivit aussi. Mais on saisit sa lettre, et on ne la laissa passer que quand le président l'eut lue à la foule et bien montré qu'elle ne contenait aucun mal. La séance ne dura qu'une heure, et le peuple, fort modéré, ne demanda rien que le départ du régiment qui avait versé le sang. Le Parlement, heureux de voir finir son triomphe, fut solennellement reconduit. Mais défense aux magistrats de sortir de la ville; défense aux portes de les laisser passer.

Situation assez triste pour le peuple, forcé de garder presque à vue ses chefs, qui voulaient s'échapper. Les femmes étaient inquiètes. Elles veillèrent en armes, et seules voulurent monter la garde au palais du Parlement.

Une chose était pour Grenoble, c'est que tous les environs étaient armés pour elle et n'attendaient qu'un signal. Mais au dedans, on s'arrangeait pour énerver le mouvement. Pendant la nuit, les consuls formèrent la garde bourgeoise des honorables marchands qui, le matin, se saisit des corps de garde, des portes. Le peuple avait nommé une commission pour s'entendre avec les consuls. Le procureur-syndic de cette commission était un cordonnier, lui-même de la garde bourgeoise, de cette garde précisément que l'on opposait au peuple (Voy. *Berthelon.*) Cette opposition se marqua surtout en ce que le peuple, entendant dire qu'on faisait venir contre lui l'artillerie de Valence, assiégeait les dépôts d'armes, voulait prendre les fusils. Les bourgeois s'y opposaient. Le peu de fusils qu'on eût manquaient de certaine pièce et ne pouvaient servir à rien. De là une juste inquiétude. Les femmes, plus d'une fois, sonnèrent le tocsin. Elles juraient de ne pas désarmer tant qu'elles n'auraient pas vu partir le régiment meurtrier.

Ainsi, du 9 au 14, marcha la réaction. On défendit bientôt aux bourgeois de monter la garde. Les deux régiments reprirent tous les postes. Clermont-Tonnerre établit des batteries sur les hauteurs qui pouvaient foudroyer la ville. Le Parlement se sauva (nuit du 13 juin). Le soldat haïssait le peuple au point que, sur le rempart, un ouvrier regardant la brèche du 7, la sentinelle lui tira un coup de fusil dont la balle heureusement ne fit que trouer son chapeau.

Le 14, deux nouvelles (récit du religieux) émurent fortement Grenoble. Le foudroyant Mémoire de Rennes fut connu, la fermeté menaçante des Bretons, l'accord des nobles, du peuple, des étudiants. On apprit en même temps qu'à Besançon un régiment suisse avait refusé de tirer, aimait mieux s'en aller en Suisse. La noblesse de Grenoble et celle des environs s'assembla (le 14 juin), et les consuls, indignés d'avoir été pris pour dupes et de voir déjà renvoyée sans façon leur garde bourgeoise, vinrent siéger avec ces nobles. Les menaces et les défenses de l'autorité militaire n'y firent rien. On fit vaillamment la démarche décisive, *non seulement de demander* le rétablissement des États, mais réellement *de les faire*, de les créer, les convoquer, en invitant toutes les villes et bourgs à nommer des députés pris dans les trois ordres, qui se réuniront à « jour convenu ». Voilà ce qui fut écrit (*Bibl. de Grenoble.*) Mais on convint verbalement de se réunir à Vizille, ancien château du Dauphin, que possédait M. Périer, dont il avait fait une usine, et qu'il offrit courageusement.

La Cour se montra fort double. Elle écrivit des choses douces sur l'amour du roi pour le peuple. « Jamais il ne fut plus loin d'exiger de nouveaux impôts. » (*Impr. bibl. de Grenoble.*) Avis paterne que l'évêque de Grenoble répandit par les curés. En même temps, on fait filer une armée en Dauphiné, sous l'homme le plus sévère de France, le vieux maréchal de Vaux, durci par cinquante ans de guerre (en Corse, Amérique, partout). On lui donna des Suisses et des Corses et beaucoup d'artillerie. Le bailliage est établi à Valence, et on va le faire à Grenoble à main armée. Deux des consuls de Grenoble iront répondre à Versailles, y resteront comme otages. Le maire de Romans, enlevé, est prisonnier en Languedoc.

Tout cela était assez vigoureux, bien combiné. Mais rien ne pouvait servir dans un si grand mouvement. Une unanimité immense, formidable, se déclare. Toutes les femmes prennent la ceinture aurore et bleue du Dauphiné, les hommes la cocarde au chapeau. On arrache des murailles l'arrêt contre les consuls. De tous côtés grandes nouvelles : *la France est pour le Dauphiné.* Les petits États de Béarn fraternisent avec lui. Des gentilshommes de Lyon, de Toulouse, de Provence, adhèrent à ses résolutions et veulent agir de concert. La Guyenne va les imiter. Les mêmes résistances éclatent juste aux deux bouts du royaume, à Pau, à Amiens, Arras. A Pau, on dresse une potence pour pendre le commandant. A Arras, le bailliage est chassé à coups de bâton, tout brisé et saccagé. Le Parlement de Rouen continue de s'assembler, met le ministère en accusation.

Tout s'arrête, et plus d'affaires. Lyon halète, Paris s'irrite par le retard des payements. L'Hôtel de Ville a renvoyé en août ses payements de mai.

Je copie tout ce qui précède d'un petit journal manuscrit de huit pages qui donne très bien le mois de juillet à Grenoble, les nouvelles qu'on y recevait. Il ajoute, au 3 juillet, deux choses extrêmement graves.

« La disgrâce du ministère a été signée pendant huit heures. La reine a tout fait révoquer.

« A notre assemblée du 2, *des officiers en uniforme ont signé la délibération.* »

Jamais le vieux maréchal, qui avait vu tant de choses, n'avait vu un tel spectacle. Il se trouva, avec ses vingt mille hommes, comme noyé dans ce tourbillon, ce vertige populaire de vaillance, d'ardeur et de joie. Ses officiers lui échappaient. Il l'écrivit à la cour (*Augeard*). Ce qui dut l'étonner surtout, ce fut, dans une telle ardeur, un bon sens, une mesure, un sang-froid extraordinaires. Cela ne se voit guère ailleurs. Si fermes dans les grandes choses, ils cédaient sur les petites, qui souvent exaltent encore plus. Il crut les embarrasser en défendant la cocarde bleue aurore, l'insigne de la province. Mais cela leur rendait service. Il valait mieux être Français. On disait, non sans apparence : « Toute la France sera Dauphiné. »

De Vaux, de mauvaise humeur, avait signifié d'abord qu'on ne s'assemblerait pas, qu'il saurait bien l'empêcher. On lui répondit gaiement : « Nous nous assemblerons, fût-ce à la bouche du canon. »

Il se rabattit à dire : « Ce ne sera pas à Grenoble. » On n'y avait jamais songé. Enfin il entoura Vizille de grandes forces militaires, comme si l'on avait craint des rassemblements du peuple. Il croyait que ses baïonnettes intimideraient l'assemblée. On n'y regarda même pas. Cela l'achève. Il s'alite et le voilà très malade. On crut qu'il y passerait. Il traîna un an ou deux.

M. Périer, fort noblement, avait préparé des tables

pour servir quatre cents personnes. La salle d'armes du vieux connétable de Lesdiguières était préparée pour faire siéger dignement cette première de nos assemblées.

Le secrétaire était Mounier, juge royal de Grenoble, homme capable, fort mesuré, qui avait tenu la plume avec adresse et courage dans les réunions de la ville. L'assemblée s'ouvrit à huit heures, s'organisa jusqu'à onze, examina les Mémoires proposés jusqu'à minuit, signa jusqu'à quatre heures du matin. Tout ainsi fut consommé dans un long jour de juillet. On arrêta (outre les choses arrêtées le 14 juin) : que voulant montrer à la France un exemple d'union, d'attachement à la monarchie, on n'octroyerait les impôts qu'après délibération dans les États généraux, — que le Tiers-état aurait autant de députés que les deux autres ordres réunis.

Une mesure admirable fut gardée par cette assemblée :

1° *La municipalité n'y domina pas.* Les députés de Grenoble, très nombreux, ne voulurent pas être comptés selon leur nombre.

2° *Le Parlement n'y domina pas.* Quoique seul il eût d'abord dirigé le mouvement, l'assemblée se mit à sa place, dit même indirectement qu'il n'était pas impeccable. Elle explique que la conduite généreuse des Parlements avait réparé *leurs torts.*

3° *Nul ordre ne pesa sur les autres.* Le Tiers n'abusa pas de la force supérieure que donnait la situation. Le Clergé et la Noblesse, entraînés d'un bel élan, votèrent sans difficulté la double représentation du Tiers.

4° L'assemblée ne se montra *pas exclusivement dauphinoise*. Elle fut surtout française, protesta dans deux articles de son amour pour l'unité, dit que le Dauphiné ne séparerait jamais sa cause de celle des autres provinces.

Tout cela était très neuf.

On sait bien que dans son fantôme d'Assemblées provinciales, le roi avait doublé le Tiers. C'était un mensonge de plus. Puisqu'il nommait les députés, on était sûr qu'il prendrait l'élite des faibles et des serviles, les plus plats de la bourgeoisie. — Le Tiers aussi était double dans les États du Languedoc. Autre leurre, autre mensonge. Les formes ne sont rien du tout dans l'absence de la vie. Ce Tiers ne parlait jamais, sauf un compliment ampoulé que le capitoul de Toulouse débitait à l'ouverture. Les capitouls, les consuls, en toute chose importante suivaient leurs seigneurs les évêques.

Non, la leçon de la France ne fut pas le type bâtard des Assemblées provinciales, ni les États de Languedoc. Elle fut dans l'unanimité des trois ordres du Dauphiné. Elle fut dans l'unanimité (peu durable, mais réelle alors) des nobles bretons et du peuple.

Elle fut dans l'ébranlement de l'armée, dans cet aveu terrible du maréchal de Vaux : *que la troupe n'est pas sûre*. Nonainville à Rennes, Boissieu à Grenoble, s'obstinent à ne pas tirer.

Ce qui dut aussi frapper fort, c'est le changement

étonnant de formes qui se fait tout à coup dans les pièces adressées au roi. Pour la première fois, on y parle de *sa responsabilité personnelle*, on y fait une allusion fort nette au danger qu'il court. Dans une adresse (manuscrite, anonyme et sans date) de Grenoble, on lui fait entendre que la Constitution seule *fait sa sûreté*. Mais la pièce la plus terrible (19 juin 88) vient du corps jusqu'ici le plus souple, le plus docile, qui le croirait? du Grand-Conseil. On y demande la tête de Brienne et de Lamoignon. On dit au roi : « Il ne faudrait qu'un instant pour détruire votre autorité... Vous tenez votre force de vos sujets; elle est dans leurs mains. C'est uniquement de leur pécune que se soutient votre puissance. » Puis, par deux fois, on répète avec une insistance menaçante : « Vous devez bien les connaître, tous ces abus de pouvoir, puisqu'ils se font par vos ordres précédés de ces douces paroles : *De l'ordre du roi*, et qu'ils sont *signés de vous !* Que d'innocents dans les fers par ces *Lettres de cachet!*... Vous ne pouvez les ignorer; elles portent *votre signature.* »

Paroles vraiment redoutables, qui commencent le procès, non pas de la royauté seule, mais du roi, de Louis XVI.

Brienne était fort timide en réalité. Il voyait venir ces jours où l'on rend de sérieux comptes. Un magistrat de Grenoble, le 10 mai, demandait la mort de Terray et de Calonne. Le 19 juin, le Grand-Conseil demandait celle de Brienne, tout au moins sa condamnation.

Le Clergé, loin de l'appuyer, lui donna, au lieu d'argent, la leçon la plus amère. En Dauphiné, en Bretagne, partout la noblesse était contre lui, contre la Cour et la reine. Le vrai moyen d'embarrasser, faire taire tous ces privilégiés, c'était de leur lâcher le Tiers. Brienne avait autour de lui des gens qui devaient lui faire croire que le Tiers serait royaliste. Il employait surtout la plume d'un petit homme de talent, fils d'un cordonnier d'Avignon, le fameux abbé Maury, un roué et un rusé sous forme insolente, emportée. Il put être pour beaucoup dans le parti que prit Brienne de se sauver en ouvrant la grande Babel. Le 8 août, au nom du roi, il convoque les États généraux.

Qu'est-ce que ces États? Il ne le sait lui-même. Il invite tout le monde à fouiller, chercher, ce qu'au vrai ils ont été. On allait sans difficulté trouver que le Tiers y était très constamment écrasé, humilié, agenouillé. A lui de prendre sa revanche au profit de la royauté contre le Clergé, la Noblesse. La Cour leur lançait la meute immense des avocats, des lettrés, pour les égratigner aux jambes et les mordre par derrière.

Malesherbes était épouvanté. D'accord avec son cousin Lamoignon, dans une timidité coupable, il démentit toute sa vie, fit un Mémoire au roi contre les États généraux. Il se trompait d'époque, croyait que les idées de 76 suffisaient en 88.

Que pouvait faire Brienne? Par les États, il périssait. Sans les États il périssait. En face des nécessités implacables de chaque jour, il fouillait au plus bas, il cherchait dans la boue. Le 16 août, il ne peut payer qu'à moitié en billets. Il pille, force des caisses que respecteraient des voleurs, dépôts de charité et fonds des hôpitaux, des aumônes aux grêlés! Cela faisait horreur! De tels crimes pour si peu d'argent!

Où sommes-nous ? les plus sacrées dépenses, celles de Cour, deviennent impossibles! Les Polignac, ennemis de Brienne, et d'Artois, son ami, qui le poussait contre le Parlement, se liguent contre lui. La reine a peine à le défendre. On se souvient de l'homme qui seul évoquait les écus. Si l'on rappelait Necker? On pourrait l'exploiter, profiter de sa main adroite pour tirer les marrons du feu. C'était peu difficile. Son livre de 84 dit assez clairement qu'il se meurt de chagrin de n'être plus au ministère. Sa vanité souffrante exige seulement que l'on renvoie Brienne (25 août). Mais on le mystifie. On garde contre lui l'homme d'exécution, Lamoignon.

CHAPITRE XXIII ET DERNIER

Les fusillades de Paris. — Necker. Cahiers. Élections. — Mirabeau.

M. Necker débuta en bon et galant homme. Trouvant le trésor vide, il y mit sa fortune. Il versa deux millions à son entrée au ministère, et, plus tard, engagea tout ce qu'il possédait.

Cela remonta l'âme, l'espoir et le crédit.

Les notaires, dont les fonds sont chose de confiance et sacrés, firent un acte de foi, apportèrent six millions. Les créanciers rougirent d'être exigeants se contentèrent d'acomptes, désormais sûrs d'être payés.

Les ennemis de Necker sont bien forcés ici de l'admirer. Monthyon, le Fermier général, dit : « Sans moyens violents, sans coup de force, il nous sauva la banqueroute. Mille expédients de détails furent employés, faibles séparément, puissants par leur ensemble. Toute grande mesure eût trouvé trop d'obstacles. Son industrie fut un prodige. » Et combien on doit l'admirer, quand on songe qu'au milieu de tant d'embarras politiques, il se trouva en face d'une disette qui venait à grands pas, bientôt devant l'atroce hiver, le grand hiver du siècle (88-89) qui, rompant la circulation, doubla les maux de la famine. Plus de travail et plus d'obéissance dans l'administration. L'autorité morale de Necker, son crédit personnel, suppléèrent aux ressources de l'État, qui n'existait plus. De toutes parts on vint au secours. Il parvint à passer ces terribles huit mois, à gagner le printemps, les États généraux. Tout ce qu'on blâme en lui de fautes et de faiblesses s'efface devant un tel service. On peut répondre à tout : « Il a nourri la France. »

Il fallait ces extrémités pour que la Cour, la reine, Artois, les plus antipathiques à Necker, l'appelassent, pour que le roi subît le protestant! Dès longtemps il haïssait Necker pour son pathos, sa suffisance. Mais il le méprisait de plus pour ses côtés bourgeois, qui, il est vrai, devant les grands et les puissants, le tenaient bas, servile. Il y voyait un sot, espérait l'amuser, garder contre lui Lamoignon, l'absolutisme même. Il montra plus d'adresse que l'on n'eût attendu. Tout en avouant ses répugnances pour appeler le Genevois, il dit « qu'il le suivrait en tout ». Dans les premiers rapports qu'ils eurent, il parut confiant, s'épancha avec lui, dit : « Monsieur Necker, voilà bien des années que j'ai à peine un instant de bonheur. » Necker attendri : « Encore un peu de temps, Sire. Vous ne direz pas toujours ainsi. Tout se terminera bien. »

La crédulité vaniteuse de Necker, sans doute aussi

l'amour du bien public, l'avaient trop pressé d'accepter. Lamoignon faisait croire au roi qu'il pouvait éviter les États généraux. Des parlementaires assuraient qu'en abandonnant la malheureuse *Cour plénière*, rouvrant le Parlement, on obtiendrait de lui ce qu'on voudrait. Très coupable complot qui, dans une situation si dangereuse, allait neutraliser le seul sauveur possible, détruire l'espoir qui soutenait la France. Déjà le roi faisait imprimer les nouveaux édits.

Mais l'indigne manœuvre des deux côtés fut arrêtée. Plusieurs parlementaires noblement réclamèrent. Necker alla à la reine même, humblement lui fit observer que, Lamoignon restant, son crédit serait nul, qu'il ne pourrait fournir l'argent qu'on espérait. C'était le 7 septembre, et l'on voyait déjà avec effroi que la récolte avait manqué partout, en France et en Europe. Necker, ce jour du 7, interdit la sortie des grains. Cela marquait la crise, et rendit la reine sérieuse. Necker fit apparaître le fléau imminent, l'universel chaos et le spectre de la famine.

Les adieux du roi, de la reine à Brienne et à Lamoignon furent pathétiques, et ceux qu'ils auraient faits à la royauté même. En effet, désormais, il fallait marcher droit aux États généraux. Plus de fraude, plus d'échappatoire, la France allait venir et demander des comptes. Cette vague terreur leur fit amèrement regretter ceux qui emportaient le passé. On les combla sans souci de l'opinion. On avait les larmes aux yeux. La reine voulut embrasser Brienne, lui donna son portrait enrichi de diamants. Elle garda sa niéce comme dame d'honneur. Il reçut le chapeau. Un de ses neveux fut coadjuteur de son archevêché, et un autre eut un régiment. Lamoignon, pour son fils, eut la pairie, une ambassade, et pour lui quatre millions de livres (dans une telle pénurie!).

Rien n'exaspéra plus la reine que la vive joie de Paris. Et le signal partit de la Bastille. Les Bretons prisonniers trouvèrent le moyen d'illuminer la plate-forme. Trois jours, trois nuits, c'est dans toutes les rues une furie d'illuminations, pétards, fusées, etc., et l'on casse les vitres des amis de la Cour qui n'illuminent point. Ce désordre fut un prétexte pour l'irritation de Versailles. Le ministre Villedeuil demanda et obtint du roi un ordre « de dissiper par la force les attroupements ». C'était se hâter fort. Ces effervescences durent peu. Les réprimer d'un coup, au moment de l'explosion, c'est ce qu'on ne peut guère qu'au prix de bien du sang.

Ici, on le pouvait, ayant en main, non pas, comme à Rennes, à Grenoble, des troupes ordinaires et peu sûres, mais des corps privilégiés, à haute paye, aimant peu le bourgeois. La garde de Paris, en butte aux railleries qui toujours poursuivaient le guet, était fort disposée à faire voir qu'elle est « *vrai soldat* ». Son chef, le chevalier Dubois, fut ravi de sabrer, fit une charge à fond sur le Pont-Neuf plein de monde, galopant sur les trottoirs même. Les spectateurs paisibles, des gens de toute classe (Florian, le marquis de Nesle, etc.) furent ou sabrés ou écrasés.

Cela irrita fort. Le lendemain, on revint avec de

grosses cannes, et devant Henri IV on brûla un archevêque de carton. Plusieurs, irrités de la veille, disaient : « Brûlons les corps de garde. » Dubois, dit-on, habilement avait embusqué des fusils. On tire. Et voilà vingt-cinq morts.

Mais il y eut, pour Lamoignon, bien plus de sang encore, deux vrais massacres aux deux bouts de Paris. Une foule, en bonne partie de femmes, s'était portée aux trois hôtels Dubois, Lamoignon et Brienne, et devant criait, aboyait. Du dernier (hôtel de la Guerre), on avertit Sombreuil, le gouverneur des Invalides, qui les envoie, et les fusils chargés. D'autre part, les Gardes françaises, sous M. de Biron, entrent par l'autre bout de la rue. Opération habile et d'un succès terrible, qu'on veut attribuer *au hasard*. La foule, serrée de deux côtés, fait une masse compacte, où tout coup porte. Prise entre les deux feux, elle est poussée sur l'un, sur l'autre; des deux côtés, la mort!

C'est encore *le hasard* qui, par la garde de Paris, fit le carnage aux boulevards. De la porte du Temple et de la porte Saint-Martin, on refoula les masses au traquenard de la rue Meslay. Des deux bouts on chargea, on sabra pêle-mêle le peuple, les promeneurs, l'habitant qui rentrait chez lui. (Cf. *Droz*, II, 91 ; *Soulavie*, VI, 213-218.)

Le Parlement, rouvert le 24 septembre, manda et gronda fort Dubois, la garde de Paris. Qu'eût-il dit à Biron, à la Maison du Roi, trop excusés, garantis, par leurs ordres ? La Cour eut cette tache de sang. On a dit, répété sottement que ce gouvernement ne périt que de sa débonnaireté. Je ne vois point cela. Il périt de son abandon. S'il avait trouvé dans l'armée le zèle qu'il trouva dans ces corps, il eût certes lutté. La petite cour militaire qui menait alors Louis XVI, eût pu avec sa signature livrer de vraies batailles, disputer la fortune. Mais l'armée lui tourna le dos.

Que ces choses cruelles se soient passées sous Necker, le plus humain des hommes, cela nous éclaire fort sur un point très obscur de la situation où l'histoire ne dit rien. *Était-il? n'était-il pas maître?*

Il avait l'apparence et la décoration d'un vrai premier ministre. Protestant, il entre au Conseil! insigne grâce. Il a les embarras immenses des finances et des subsistances. Il a la charge grave et infiniment compliquée de préparer les États généraux. Il devrait être fort, tenant cette misérable Cour par ses besoins et par sa peur, ayant trois prises, le pain, l'argent, l'opinion. Il pouvait fort bien voir, par l'effort que le roi se fit de quitter Lamoignon, combien il était nécessaire. Il n'en profita pas, ne prit pas le haut ascendant. De là tant de fausses mesures, en désaccord avec ses idées et sa probité, et pourtant signées de son nom.

Ce pauvre homme de bien, né à Genève, n'était point Genevois. Il n'en eut pas les vertueuses résistances. Allemand d'origine, il avait dans le sang le mou et le bonasse des sujets de ces petits princes, chapeau bas devant les valets de l'illustrissime Cour. Fils d'un précepteur ou régent et de bonne heure commis, il tenait à la fois et du maître d'école et du plumitif subalterne. On ne réussit guère, aux bureaux comme ailleurs, que par l'attention soutenue d'être agréable et de plaire à ses maîtres. Tel il resta en montant au plus haut, gardant toujours l'humble respect de tous faquins titrés, heureux de leurs sourires. De là un être ridicule, double, bâtard et faux, d'un côté flatteur du public, amant de la gloriole, d'autre part tenant fort à gagner les privilégiés, occupé de les apaiser, de se faire pardonner le bien.

On eût pu deviner tout cela dès 84 par son livre *Administration*. Il y est pitoyable, visiblement il pleure de n'être plus ministre. On sent parfaitement la prise aisée qu'on a sur un homme si faible. Dans son pathos sentimental de bon charlatan allemand, il fait fort bien entendre qu'on aurait grand tort de le craindre. Il attend tout *de la vertu* (grande tirade sur la vertu), celle des princes et des privilégiés. Ils sont si généreux que tout s'arrangera. Qu'ils se confient à Necker. Il est discret, prudent. Il n'en fera pas trop. Et déjà il le prouve, en embrouillant, cachant ce que l'on veut cacher. De quelle main délicate il touche le Clergé par exemple! déguisant sa richesse, cotant son revenu au chiffre ridicule d'à peu près cent millions.

On put voir tout d'abord que Necker était traîné, que, dominé des hautes influences, attendri et trompé par l'équivoque bonhomie de Louis XVI, il prêterait l'appui de son nom aux actes des privilégiés, serait tout à la fois leur dupe et leur compère. L'assemblée dauphinoise, sur qui la France avait les yeux, du 27 juillet s'était ajournée en octobre. Réunie à Romans, elle fit un remarquable plan d'États provinciaux. Dans ce plan, l'électeur devait être le propriétaire payant d'impôt six francs par an (dix sous par mois, ou à peu près *un liard par jour*.) L'électeur des villes un peu plus. Mais on excluait tout à fait le fermier, comme trop dépendant. En effet, la propriété appartenant surtout au Clergé et aux nobles, admettre leurs fermiers innombrables, c'était mettre l'élection dans la main des privilégiés. Les campagnes pouvaient devenir, ce qu'elles ont été de nos jours, le brutal instrument de la réaction.

Plusieurs fermiers siégeaient à Romans, et eux mêmes ils demandèrent « que le fermier ne fût pas électeur », n'eût pas la dure alternative de voter contre sa conscience ou contre l'existence, le pain de sa famille. A cela que va dire le roi? que va dire Necker? Ils corrigent le plan, *veulent que le fermier vote*. Quelle dureté serait-ce d'exclure l'innocent laboureur, l'homme des champs, etc.! Ils tiennent à donner au Clergé, aux nobles, une armée d'électeurs.

C'est dans le même esprit que la Cour, si peu satisfaite des Notables en 87, les rappelle en 88, étant sûre de n'avoir par eux que des avis pour enrayer ou reculer. Si le ministre était ferme et loyal, il devait rejeter, refuser à tout prix une assemblée certainement hostile à la convocation des États généraux.

Ces Notables montrèrent une remarquable clairvoyance dans leur haine à la liberté.

1° Ils repoussèrent presque unanimement la double

représentation du Tiers, sentirent parfaitement que, si la Nation était vraiment représentée, le Privilège était perdu.

2° Ils parurent deviner et prévoir que la fausse démocratie serait le sûr moyen d'étouffer, d'écraser la vraie, que le suffrage universel serait l'arme mortelle de la contre-révolution. Ils admirent au suffrage *même les domestiques*, laquais des villes, et valets de charrue, ces rustres qui vont bientôt donner les Chouans. De peur qu'ils ne se trompent et n'oublient le mot d'ordre, ils voteront *à haute voix*. Avec ces valets, les Notables appelaient au scrutin un monde de fainéants à vendre, de nobles affamés, parasites, et de petits collets qui couraient les dîners.

A l'appui de ce bel avis (12 décembre), parut une incroyable lettre des princes au roi, superbe d'insolence. Ils se croient en 1614, s'indignent, comme les nobles firent alors, de ce qu'on croit le bourgeois du même sang, de ce qu'on humilie cette brave noblesse, qui a fait roi Hugues-Capet. Ils finissent par menacer, par dire que si les premiers ordres devaient descendre ainsi, leurs protestations dispenseraient de payer l'impôt.

Au même temps un coup répondit, un grand coup, le livre de Sieyès, qui, d'un énorme poids, trancha les questions, qui arma la Révolution de sa formule victorieuse, de sa hache et de son épée :

« Qu'est-ce que le Tiers ? le Tout. — Le Tiers est la Nation. »

Il écarte du pied les théories des sots, des ignorants

qui s'imaginent (comme Mounier) qu'on pourrait faire ici une Angleterre.

Vous demandez qui aura droit de convoquer la Nation ? Demandez donc plutôt qui n'en a pas le droit, dans le danger de la Patrie.

Vous demandez quelle place les corps privilégiés, deux cent mille prêtres ou nobles, auront dans l'ordre social ? c'est demander quelle place, dans le corps des malades, aura l'humeur maligne et corrompue.

Ceci s'entend assez et dépasse fort 89.

Non moins sinistrement, cet âpre, inflexible Sieyès, dans les *Instructions* électorales du duc d'Orléans, rappela la question suprême, la *responsabilité*. On a vu qu'à Grenoble un magistrat l'explique par la mort de Calonne, le Grand-Conseil par la mort de Brienne, plaçant même plus haut encore la responsabilité. La brochure d'Orléans demande « que *quelqu'un* soit responsable ». Inutile de nommer ce *quelqu'un*. Chacun comprendra.

Tout devient clair, fort, bref. Le public marche droit. Malheur à qui gauchit. Le *doublement du Tiers* est le grand shiboleth où l'on se reconnaît. Le Parlement, cette vieille perruque, hier si populaire, a osé rappeler les États de 1614 (les nobles triomphants et le Tiers à genoux). Dès ce jour, sans retour, il sombre, il s'enfonce, il descend, il s'abîme, cent pieds sous la terre. Il n'en remontera que pour paraître en masse à la place funèbre de la Révolution.

Cette chute subite du Parlement devait avertir Necker. Il flottait misérablement (j'en crois Droz,

Mounier, Malouet, et nullement le fils de Necker). Ce cœur sensible et tendre, qui voulait plaire à tous, était désespéré de faire du chagrin aux privilégiés. Entre quelques hommes et la France, la justice et l'iniquité, il se taisait, restait admirablement impartial.

On lui montrait que la noblesse avait été partout contre Brienne (de mai en août); qu'en Dauphiné, seule au 13 juin, elle avait convoqué les États à Vizille; qu'à Rennes, ailleurs encore, elle avait gagné et désarmé l'officier (noble). N'étaient-ce pas des nobles, ces vaillants députés bretons, les douze qu'on mit à la Bastille, ces obstinés qui vinrent, les dix-huit, et les cinquante-deux? Trente ducs et pairs avaient offert de renoncer à leurs privilèges pécuniaires. Donc la noblesse, haute ou petite, en majorité figurait au premier acte du grand drame.

Un coup de vent, avant décembre, éclaircit la situation. La majorité noble, un moment entraînée hors de son état naturel par l'esprit généreux du siècle ou par la haine de la Cour, rentra dans les rangs rétrogrades, aussi bien que les Parlements. Ce fut fort clair en Bretagne. Nantes et Quimper, et Rennes même (des bourgeois, des étudiants éclatèrent contre la noblesse), furent appuyées de Saint-Brieuc, d'Auray et d'autres villes. Contre son corps municipal, Nantes créa une autre assemblée, plus sérieusement municipale, et qui réellement représenta la ville. Nantes envoya au roi demander le doublement du Tiers (*Mellinet*). Dans le cahier commum des villes de Bretagne qu'on fit à

Rennes, la demande en fut faite expressément d'après le Dauphiné. (*Duch.*, I, 85.)

Des avocats terribles parlaient encore plus haut pour la cause du peuple. Deux avocats : la faim, la mort.

La détresse s'accrut par l'hiver. Dès le 9 décembre la Seine est prise, et tous les fleuves. Les arrivages cessent. Le froid tombe à trente degrés. Le peuple en chaque pays retient les blés. Plus de circulation. Tout négoce de grains est taxé d'accaparement. Le ministère en vain demande à acheter. L'effroi entrave tout. Necker, aux abois, de nuit, de jour, écrit lettres sur lettres et reçoit cent courriers. D'heure en heure, de toute province, arrivent d'accablantes nouvelles : ici, là, partout la famine.

La situation de Paris était un sujet de terreur. On l'alimentait jour par jour, et la vie de ce corps énorme était suspendue à un fil. La mortalité fut immense. De toutes parts, les pauvres gens périssaient de froid et de faim. On mourait dans les greniers. On mourait dans les rues. Des processions infinies de convois s'allongeaient vers les cimetières. Il y eut un grand mouvement de charité, de bienfaisance, disons-le, de prudence aussi. Que serait-il arrivé si le redoutable Paris, au dernier degré des misères et sous l'aiguillon de la mort, eût forcé ces palais regorgeant d'un luxe odieux, forcé, à la place Vendôme, les insolents hôtels des Fermiers généraux? Les curés, les philosophes, l'archevêque de Paris, tous donnèrent. Nul davantage que le duc d'Orléans. Sa prodigalité royale fit l'inquiétude de Versailles. Celui qui si largement jetait sa fortune privée n'avait-il pas un but plus haut? Dès ce temps, en toute chose, imaginative et haineuse, la Cour voit la main d'Orléans. Les clubs qui commencent à ouvrir, sont dirigés par Orléans. Deux mille cinq cents brochures, parues en quatre mois, sont l'œuvre d'Orléans. Le grand mouvement des campagnes en 1789, les vagabonds, les affamés, ceux qu'on appelait *les brigands*, c'est Orléans qui les suscite. Il devient une légende, un extraordinaire magicien, de ses occultes puissances remue le monde, opère les immenses phénomènes qu'offrira la Révolution.

C'est pourtant du Palais-Royal, d'un homme du duc d'Orléans (Ducrest), qu'était venu, en 87, le meilleur de tous les conseils que reçut jamais Louis XVI : Faire lui-même la Révolution, lui-même démolir la Bastille, prendre l'initiative de toute grande mesure populaire. En décembre 88, la terreur, la nécessité, rendirent le roi moins sourd. Au grand peuple affamé, dont la voix demandait : « Du pain ! » il donne *le Doublement du Tiers* (27 décembre 1788).

Le Tiers (de vingt-cinq millions d'hommes) fournit autant de députés que le Clergé et la Noblesse réunis (les deux cent mille privilégiés).

Victoire de la justice, petite, injuste encore. Et on ne l'eût pas obtenue si le roi et la reine n'avaient pas été décidés par le danger, la crainte, de plus par la rancune. Ils en voulaient à la noblesse. Cette noblesse, appui du trône, c'est elle qui le démolissait. De la Cour, de Versailles bien plus que de Paris, étaient sortis les chansons, les libelles contre la reine. Qui avait précipité, désarmé son ministre Brienne? sinon les nobles de province, ces officiers qui refusèrent de faire tirer. La première illumination pour la chute de Brienne fut celle des nobles de Bretagne, renfermés à la Bastille. Rien de plus amer pour la reine.

Dans le doublement du Tiers, le roi, la reine, n'eurént nulle autre pensée. Ils ne donnèrent point le change. Ils marquèrent vivement qu'ils se vengeaient de la noblesse. Quand on dit à Louis XVI qu'aux Notables un seul bureau avait voté pour le Tiers à la majorité d'une voix, il dit : « Qu'on ajoute la mienne! » La reine, le 27 décembre, assista au Conseil, voulant publiquement participer de sa personne à l'acte que la noblesse appelait « sa dégradation ».

Du reste, ils crurent ne faire qu'une manifestation de mécontentement. Le Tiers augmenté gagne peu. Tout comme auparavant il n'est qu'un ordre à part, il n'a *qu'une voix contre deux*. Il est, comme toujours, dominé par les deux ordres supérieurs, le clergé et la noblesse. Necker ne mêlant pas les trois ordres en une même assemblée, n'accordant pas le vote par tête, conservant la vieille forme oppressive du vote par ordre, rassurait par là la conscience du roi, inquiète pour les privilégiés. Par là encore il espérait calmer le ressentiment, l'indignation de la noblesse. Il s'excusait, clignait de l'œil, semblait dire : « Ne vous fâchez pas! Au fond, je n'ai accordé rien. »

Le règlement d'élection qui parut (24 janvier), étonna, effraya. Plusieurs crurent follement que les bannis genevois, aux gages de l'Angleterre, avaient voulu lancer la France en pleine désorganisation, que Necker les écoutait (ce qui n'était pas vrai), qu'il voulait dans cette grande France faire la démocratie des petits cantons de la Suisse, ou l'égalité barbare des nomades qui ne savent ce que c'est que propriété.

La base surprenait : Tout imposé est électeur. Tout homme de vingt-cinq ans. Cela voulait dire : tout le monde ; car tous payaient la capitation.

Quelle confiance illimitée dans l'excellence de la nature humaine, le patriotisme des masses et la modération des pauvres !

En regardant de près, plusieurs, comme Mirabeau, jugeaient que ce plan, d'apparence ultra-démocratique, dérobait, retirait par l'artifice du détail ce qu'il accordait par l'ensemble. Les prêtres à bénéfices, les nobles ayant des fiefs, donc un très petit nombre, ont seuls le privilège de l'élection directe. Le Tiers (la nation) n'a que l'élection de second degré. En conservant aux vieux bailliages leurs absurdes droits, on y annule adroitement la proportion supérieure du Tiers. On appelle tous les petits nobles, faméliques, aisés à gagner. On favorise les jurandes, servile oligarchie industrielle.

La convocation n'est ni uniforme, ni simultanée. Paris, la tête de la France, qui devrait marcher devant, éclairer et guider, très machiavéliquement est convoqué le dernier, après tous, et de façon à n'exercer nulle influence. On alla si loin dans la haine, la défiance contre la grande ville qu'on eût dû le plus ménager, qu'au 13 avril, le ministère, violant pour elle seule le principe d'élection qu'il avait posé pour la France, décida qu'à Paris il faudrait payer six livres de capitation pour être admis aux assemblées électorales du Tiers.

Mirabeau va jusqu'à conclure qu'on ne voulait pas sérieusement les États généraux. Plusieurs pensaient en effet qu'on n'y voulait qu'une mêlée, où tous, combattant contre tous, s'annuleraient également au profit du pouvoir royal. Une grosse masse noire de curés, venant avec leur haine et leur pauvreté irritée, allait engloutir les évêques. Les ennoblis, contestés, méprisés de la noblesse, voulaient certainement l'abaisser. Mais ces vainqueurs subalternes du Clergé et de la Noblesse vont eux-mêmes à leur tour être écrasés par la roture, qui veut partout un plat niveau. D'autant plus haut, sur la ruine générale, doit monter le trône.

Dans ce plan, au premier regard inhabile et informe, mais plein de fautes calculées, on put montrer au roi le résultat probable : qu'on aurait à la fois la popularité des bonnes intentions et le profit de la duplicité. (Mir., *Mém.*, V, 224.)

On a cru qu'en cette mesure le roi s'était démenti, contredit, qu'il avait pris tout à coup un sentiment novateur, révolutionnaire. Quoi de moins vraisemblable? Mais nous n'avons pas là-dessus à douter, à conjecturer. Les notes aigres que, en cette année 88, il écrivit sur les plans de Turgot, et contre son idée de *grande municipalité* ou assemblée nationale, constatent ses sentiments réels. Écrites dix ans après Turgot, et sans occasion apparente, elles sont sans nul doute une protestation indirecte non pas contre Turgot, enterré depuis longtemps, mais contre Necker, contre ses mesures populaires.

Le cœur n'y fut pour rien. Celui de Louis XVI fut au fond immuable pour le Clergé et la Noblesse, très fixe et très fidèle. Il y parut bien à la fin, lorsqu'en juillet 91, non sans danger, il refusa de mettre le feu à l'arbre féodal où l'on brûla les armoiries des nobles. Il y parut dans son obstination à n'exiger point du Clergé un serment purement politique qui ne gênait en rien la conscience religieuse. Il y mit un entêtement mortel, inexplicable. Plutôt que de céder il aima mieux se perdre, il aima mieux nous perdre, appeler l'étranger, trahir, livrer la France.

Ici, le 27 décembre, il crut tout simplement donner un leurre au Tiers, ruser avec la crise, le moment du danger, mais, conservant le vote par ordres, rendre vain l'avantage qu'il donnait à la Nation, maintenir la suprématie des deux ordres privilégiés.

Étrange ingratitude! On est vraiment surpris de le voir si peu touché de l'opiniâtre attachement de la Nation. Le renvoi de Turgot, de Necker, partout ailleurs qu'en France, l'eût fait haïr du peuple. Sa connivence déplorable au grand pillage de Calonne, partout ailleurs lui eût rendu le public implacable. Les fusillades de Paris, ces exécutions étourdies, cruelles, auraient perdu tout autre.

Rien n'y faisait. Le peuple s'acharnait dans cette surprenante fiction que tout le mal venait d'ailleurs, que le roi ignorait les choses qu'il signait tous les jours. Quoi qu'il pût faire, la France persistait en ce songe, cette vaine légende, d'un certain Louis XVI dans le genre du *bon roi* Robert ou de Louis-le-Débonnaire.

La France était très royaliste. Et cela sans exception. Tous, Robespierre même et Marat.

Et le plus royaliste des trois ordres, c'était le Tiers. Partout dans les pays où il pouvait parler, dans les pays d'États, il s'était montré tel. Cela est frappant en Bretagne, pour tout le siècle. Lorsqu'en 50, 52, 56, on exige les nouveaux vingtièmes, Nobles et Parlements refusent : le Tiers cède toujours : il vote obstinément pour le roi et contre lui-même. Plus royaliste encore il est sous Louis XVI. En 1778, il vote aveuglément tout ce qu'on veut, et en 86, au voyage de Cherbourg, quand le roi passe, deux provinces se précipitent au passage, tout l'acclame, le bénit, tout pleure.

Les cahiers du Tiers manifestent combien, dans sa victoire, au moment même où il sentit sa force, il fut respectueux et tendre pour cette vieille idole, la royauté. Ses assemblées, graves, sérieuses (autant que celles des nobles furent tumultueuses, violentes), témoignent d'une modération singulière. En réclamant les droits éternels de l'espèce humaine avec simplicité, elles ne sont nullement audacieuses, plutôt un peu timides. Le Tiers admet patiemment qu'une nation, vingt-cinq millions d'hommes, n'aient pas plus de représentants que deux cent mille privilégiés. Pour l'État, pour l'Église, il voudrait relier l'avenir au passé. Il porte encore le joug chrétien. Tous ses cahiers demandent la *liberté de conscience.* Nul ne réclame la *liberté des cultes.* Paris, Rennes, croient que l'ordre public n'admet qu'une religion dominante. On a accusé fortement Mirabeau et les grands meneurs d'avoir hésité, reculé devant l'Église. Mais cela leur semblait exigé par leurs commettants.

« La Constitution civile du clergé, cette œuvre malheureuse de la Constituante, lui était imposée par la majorité de ses électeurs » (*Chassin*, livre III, ch. III, p. 3).

Les cahiers des privilégiés contrastent fort avec cette modération. Ils sont préoccupés surtout de jeter sur les autres le fardeau que l'ordre nouveau va imposer. Les nobles, dans les leurs, demandent la ruine du Clergé (abolition des dîmes, suppression des moines, vente d'une partie des biens ecclésiastiques). Et le Clergé, de son côté, pour se venger des nobles, désire que les non-nobles arrivent à toute charge, même d'épée.

Les cahiers des nobles, en mainte chose insolents et puérils, insistent sur ce qu'eux seuls auront droit de porter l'épée, sur ce que leurs préséances subsisteront dans les assemblées. Il leur faut un tribunal héraldique d'épuration pour écarter la canaille, la tourbe des ennoblis. Ils veulent bien partager l'impôt, mais pour un temps seulement. Ils pourraient avoir la bonté d'abolir leurs droits féodaux, si on leur payait pendant dix ans une grosse indemnité. Mais dans ces nobles cahiers, le sublime c'est l'heureuse idée d'un ordre *de paysans*, sans doute les fermiers ou valets des seigneurs, qui puisse au besoin donner un coup de main à la Noblesse.

J'admire les cahiers du Clergé, surprenants d'hypocrisie. Il immole magnanimement ses privilèges pécuniaires. Mais comment les immole-t-il? A quel prix? il faut le savoir : 1° *Il mettra sa dette à la charge de l'État* (grosse dette, il empruntait toujours pour ne pas toucher à ses revenus); 2° *Les revenus des curés seront augmentés;* 3° *Le clergé répartira lui-même sa part de l'impôt;* 4° On conservera la grosse sangsue monastique, *les couvents, les Mendiants;* 5° Enfin, pour son sacrifice de vouloir donner quelque argent, il faut au Clergé donner l'âme, — *l'éducation,* l'enfant, l'avenir. Car, dit ce bon Clergé, l'âme se perd, la moralité, depuis qu'on n'a plus les Jésuites[1].

Les cahiers, en Bretagne, révélèrent la situation. La Noblesse, qui, contre Brienne, avait pris l'avant-

---

1. Cela est fort curieux. La majorité du Clergé qui écrit ceci, ce n'est pas, comme aux assemblées de cet ordre, l'épiscopat, c'est le Clergé inférieur, ce sont surtout ces curés dont plusieurs, sous divers rapports, seront révolutionnaires. Mais ils n'en restent pas moins *prêtres*. On le voit dans certains articles de la *Visite des prisons* dont parlent les autres ordres. M. Chassin remarque très bien (livre III, chap. II) que le Clergé n'en parle pas. Il se

garde, et qu'on eût crue la tête de l'armée de la liberté, se montra ce qu'elle était, parut fortement rétrograde. Le Tiers trouvait dans ses cahiers, dans les pouvoirs que lui donnaient les villes, l'injonction de ne rien faire aux États de la province, tant qu'on n'aurait pas accepté *le vote par tête*, qui seul donnait une valeur sérieuse au doublement du Tiers. Les nobles (neuf cents gentilshommes contre quarante-deux bourgeois) furent outrageusement provoquants. Ils avaient avec eux une masse barbare et grossière de paysans à eux, valets et domestiques (les chouans de demain) qu'ils lâchaient dans le peuple, criant : « Le pain à quatre sols ! » Appel ignoble que le peuple de Rennes eut la fierté de ne comprendre pas.

Alors on essaya de la brutalité. Ces chouans jouaient du couteau. En vain on dissout les États. Les nobles, à eux seuls, tiennent les États dans une église. Ils y sont assiégés par la jeunesse armée, par les forces qu'envoient et Nantes et d'autres villes. Ils se rendent. Mais on n'obtient nulle enquête contre leurs violences. Le déni de justice du Parlement de Rennes est approuvé, favorisé du roi, qui renvoie tout au suspect arbitrage d'un autre Parlement (Bordeaux). Les avocats de Rennes lui adressent un Mémoire. Le roi le fait poursuivre par son avocat général

---

soucie peu d'introduire le magistrat dans les cruelles prisons d'Église, dans ses ténébreux *in-pace*. Le Clergé et la Noblesse s'accordent pour rester juges, pour garder leurs tribunaux ecclésiastiques, leurs tribunaux féodaux, justices qu'on peut dire la moelle même de l'iniquité. Ceux où le Clergé jugeait des questions de mariage, le rendaient maître de la femme, de l'homme (à son moment faible), de la famille elle-même.

Séguier; il est brûlé par le Parlement de Paris (6 avril).

La Provence offrit un spectacle analogue et pire : les furieuses résistances des nobles, leurs coupables efforts pour créer des tempêtes dans les grands foyers redoutables, motiver des batailles et des répressions sanglantes, qui pussent ajourner les États généraux. La Cour de même s'y montra partiale pour l'aristocratie. La Révolution y vainquit, mais par un moyen dangereux, de sinistre avenir, en s'incarnant, se faisant homme, un bon tyran, idolâtré du peuple, qui y chercha son dieu sauveur.

Mirabeau semblait peu digne d'être cette idole. Rien de plus tortueux que sa conduite à cette époque. Avec son enfant, sa Nehra, une maison dispendieuse, il choisissait peu les moyens. Il allait fort chez Lamoignon (quoique opposé au coup d'État), recherchait Montmorin, en tira quelque argent pour ne pas publier ses lettres écrites de Berlin au ministre. Montmorin voulait l'absorber, l'aurait fait candidat aux États généraux. Ses lettres de ce temps sont d'un royaliste timide. Les États généraux, tant désirés, l'alarment maintenant, lui semblent *précipités*. S'il est élu, il sera *très monarchiste*. En tuant le despotisme bureaucratique, il faut *relever l'autorité royale* (Mir., *Mém.*, V, 187-188). Il se fie peu aux masses. Le Tiers n'a ni plan, ni lumières, etc. Avec de telles opinions, si peu de foi au peuple, il regardait vers la noblesse, vers sa famille, son père, et (faut-il le dire?) vers sa femme et le monde de sa femme! Son père l'eût autorisé à représenter ses fiefs dans la noblesse des États de Provence. Mais les nobles, contre qui il plaidait en 84, allaient-ils l'amnistier? Une lettre qu'il écrit à son oncle nous apprend qu'il accepterait d'Arimane (du Démon) une place aux États généraux, qu'il se rapprocherait de sa femme même, c'est-à-dire irait à la gloire par la voie de l'infamie.

Le hasard le tira de là, lui sauva cette indigne chute.

D'abord Necker, contre Montmorin, s'opposa, refusa de prendre Mirabeau pour candidat du ministère.

Deuxièmement, une femme lui vint, — je ne dis pas un amour, certaine M*me* Lejay, femme d'esprit, d'énergie, d'audace, de brutalité colérique, la grossière image du peuple, en qui il sentit cette force, qu'il ne connaissait nullement.

Troisièmement, les insultes, les défis, les risées atroces de la noblesse de Provence, éveillèrent en lui une autre âme, le mirent au-dessus de lui-même, le portèrent à une hauteur qu'il n'eut ni avant ni après.

Gentilhomme jusqu'à la moelle, il avait pourtant de naissance du goût pour s'encanailler dans la société des petits, de ses paysans limousins, provençaux (c'est ce qui indignait son père). D'après eux, il croyait le peuple doux et faible, le Tiers incapable de lutter s'il siégeait en face des nobles dans une même assemblée. Lorsqu'il alla, en novembre, au club qu'Adrien Duport ouvrait chez lui (au Marais, et plus tard aux Jacobins), il n'y vit que la robe, les clabaudeurs du

Parlement, et cette élite maussade de la bourgeoisie ne le charma guère.

L'impression fut tout autre devant sa libraire, Mme Lejay. Béranger, qui l'a connue, m'a donné quelques détails sur cette personne singulière.

C'était une petite femme, jolie, hardie, robuste, vive de la langue et de la main. Sa vigueur au pugilat fut une des choses qui frappèrent, qui charmèrent le plus Mirabeau. Il aimait cette gymnastique. A Berlin, après un travail excessif, il se remettait en se battant, non pas avec la trop douce Nehra, mais avec son secrétaire, ses valets et tout le monde.

Mme Lejay, qui menait son commerce et sa maison, avait fait la mauvaise affaire d'imprimer la *Monarchie prussienne* de Mirabeau. Elle vint un matin lui dire que Lejay fermait boutique, que ses échéances arrivaient, que le pauvre homme était perdu. Lui seul pouvait les sauver en leur donnant un manuscrit scandaleux, d'un succès certain. C'étaient ses *Lettres de Berlin*. Elle était jolie, pressante. Mirabeau allégua qu'il ne les avait point. Il avait pris contre lui-même une précaution singulière. Il avait mis le manuscrit dans les mains d'un jeune homme, sûr, très honnête, très dévoué, lui commandant de l'enfermer, et, s'il le lui demandait, de ne pas le lui donner. Comment le tirer de ses mains? Comment livrer ce secret d'honneur déjà payé deux fois? Tout cela n'arrêta guère la violente petite femme. D'emportement, de passion, elle fut irrésistible. Elle aurait battu Mirabeau. Il fit ce qu'elle voulait. Il força le secrétaire où son ami tenait enfermée l'œuvre fatale, la livra. Elle en eut sur l'heure et de quoi payer ses billets, et de quoi faciliter à Mirabeau son voyage d'élection, qu'il ne pouvait faire sans argent.

On a dit que Mirabeau ouvrit boutique à Marseille, s'afficha *marchand de draps.* Le fait est faux. Ce qui est sûr, c'est qu'à ce moment décisif où il allait prendre place dans la noblesse de Provence, il se fit peuple, se déclara contraire à l'opposition qu'elle faisait au doublement du Tiers. Quelque appui qu'il eût au dehors, il était seul dans l'assemblée, au milieu de ses ennemis, nullement soutenu du Tiers (quelques municipaux serviles). Pouvait-il diviser les nobles, se faire un appui parmi eux? On lui fit à ce sujet une très dangereuse ouverture. Sa femme, qui n'était plus jeune, pouvait, en revenant à lui, lui gagner sa coterie, parents, amis ou amants. Il leur aurait fort convenu de l'avilir, de l'énerver, de l'accabler du patronage de ceux qui le déshonoraient. Il refusa (20 janvier 1789).

L'assemblée était d'avance si bien travaillée contre lui, qu'aux premiers mots qu'il prononça (30 janvier), mots prudents, très modérés, une tempête de colères, vraies ou simulées, s'éleva. La fureur avec laquelle il fut insulté, dépasse toute haine politique. Évidemment les blessures que firent ses plaidoyers terribles, le coup d'épée qu'il donna alors au petit Galiffet, après quatre ans, saignaient encore. On avait ameuté la masse contre le *chien enragé* (p. 269). Le plan était de *s'en défaire* de manière ou d'autre. « Nous l'insulterons, disaient-ils ; s'il vient à bout de l'un de nous, il faudra qu'il passe sur le corps à tous » (262). Donc on vit ce spectacle indigne de cent quatre-vingts nobles ou prêtres aboyant contre un seul homme. La pétulance du Midi ne connut aucune borne. Les risées furent prodiguées au gentilhomme débonnaire et au mari patient. Il attendait calme et fort, refusant aux provocateurs l'occasion qu'ils cherchaient, contenant dans sa poitrine et accumulant l'orage qui bientôt les écrasa.

Mirabeau put comprendre un pitoyable mystère qui a fait énormément pour hâter la Révolution. C'est la *Terreur* du duellisme que la Noblesse impunément exerçait sur la nation.

Cent ou deux cent mille fainéants qui ne s'occupaient que d'escrime, constamment humiliaient les gens laborieux, utiles, même les militaires inférieurs qui ne savaient ce petit art. La bravoure ne préservait pas de ces affronts continuels. Des soldats, comme Hoche ou Marceau, étaient rossés comme les autres. Pour les tenir souples et bas, ils avaient imaginé (c'est ce qui a fait plus tard l'horrible affaire de Châteauvieux) de faire courir le soir dans la rue des maîtres d'armes pour défier le soldat. Il était blessé ou tué ; s'il refusait, déshonoré.

On parle de la Terreur judiciaire de 93. On ne parle pas assez de la fantasque Terreur qu'exerçaient cette Noblesse sous l'ancien régime et les furieux royalistes de 89 à 92. La garde constitutionnelle, composée de maîtres d'armes, de bretteurs et coupe-jarrets, porta l'irritation au comble. Un membre de la Convention, Grangeneuve, qui était un nain, fut encore, en 92, outragé dans les Tuileries.

Tout cela partait d'en haut. C'était l'amusement de la Cour. On en faisait des gorges chaudes chez d'Artois, chez ceux qui s'enfuirent au premier jour même de l'émigration.

Le duel de Mirabeau fut d'un géant, d'un titan. Il arracha de lui-même une montagne, la lança. C'est la foudroyante apostrophe que tous ont retenue par cœur. Aplatis, ils ne répondirent qu'en se dispensant de répondre. Ils prirent un prétexte absurde pour l'exclure de l'Assemblée. C'était le 8 février. Le 10, ils eurent de Paris un admirable secours pour perdre et flétrir Mirabeau. On put voir combien le pouvoir, libéral en apparence, était pour l'aristocratie. Le 10, l'avocat du roi demanda au Parlement, obtint que les *Lettres de Berlin* fussent brûlées par la main du bourreau.

Au moment où le géant semble illuminé d'éclairs, la main du bourreau le touche! Qui ne le croirait perdu? Il court à Paris, mais n'ose y entrer de jour. La nuit, il sollicite ses amis. Nul plus sûr apparemment qu'un jeune homme qu'il a poussé. Ce cher ami ferme sa porte, le renie. C'est Talleyrand.

Mirabeau avait plusieurs âmes. Et son âme dantonique s'éveillait dans ces moments. Avec le colonel Servan, l'intrépide girondin, il traduisit, imprima un livre qui aurait fait en haut un coup de terreur : *la Royauté* de Milton. Cette bombe, en éclatant, eut touché le trône même. Servan, dans ses propres livres (*le Soldat-Citoyen*), n'avait reculé nullement devant ces moyens d'intimidation. Il y adresse aux militaires de cour les plus directes menaces, les avertit du jugement prochain de la Révolution.

Le Parlement, qui enfonçait dans l'impopularité, avait bien à réfléchir avant de poursuivre, de provoquer personnellement une telle force. Il s'arrêta, il n'osa.

On avait dit en Provence qu'il ne reviendrait jamais. Le syndic de la noblesse en avait fait une fête. Le jour du banquet, il arrive (7 mars 89).

Mais bien avant qu'il soit à Aix, dès Lambesc, quel est ce grand bruit de cloches dans toute la campagne? Qu'est-ce que c'est sur les routes que cette affluence effrayante?... Étonnant peuple du Midi! Hier, tout semblait dormir. Aujourd'hui, tout est en danse. On se l'arrache, cet homme. « Vive le père de la Patrie! » On veut dételer la voiture, s'atteler. Il s'y oppose, il pleure, et laisse échapper un sombre mot prophétique (Mir., *Mém.*, V, 271, 278).

A Aix, pour fuir l'ovation, la voiture allait au galop. On la suivait à toutes jambes. A travers les fleurs, les couronnes, les feux d'artifice, il arrive, il descend dans les bras du peuple.

A Marseille, le 18 mars, il entre, tout travail cesse. Une masse de cent vingt mille âmes l'enveloppe. Le carrosse est accablé de lauriers, d'oliviers, de palmes. Les frénétiques baisent les roues. Les femmes, dans leur transport, offrent en oblation leurs enfants (279).

Le plus piquant du triomphe, c'est que la petite tête vaine de Mme de Mirabeau n'y tient pas. Elle est dès ce jour éprise de son mari. Elle est éperdue de sa gloire. Et cela dura trois ans. Elle acheta, à sa mort, son hôtel, son lit, voulut léguer tout son bien à l'enfant de Mirabeau. Au moment de l'ovation (mars 89), des paysans, apostés très probablement par elle, allèrent prier Mirabeau de la reprendre, de donner des Mirabeau.

Les nobles étaient si furieux qu'à Aix, à Marseille et à Toulon, ils firent un coup désespéré. On ne peut le comparer qu'à la folie de Saint-Domingue, quand les colons imaginèrent de lâcher leurs propres nègres, de faire par eux l'incendie, le pillage des plantations. On organisa aux trois villes trois épouvantables émeutes. Cela n'était que trop facile après ce cruel hiver de misère et de famine. Le blé manqua, grande cherté. Le peuple, à Marseille, s'en prit à l'intendant, au fermier de la ville, força leurs hôtels, brisa tout, força, pilla les boutiques des boulangers. Le gouverneur, les consuls, épouvantés, donnent au peuple encore plus qu'il ne demande (284), baissant le prix du pain, de la viande, à un bas prix insensé. L'effet naturel eût été que, personne ne voulant apporter du blé à ce prix, on aurait eu la famine. On la faisait dès le jour même, chacun forçant le boulanger à donner du pain pour quinze jours. Le gouverneur s'était sauvé. Marseille était en grand péril. Les Génois, nombre d'étrangers préparaient d'affreux désordres. Plusieurs auraient eu envie de brûler, piller le port.

D'autres, pour grossir leur nombre, parlaient d'ouvrir les prisons, de s'adjoindre les voleurs. Et déjà trois cents bandits échappés couraient la ville.

L'autorité avait péri. Ce fut le gouverneur même de la Provence, réfugié de Marseille à Aix, qui fit appel à Mirabeau, lui dit « de faire ce que son cœur lui conseillerait ». Terrible appel au danger le plus évident, à la ruine presque certaine de sa popularité. On pouvait croire que de toute façon il était fini et tué, — ou tué de sa hardiesse dans une entreprise impossible, — ou, s'il refusait de répondre, tué de honte et de lâcheté.

Il montra un cœur admirable, vola à Marseille, sauva la Provence.

Ce qu'il avait hautement conseillé dans ses écrits, la *milice nationale* remplaçant toute force armée, il l'organise à Marseille, aidé et par la jeunesse et par les corporations, les portefaix (corporation redoutable). Mais on travaillait en dessous. Le 25, pendant qu'il s'occupe à contenir un mouvement, une nouvelle accablante, décourageante, lui vient : Aix et Toulon sont en feu.

A Aix, le consul (marquis de La Fare), celui même qui avait fait exclure Mirabeau des États, fait une indigne tentative pour pousser le peuple à bout, pouvoir frapper, coûte que coûte. Ses provocations, ses injures, ne suffisant pas, il en vint à dire aux affamés « que le crottin de cheval était assez bon pour eux » (Mir., *Mém.*, V, 306). On s'emporte. C'est ce qu'il voulait. Il fait tirer ses soldats. Deux morts et plusieurs blessés. Là le peuple exaspéré s'élance, rembarre les soldats, les désarme. La Fare se cache. Il est assiégé. Il baisse le prix du pain, il livre les magasins. Enfin, de peur, il s'enfuit.

Cette victoire du peuple d'Aix pouvait rendre celui de Marseille plus fier et plus difficile. Ce rude peuple est terrible. Mais le lion se fit agneau. Mirabeau lui expliqua à merveille la situation, l'instruisit et l'apaisa. Le 26, le soir, aux flambeaux, il fit proclamer la hausse, et le peuple ne murmura pas.

Aix n'était pas apaisé. On menaçait un magasin. Le gouverneur Caraman n'y avait su d'autre remède que de faire venir des troupes, de préparer un carnage. Mirabeau accourt à Aix, et empêche la bataille. Il persuade au gouverneur d'écarter la force armée, de confier la ville à elle-même, aux milices bourgeoises. Des paysans arrivaient pour aggraver le désordre. Mirabeau court au-devant, les harangue et les renvoie. Point de sang!... Belle victoire, et vraiment attendrissante. On mouille de larmes ce sauveur, ses mains, ses habits, ses pas. Tous pleurent, et il pleure aussi (305).

Mais voici le plus merveilleux. Les nobles, cachés tout à l'heure, reparaissent plus fiers que jamais. Ils daigneront être officiers des milices nationales. Mais il faut qu'on expie le trouble, que le peuple soit puni pour avoir été massacré. « Une bonne justice prévôtale! »

« Oui, dit le peuple, pour vous. » Et voilà que les potences, sans Mirabeau, se dresseraient. Il sauva ses ennemis.

Un des plus furieux contre lui avait été certain évêque. On le tenait à Sisteron. Il était en grand péril. Mirabeau court, il harangue; il enlève son évêque et le met en sûreté.

Il fut élu, on peut le dire, non seulement à Aix, à Marseille, mais en France. Il arriva, porté sur les bras de la France, aux États généraux.

Ce fort et pénétrant esprit, au plus haut de son triomphe, se jugeant sans doute au dedans, sentit certaine tristesse. Était-il digne d'être à ce point exalté, divinisé par ce peuple confiant?

Qu'avait-on adoré en lui? le génie, surtout la force. Son triomphe n'ouvre-t-il pas la voie au culte des forts?

Et si l'orateur est dieu, que sera-ce, chez ce peuple encore si novice et si barbare, que sera-ce du capitaine divinisé par la victoire?

Au moment où il vint à Aix, où le peuple voulait le trainer, il fondit en larmes, disant : « Voilà comme on devient esclave! »

FIN DU TOME SEIZIÈME.

TABLE DES MATIÈRES

Pages

PRÉFACE.
L'*Histoire de France* est terminée. 1
Le fil du présent volume est la *Conspiration de famille*, aujourd'hui prouvée, démontrée. 3
Les légendes récentes ont été démenties par les lettres mêmes de Marie-Antoinette et de Marie-Thérèse. 6
Combien Louis XVI fut allemand, étranger à la France. 8
Toujours le roi en France a été l'étranger. 9
L'ascendant croissant de la reine. 10
Méthode suivie dans ce volume. 11
Adieu à la France d'alors. 12

CHAPITRE PREMIER. — *Chute de Bernis.* — *Avènement de Choiseul* (1758). 14

Cabale autrichienne des trois Lorraines. 18
Elles perdent Bernis et l'Infante, créent Choiseul. 22
Choiseul livre la France à l'Autriche. 23

CHAPITRE II. — *Choiseul.* — *Son traité autrichien.* — *Ruine et revers* (1759). 25

Ascendant de la Lorraine. Règne des Lorraines. 26
Choiseul et sa sœur (Grammont). 29
Situation désespérée. Choiseul manque la descente d'Angleterre ; banqueroute. 31

TABLE DES MATIÈRES

	Pages
CHAPITRE III. — *L'éclipse de Voltaire* (1759-1761).	38

Le parti autrichien fait rentrer Voltaire en France et le loge à Ferney. 42
Candide. 43

CHAPITRE IV. — *Rousseau.* — *Nouvelle Héloïse* (1754-1761). 47

Le Rousseau naturel et le Rousseau artificiel. 48
La Savoie, Mme de Warens. 49
Fluctuations. Il se fait chrétien (1754). 51
Les Genevois le lancent contre Voltaire. 52
Discordances et reniements. Délire. Mme d'Houdetot (1756). . . . 54
Lettre sur les spectacles (1758). Nouvelle langue. Le grand schisme. 59
La *Julie* (janvier 1761). 60

CHAPITRE V. — *La comédie des Philosophes* (mai 1760). — *Mademoiselle de Romans* (1761) 67

Rousseau chez Madame de Luxembourg. . . . . *ibid.*
Sa belle-fille obtient de Choiseul qu'il supprime l'*Encyclopédie* et diffame les philosophes. 69
Ménagements des dévots pour Rousseau. 73
Il les redoute. Caractère bâtard de l'*Émile*. 75
L'amour est à la mode. La *Julie* du roi 79

CHAPITRE VI. — *Pacte de famille.* — *Règne du Parlement.* — *Jésuites condamnés* (1761-1762). 81

Choiseul s'allie à l'Espagne et la compromet; se fait seul ministre. 82
Il amuse les Parlements avec la chasse aux Jésuites. 87

CHAPITRE VII. — *Les Calas.* — *Voltaire a affranchi les protestants* (1761-1764). 92

Les protestants avaient usé la pitié. 94
Calas. Fêtes meurtrières du Clergé dans le Midi. 100
Violente pitié de Voltaire; son audace contre les Parlements. . . 105
Ils répondent barbarement par le procès des Sirven. 110
Choiseul heureux d'écraser ses amis des Parlements. Triomphe de la tolérance. 111

CHAPITRE VIII. — *L'Europe.* — *La paix* (1763). 113

L'ogre russe. Frédéric le détourne de la Prusse sur la Pologne. . 116
Choiseul ne dispute que pour l'Autriche. 119

TABLE DES MATIÈRES

Pages

La France exclue du monde, ruinée en Amérique et en Asie (1763). Destruction des races américaines. 120

Choiseul s'assure des Parlements et se fait sept années de règne. 125

CHAPITRE IX. — *Tyrannie de Choiseul sur le Roi.* — *Morts de la Pompadour, du Dauphin, de la Dauphine* (1763-1766). . . 126

Choiseul brave le roi et le Dauphin, caresse l'opinion 127
Agence secrète du roi, le chevalier d'Éon 131
Embarras et humiliation du roi 142
Lutte de la sœur de Choiseul et de la Pompadour, qui meurt (1764). 147
Mort du Dauphin (1765) et lutte des Choiseul avec la Dauphine, qui meurt (1766). 148
Vie du roi, peureuse et furtive; l'enfant cachée . . . . *ibid.*

CHAPITRE X. — *Fin des Choiseul* (1767-1770) 150

Choiseul fort par Vienne et Madrid; sa fatuité dangereuse. . . . 151
Influence de sa sœur; règne de Mademoiselle Julie. Corse, Lally, etc. 152
Choiseul dupe de Vienne; ne prévit rien. Partage de la Pologne. 155
Il provoque la guerre, nous lègue la banqueroute. 158

CHAPITRE XI. — *La Du Barry.* — *Mort de Louis XV* (1770-1774.). . 160

Le parti dévot oppose la Du Barry à Choiseul. 161
Choiseul nous impose l'Autrichienne, menace le roi, tombe (24 décembre 1770). 166
D'Aiguillon, Maupeou, Terray; le coup d'État. *Mémoires* de Beaumarchais. 167
Les deux partis se disputent le roi mourant (mai 1774) 171

CHAPITRE XII. — *Avènement de Louis XVI* (1774) 172

Louis XVI fut tout Allemand (par sa mère), Marie-Antoinette Lorraine (par son père). 173
Forcé de l'épouser, il n'y voit qu'un agent de l'Autriche. . . . . *ibid.*
Elle suit les conseils de sa mère, qui la trompe (4 mai 1771) pour le partage de la Pologne. 177
Elle s'empare de son jeune mari (juin 1771). 178
Bonne nature du Dauphin, charme et légèreté de la Dauphine. . 179
Avènement (10 mai 1774). Effort du jeune roi pour écarter l'influence autrichienne; il repousse Choiseul, appelle Maurepas, Vergennes. 180
Sa chute morale (juillet 1774). Il chasse Rohan, Broglie, ceux qui l'éclairent sur l'Autriche. 184

Triomphe de la reine, son tempérament violent; Madame de Lamballe.................................... 185

Chapitre XIII. — *Ministère de Turgot* (1774-1776)............ 187

Les exagérations des Économistes furent utiles; il fallait ranimer la production découragée.................... 189
Génie indépendant de Turgot, nullement serf des Économistes. . 190
Comment le roi le prit sans le connaître................ 191
La Marseillaise du blé........................ 192
Son plan : Culture affranchie, Industrie affranchie, Raison affranchie.................................. 193
Intrigue des Choiseul qui font rappeler le Parlement (novembre 1774).................................. 195
Ligue universelle contre Turgot, émeute factice........... 196
Faiblesse du roi; le Sacre....................... 197
Turgot refuse de doter les gens agréables à la reine; il tombe (mai 1776)................................ 203
Le roi peu éducable; il trompe Turgot et se trompe, garde tout son cœur au passé........................... 206

Chapitre XIV. — *Transformation des esprits* (1760-1780. — *L'élan pour l'Amérique.* — *La guerre* (1777-1783)............ 207

Grandeur morale de la France; trois accès de croissance en vingt ans..................................... 208
Influence de Rousseau, Raynal. — Enfants sublimes......... *ibid.*
Beaumarchais jure que l'Amérique vaincra (25 septembre 1776). . 210
Combien elle était peu républicaine. Payne coupe le câble qui l'attache à l'Europe.......................... 212
Déclaration d'indépendance (juillet 1776).............. 213
Secours de Beaumarchais (janvier 1777). Départ de La Fayette (avril)................................... 215
Necker. La confiance qu'il inspire permet à la France d'emprunter et de se ruiner pour l'Amérique.................... 217
Le roi contraint par l'opinion d'agir pour l'Amérique (février 1778), et par la reine d'agir pour Joseph II.................. 218
Marie-Thérèse implore sa fille, qui devient enceinte le 18 mars 1778..................................... 220
Le roi agit peu et mal pour l'Amérique, se réserve pour l'Autriche, sauve et indemnise Joseph (1779).............. 224
Force de l'opinion. Necker, par le *Compte rendu*, relève encore le crédit, trouve l'argent nécessaire à la guerre............ 226
Le roi forcé d'envoyer une armée. Victoire et délivrance (28 septembre 1781)............................... 227
Chute de Necker (mai 1781). Vaillance inutile de d'Estaing, Suffren, paralysés par l'aristocratie. Paix précipitée (1783). ... 228

TABLE DES MATIÈRES

Pages

Chapitre XV. — *La reine.* — *Calonne et Figaro* (1774-1784) 231

Éclat qui entourait la reine. — La lutte de Glück et Piccini. 232
Succès de Grétry, Monsigny, de Parny, de Fragonard. *Le Barbier de Séville*, etc. . . . . *ibid.*
Goût pour Lauzun. Ascendant de Coigny. Fidélité de Fersen. . . 233
Les Choiseul remplacent la Lamballe par la Polignac (mai 1776). 237
Les meneurs de la Polignac. Longue servitude de la reine (1776-1787). . . . . *ibid.*
Ils s'emparent de la Guerre (1781), des Finances (1783). Calonne. 238
Ils font représenter *Figaro* (17 avril 1784). 240
Le roi met Beaumarchais à Saint-Lazare. 245

Chapitre XVI. — *Montgolfier. Lavoisier.* — *Rohan et la Valois* (1783-1784). 246

L'impossible supprimé. Première ascension en ballon (21 novembre 1783). 247
L'homme devient un *créateur*. Lavoisier (1775). 248
Est-il en lui-même *un guérisseur?* Mesmer, Cagliostro. 249
Folies de Joseph II, appuyé de la reine . . . . *ibid.*
Rohan se fait agent de Joseph, veut remplacer Calonne. 251
Sa maîtresse, Madame de Valois. — Lamotte. 252
Légèreté de la reine, goûts des farces, des mystifications . . . 256
La Valois amuse la reine d'une mystification de Rohan (juillet 1784). 258

Chapitre XVII. — *Le Collier* (1785). 261

La reine brouillée avec Calonne pour l'achat de Saint-Cloud. . . 262
Elle consulte Cagliostro que Rohan a établi près de lui. 263
Sa passion pour les diamants; on lui offre le Collier (février 1785). 267
Fatuité de Rohan. Il ne peut payer le Collier (juillet). 270
Son arrestation (15 août). La Valois refuse de fuir. 272

Chapitre XVIII. — *Procès du Collier* (1785-1786). 274

Rohan, dirigé par Georgel, se sauve aux dépens de la Valois. . . 275
Ménagements singuliers du roi pour Rohan. 279
Ni le Roi, ni le Parlement, ni le Clergé ne veulent de procédure publique. 281
On laisse Rohan faire lui-même l'enquête des joailliers de Londres. 283
On force les magistrats de trouver bonne la pièce rapportée de Londres. 285
La Valois contenue, muselée, dirigée, crue agent de la Reine. . . *ibid.*

TABLE DES MATIÈRES

Pages

Triomphe de Rohan. La Valois fouettée, marquée ; à la Salpêtrière (mai 1786). 290
Elle devient une légende, échappe, se justifie, se tue. 194

CHAPITRE XIX. — *Révolution dans la Famille.* — *Mirabeau* (1776-1786). 300

Le roi à Cherbourg. *Sensibilité* 301
Son attachement au passé, aux vieux abus. 302
Sa facilité pour accorder aux familles des *Lettres de cachet*. .. 303
Dureté de la Famille. Les sacrifices humains. Couvents et prisons.. 304
Les Mirabeau. La voix de Vincennes (1778-1781) 306
Le Mirabeau réel ; ridiculement exagéré. 311
Son procès pour sa femme (1783). Sa sœur. L'enfant mystérieux. 314
Comme Rousseau, il part du désespoir 317
Franklin le relève. On le fait écrire contre Washington, contre Beaumarchais (1784-1785). 318

CHAPITRE XX. — *Calonne.* — *Comédie des Notables* (1787). 320

Charlatanisme de Calonne, ses meneurs 321
Il creva la caisse publique. 323
Le roi était-il innocent des actes qu'il signait tous les jours ? .. 324
Sa passion. La reine en 1787. Portraits 326
Combien le roi est loin de lui-même, du *Louis XVI dauphin* et du *Louis XVI de* 1774. 328
Les Notables, expédient pour amnistier le gaspillage et trouver de l'argent. 329
Ruses grossières auxquelles le roi se laisse associer. 330
La fallacieuse machine des Notables. 333
Calonne rejette le déficit sur Necker 336
Il est repoussé des Notables, renié du roi 337
Chute du roi ; la reine lui impose un prêtre athée 340

CHAPITRE XXI. — *La reine et Brienne.* — *Fera-t-on la banqueroute?* (1787) 341

Brienne, créature du parti autrichien, est la défaite du parti Polignac. .... *ibid.*
La reine, déconsidérée, prend publiquement le pouvoir. 342
L'Anglais Dorset lui fait abandonner la Hollande. 344
Brienne, repoussé des Notables. Le Parlement demande les États généraux. 347
Exil et retour du Parlement. Tentative d'escamoter quatre cent vingt millions. .... *ibid.*
Dénoncée par Mirabeau. Elle avorte (19 novembre 1787). Fureur du roi. 349
On conseille et on glorifie la banqueroute. Doctrine de Saint-Simon, Besenval, Linguet, etc. 358

TABLE DES MATIÈRES

Pages

CHAPITRE XXII. — *Le coup d'État.* — *Les résistances de Bretagne, Dauphiné, etc.* — *Convocation des États généraux* (mai-août 1788). 362

La reine siège aux Conseils, y prend la voix prépondérante . . . 363
Tentations de violence. État de l'armée. 364
Écrasement du Parlement, *Cour plénière*, etc. Le roi n'aura plus de Conseil que ses domestiques (8 mai 1788) 367
Les pairs font une Déclaration des droits (3 mai). 368
Arrestation de d'Espreménil (5 mai). 371
Protestation des Parlements (2-9 mai). . . . . *ibid.*
Résistance de la Bretagne. Lutte de Rennes (10 mai). 375
Résistance du Dauphiné. Combat de Grenoble (7 juin). 378
La noblesse de Grenoble rétablit les anciens États. Vizille (27 juillet). 388
Toute la France suit le Dauphiné. 390
Vigueur du gouvernement, mais *la troupe n'est pas sûre*. . . . *ibid.*
Le Grand-Conseil demande la tête de Brienne, menace le roi (19 juin). 391
Brienne convoque les États généraux (8 août). 392

CHAPITRE XXIII ET DERNIER. — *Les fusillades de Paris.* — *Necker.* — *Cahiers.* — *Élections.* — *Mirabeau* (août 1788-avril 1789). 394

Le roi appelle Necker, veut l'exploiter, garder son ministère . . . *ibid.*
Chute de Brienne et Lamoignon. Fêtes de Paris. Massacres (septembre 1788). 396
Faiblesse de Necker. Ménagements pour la Cour, l'aristocratie. . . 399
On convoque les Notables pour soutenir les privilégiés (décembre). 401
Le coup de Sieyès : *Le Tiers est le tout*. 402
La Noblesse recule, et s'avoue rétrograde 404
Cruel hiver et famine. 405
Le roi n'ose refuser le doublement du Tiers (27 décembre 1788). 406
Caractère équivoque du Règlement d'élection (24 janvier 1789). 408
Violente lutte pour l'élection de Mirabeau. 420
Mirabeau sauve la Provence, triomphe; prévoit la tyrannie. . . . 425

FIN DE LA TABLE DES MATIÈRES DU TOME SEIZIÈME.

IMPRIMERIE E. FLAMMARION, 26, RUE RACINE, PARIS.

www.ingramcontent.com/pod-product-compliance
Lightning Source LLC
Chambersburg PA
CBHW050906230426
43666CB00010B/2044